Stephanie
Schönberger

Das Karma,
meine Familie
und ich

Stephanie Schönberger

Das Karma, meine Familie und ich

Yoga-Philosophie für einen entspannteren Alltag

BELTZ

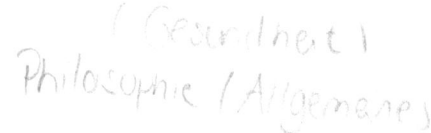

Stadtbücherei Augsburg
Haunstetten

Das Werk einschließlich aller seiner Teile ist urheberrechtlich geschützt. Jede Verwertung ohne Zustimmung des Verlags ist unzulässig. Das gilt insbesondere für Vervielfältigungen, Übersetzungen, Mikroverfilmungen und die Einspeicherung und Verarbeitung in elektronische Systeme. Die im Buch veröffentlichten Hinweise wurden mit größter Sorgfalt und nach bestem Gewissen von der Autorin erarbeitet und geprüft. Eine Garantie kann jedoch weder vom Verlag noch von der Verfasserin übernommen werden. Trotz sorgfältiger inhaltlicher Kontrolle können wir auch für den Inhalt externer Links keine Haftung übernehmen. Für den Inhalt der verlinkten Seiten sind ausschließlich deren Betreiber verantwortlich. Die Haftung der Autorin bzw. des Verlages und seiner Beauftragten für Personen-, Sach- oder Vermögensschäden ist ausgeschlossen.

Dieses Buch ist erhältlich als:
ISBN 978-3-407-86435-2 Print
ISBN 978-3-407-86455-0 E-Book (EPUB)

1. Auflage 2017
© 2017 in der Verlagsgruppe Beltz · Weinheim Basel
Werderstraße 10, 69469 Weinheim
Alle Rechte vorbehalten

Umschlaggestaltung: www.anjagrimmgestaltung.de (Gestaltung),
www.stephanengelke.de (Beratung)
Bildnachweis: Illustration Frau mit Kind:
© Thomas Kappes, gutentag-hamburg.de
Farbiger Hintergrund: © Bplanet/Shutterstock.com
Ornament auf Hintergrund: © Croisy/Shutterstock.com
Lektorat: Judith Roth, Petra Dorn

Herstellung, Layout: Antje Birkholz
Gesamtherstellung: Beltz Bad Langensalza GmbH, Bad Langensalza
Printed in Germany

Weitere Informationen zu unseren Autoren und Titeln finden Sie unter:
www.beltz.de

*Für Nea,
Levi und Armin*

Inhalt

Vorneweg 9

Yoga. Den Blick auf das Leben verändern 12

Karma. Was wir tun, hat eine Wirkung 17
Selber schuld? 22 ❋ Niemand hat Schuld! 23

Wer bin ich eigentlich? 25
Prakriti. Unsere kosmische Substanz 27 ❋ Purusha. Was ewig friedlich bleibt 28 ❋ Citta. Der eilige Geist 31

Endlich Familie 40
Duhkha. Wenn es eng wird in mir 43 ❋ Mutter, Vater, Kind 47 ❋ Yoga und ich 52 ❋ Schein und Sein 68 ❋ Jetzt mal ehrlich! 70

Kleshas. Die fünf Störkräfte 72
Avidya. Die Missverständnisse, meine Familie und ich 73 ❋ Asmita. Ich bin beleidigt 80 ❋ Raga. Ich! will! ein! Happy End! 88 ❋ Dvesa. Ich mag das nicht! 96 ❋ Abhinivesa. Die Angst, meine Familie und ich 107

Samskaras. Eindrücke fürs Leben 115
Die Raben- und die Spatzenmutter 117 ❋ Alte Muster lösen und neue Gewohnheiten schaffen 122

Gunas. Im Wechselbad der Stimmungen 126
Tamas. Meine Tochter, das Chaos und ich 127 ✳ Rajas. Wenn das Temperament mit uns durchgeht 128 ✳ Wenn es mittags laut wird 129 ✳ Rotsehen, Schwarzsehen, Klarsehen 130 ✳ Sattva. Wenn alles in Balance ist 132

Antarayas. Wenn die Energie ausgeht 134
Die Räuberbande 135

Projekt lächelnde Familie 164
Der Weckruf 164 ✳ Mein Weg zu mehr Leichtigkeit 167 ✳ Vogelperspektive 169 ✳ Acht Schritte zur Zufriedenheit 174 ✳ Üben, üben, üben – und geduldig sein 211

Bhavanas. Vokabeln des Herzens 215
Maitri. All you need is love 216 ✳ Karuna. Mitgefühl, bitte 219 ✳ Mudita. Sich freuen, wenn andere Glück haben 221 ✳ Upeksa. Auf Distanz gehen und höflich bleiben 222

Sei gut zu deiner Welt. Und zu dir 226
Yama. Mein Umgang mit der Welt 226 ✳ Nyama. Der achtsame Umgang mit sich selbst 235

Jetzt und hier. Sofortmaßnahmen 242

Yoga. Von den Wurzeln in den Alltag 245
Jnana-Yoga. Zuhören, reflektieren, begreifen, handeln 246 ✳ Karma-Yoga. Erwartungsfreies Handeln 248 ✳ Bhakti-Yoga. Aus Liebe zu Gott 249 ✳ Patanjali-Yoga. Den Geist beruhigen 250 ✳ Hatha-Yoga. Der Energieausgleich 251

Nach der Geburt ist vor der Wiedergeburt.
Und dann? 253

Das Karma, meine Familie und ich.
Happy End? 258

Danke 262
Quellenverzeichnis 263
Glossar der wichtigsten Yoga-Begriffe 265
Literatur und Links 268

Vorneweg

❋ Wenn Sie dieses Buch in der Hand halten, dann wünschen Sie sich vermutlich manchmal – oder auch öfter – mehr Gelassenheit im Umgang mit den Kindern, dem Beruf und dem Partner oder der Partnerin. Vielleicht denken Sie auch an jemanden, dem ein entspannterer Umgang mit den Kindern und der ganzen Familie guttun würde. Eventuell haben Sie Erfahrung mit Yoga, vielleicht sind Sie auch einfach nur neugierig, wie Yoga für mehr Frieden, Freude und Leichtigkeit innerhalb der Familie sorgen soll und kann. Und wahrscheinlich fragen Sie sich, warum auf den folgenden Seiten keine Körperhaltungen, die sogenannten Asanas, zu sehen sind – wenn es doch ein Buch über Yoga und seine familienfreundliche Wirksamkeit ist. Was aber ist Yoga, wenn nicht die Asanas?

Mein Lehrer Sriram sagte einmal: »Sich nur auf den Kopf zu stellen reicht nicht aus, wenn man den Blick auf die Welt und das eigene Verhalten nachhaltig verändern möchte.« Das gehe nur über eine tiefe Erkenntnis, ein Bewusstwerden und Verstehen des eigenen Handelns, seiner Ursachen und seiner Konsequenzen. Erst dann sei eine neue Sichtweise und eine daraus resultierende Verhaltensänderung möglich.

Natürlich können Asanas uns bei diesem Erkenntnis- und Sichtwechselprozess unterstützen; sie helfen, unseren regen Gedankenfluss zumindest temporär zu beruhigen. Ein ruhiger Geist ist, das sagen alle Yoga-Schriften und -Lehrer, die Voraussetzung für Erkenntnis und überlegtes, bewusstes und damit auch den Familienfrieden förderndes Handeln. Wenn unser eigenes Leben gelassener und friedlicher wird, dann wird auch das unserer Familienmitglieder und unser Alltag insgesamt entspannter sein. Wir beginnen, wie die Yogis es nennen, künftiges Leid zu vermeiden. Im eigenen, aber auch im Leben von anderen Menschen. Sogar von Menschen, die wir vielleicht nicht einmal kennen.

Dieses Buch richtet sich an Eltern, die sich wünschen, besser mit sich selbst und ihrem Leben mit Kindern, Partner, Beruf und den Herausforderungen, die zusätzlich von außen einwirken, klarzukommen. Es ist kein Ratgeber für pathologische Leiden oder extrem problematische Familienkonstellationen, denn diese bedürfen einer ganz anderen Beratung und Behandlung, sondern richtet sich an die gesellschaftlich akzeptierte, ganz normale Wahnsinnsfamilie. Dieses Buch präsentiert Gedanken und Ideen aus der Yoga-Philosophie, die dazu beitragen können, das eigene Verhalten und Handeln besser zu verstehen. Was wiederum dazu führen kann, dass wir unseren Alltag mit mehr Gelassenheit meistern.

Die Yogis sagen: Einen Großteil der Probleme, die wir haben, machen uns nicht unsere Kinder, Nachbarn, Lehrer, Vorgesetzten oder der Beruf – wir machen sie uns selbst mit unserer egozentrischen Sichtweise auf die Welt. Diese Einsicht ist der erste Schritt, um notwendige Veränderungen einzuleiten, damit die Welt wieder rosig wird, auch wenn ich die sichtverzerrende rosa Brille abgenommen habe.

Die philosophische Grundlage dieses Buches sind die Ideen und Konzepte des sogenannten Yoga-Sutra (YS) von Patanjali. Patanjali war ein indischer Gelehrter, der vor ungefähr 2000 Jahren das philosophische Yoga-Wissen seiner Zeit in 195 Sanskrit-Versen zusammenfasste. Diese kurzen, konzentrierten Verse werden Sutren (Sutra = das Sanskrit-Wort für Faden, Kette) genannt und haben die Funktion eines Lehrtextes. Patanjali beschreibt mit ihnen in vier Kapiteln die Natur unseres Geistes, den spirituellen Übungsweg der Yogis, welche außergewöhnlichen Fähigkeiten daraus entstehen können und was Freiheit, das große Ziel des Yogas, eigentlich bedeutet. Zum besseren Verständnis finden Sie am Ende des Buches ein Glossar mit einer Auswahl der wichtigsten Yoga-Begriffe.

※ ※ ※

Mein Verständnis des Yoga-Sutras und anderer Weisheitstexte ist geprägt von der Auslegung meiner Lehrer, die fast ausnahmslos in der Traditionslinie des sogenannten Vaters des modernen Yoga, des Inders Sri Tirumalai Krishnamacharya (1888–1989), stehen. Es basiert außerdem auf Erfahrungen, die ich gemacht habe, als ich versuchte (und ich versuche es noch immer), die Ideen dieser alten Schriften auf meinen Alltag zu übertragen. Es ist deshalb nicht die letzte, unantastbare Wahrheit, sondern meine ganz persönliche. Vielleicht finden Sie in diesem Buch ein paar Ideen, die Ihnen bei Ihrer Erkenntnissuche helfen.

Einer meiner Lehrer sagte einst: »Ein bisschen wollen wir Yogis die Welt zu einer besseren machen.« Aber nicht, indem wir die Welt missionieren oder eine Yoga-Revolution starten. Sondern indem wir den Frieden, den wir im Außen suchen, in uns selbst finden und dort kultivieren.

Yoga. Den Blick auf das Leben verändern

☼ Yoga zählt zu den sechs klassischen indischen Philosophie-Systemen, den sogenannten Darshanas, was Sicht auf die Welt und seine Phänomene bedeutet. In seiner ursprünglichen, über 3000 Jahre alten Form will Yoga unsere eingeschränkte Sichtweise verändern, will uns wegbringen von Fragen wie: »Warum ist die Welt so schlecht?«, »Weshalb tun meine Kinder nicht, was ich ihnen sage?«, »Wieso sieht meine Nachbarin drei Wochen nach der Geburt so schlank aus, dass nur eine Leihmutter ihr Kind ausgetragen haben kann, und warum werde ich gefragt, wann es denn endlich so weit ist, obwohl mein Baby schon seit drei Monaten auf der Welt ist?«

Yoga will uns hinführen zu den tieferen Fragen, zu Überlegungen wie: »Warum reagiere ich schon bei Kleinigkeiten so laut, gereizt, so unbeherrscht?«, »Wer und was lassen mich handeln oder treiben mich zu Reaktionen und Verhaltensmustern an, die unkontrolliert und reaktiv sind und mir im Nachhinein leidtun?«, »Warum streite ich wirklich mit meinem Partner?«, »Was ist der tatsächliche Trigger, der mich mein Kind bei Banalitäten anbrüllen lässt, etwa, wenn es morgens trödelt?« Das Schöne am Yoga ist, dass wir seine Ideen so gut in das tägliche Leben übernehmen können. Wir können zum Beispiel versuchen, die Qualitäten, die ein Asana haben sollte, in unseren Alltag zu integrieren. Patanjali nennt diese Eigenschaften Sthira und Sukha, das Stabile und das Leichte. Mein Lehrer Sriram bezeichnete die Verbindung von Sthira und Sukha einmal als »das Lächeln des Körpers«, und er sagte, dass die Stabilität aus der Leichtigkeit entstehe. Nicht andersherum. Wie bei einem Tänzerpaar, bei dem die Leichtigkeit die führende Rolle übernimmt.

Wir können die Idee von Sthira und Sukha als Qualitätsmerkmale für eine in sich ruhende und entspannte Haltung auf unser alltägliches Leben übertragen. Und auf diese Weise unserem eigenen und unserem Familienleben so viel Leichtigkeit und Gelassenheit, aber auch Stabilität geben, dass wir zu einer lächelnden Familie werden. Wenn wir in diesem Sinn lächeln, können Stress und das unvorhergesehene Auf und Ab des Lebens uns nicht mehr so leicht aus der Balance bringen und die Fassung verlieren lassen. Allerdings müssen wir dafür erst einmal wissen, wer und was uns aus dem Gleichgewicht kippen kann und was wir brauchen, um dorthin zurückzukommen.

Yoga rät darum immer zur Innenschau und nicht zum Outlook oder Yoga-Selfie. Yoga ist Wurzel- und keine schnelle Symptombehandlung. Yoga will die dauerhafte Heilung und nicht nur das Pflaster sein. Yoga ist ein kontinuierlicher Prozess. Wer mit Yoga beginnt, wird in den seltensten Fällen sofort ausnahmslos sorgenfrei und wunschlos glücklich sein. Denn Yoga gibt keine schnellen Antworten, sondern nimmt sich die Zeit, nach den Ursachen zu suchen. Yoga sagt, die Ursachen unserer Probleme finden wir nur in uns. Die bekannte indische Yoga-Lehrerin Indra Mohan spricht darum von Yoga auch als »work in statt work out«. Daraus können sich ein nachhaltiger Lebensstil, eine gelassenere Lebensweise entwickeln, die nichts zu tun haben mit aufgesetztem Lifestyle.

Das Problem ist, dass wir oft Angst haben, nach innen zu schauen. Die meisten von uns machen einen Bogen um

Therapeuten (»Ich bin doch nicht verrückt!«), und bei dem Stichwort »Arbeit an uns selbst« zucken wir zusammen. »Was soll ich denn noch alles tun? Mein Leben ist doch so schon vollgepackt genug. Mir fehlt dazu wirklich die Zeit.« Es könnte sich aber lohnen, weil wir bei der Reise nach innen etwas ganz Einzigartiges und Wundervolles kennenlernen: uns selbst.

✳ ✳ ✳

Wenn wir verstehen wollen, was uns davon abhält oder auch antreibt, Dinge zu tun beziehungsweise sie nicht zu tun, müssen wir wissen, was in der Ideenwelt des Yoga unser größter Wunsch ist. Der Vedanta-Lehrer Eberhard Bärr sagt, und dieser These stimme ich zu, dass das, was uns alle, also Menschen, Tiere, Pflanzen verbindet, der Wunsch ist, sich gut zu fühlen. Diese Suche nach dem guten Gefühl ist es, was uns über alle Grenzen, Farben, Formen, Glaubensrichtungen und Geschlechtszugehörigkeiten hinweg eint. Wir wollen uns, und es lohnt sich, sich das immer wieder vor Augen zu führen, alle einfach nur gut fühlen.

Darum essen wir, darum trinken wir. Darum atmen wir ein und auch wieder aus. Darum gehen wir in den Yoga-Unterricht oder joggen. Darum arbeiten wir bis zur Erschöpfung und fahren in den Urlaub zur Erholung. Darum trinken wir Alkohol, darum rauchen wir und darum machen wir Diät. Darum beten und fluchen wir. Und darum bekommen wir Kinder – und darum sind wir genervt von ihnen. Denn sind sie erst einmal da, kann es mit unserem guten Gefühl schnell und oft auch für sehr lange Zeit vorbei sein. Schlaflose Nächte, Windelwechseln im Zweistundentakt, der Verlust jeglicher Selbstbestimmung und freien Zeit in den ersten Monaten und Jahren, die Erkenntnis der Unvereinbar- oder nur schweren Vereinbarkeit von Familie und Beruf, Krankheiten, der gefährdete Übertritt auf eine höhere Schule, die falschen Freunde und Freundinnen, das Alleinsein als Paar (falls man sich auf dem Weg nicht verloren hat), wenn die Kinder dann aus dem Haus sind, die Angst, zu versagen als Mutter, Vater, Ehefrau und Ehemann. Um zurück in das verloren geglaubte gute Gefühl zu kommen, erdrücken wir unsere Kinder dann gerne mit Liebe, packen sie in Watte und überhäufen sie mit Geschenken, wollen wirklich nur ihr Bestes, schimpfen mit ihnen, wenn sie sich nicht benehmen, wie sie sollen oder wir wollen, brüllen sie an, werfen sie aus dem Haus, den Partner und die Schwiegereltern gleich dazu, oder erziehen kurzfristig auch mal mit Sprüchen und Methoden, über die wir früher sagten: »Das werde ich nie machen.« Danach fühlen wir uns aber meistens nicht mehr so gut. Zum Glück gibt es Schokolade, Zalando, das Bierchen/ das Glas Prosecco/die Zigarette oder was auch immer wir zu brauchen glauben, um uns wieder aufzumuntern.

Natürlich wollen sich auch unsere Kinder gut fühlen. Ihren Wunsch danach machen sie im gesunden Normalfall mit dem ersten Atemzug (und auch oft noch sehr lange danach) lautstark bemerkbar. Bedauerlicherweise kann dieses individuelle Suchen und Streben zu massiven Interessenkonflikten und Stress und damit zum Verlust jeglicher Gelassenheit in uns und in der Familie führen. Mein Sohn zum Beispiel kräht, wenn er einen guten Tag hat, um 6 Uhr morgens fröhlich: »Mama, aufstehen!« Ich brülle innerlich: »Ich will nicht.« Beide wollen wir das Gleiche: zufrieden sein. Mein Sohn wäre es, wenn ich jetzt sofort mit ihm aufstünde, ich dagegen würde mich den ganzen Tag besser fühlen, wenn ich noch etwas länger schlafen könnte.

Die Idee, dass wir uns alle nur gut fühlen möchten, kann helfen, im Familienalltag nachsichtiger auf die Kinder, den Lebenspartner und auch auf andere Menschen zu reagieren.

Sie meinen es für sich gut, die Wahl ihrer Worte, Mittel oder ihr Verhalten muss ich deshalb trotzdem nicht gut finden.

Wichtig ist es nun aber, Mittel und Methoden zu finden, die uns diesem guten Gefühl nicht nur näher bringen, sondern es auch zu einem festen Bestandteil unseres Lebens werden lassen. Damit es uns und unserer Umgebung dauerhaft besser geht. Machen wir uns mit Yoga auf den Weg!

Karma. Was wir tun, hat eine Wirkung

☼ Was wir tun, hat eine Wirkung. Mit dem Tag der Geburt meiner Tochter wurde in meinem Leben alles anders – nur nicht so rosarot wie allseits vorgegaukelt. Und die Gelassenheit, die ich zumindest in Anflügen gelegentlich leise verspürt hatte, war mit dem ersten Schrei des Babys spurlos verschwunden. Im Gegensatz zum buddhaähnlichen Bauch, der sich hartnäckig hielt. Ich hätte mir vermutlich einigen Ärger, frühzeitige Falten und graue Haare erspart, hätte ich mich schon zeitgleich zum aufkeimenden Kinderwunsch mit dieser Idee der Yoga-Philosophie auseinandergesetzt. Vielleicht hätte ich weniger gebrüllt, seltener geweint und sicher mehr geschlafen. Hätte keine finanziellen Sorgen gehabt und keine Paartherapie gebraucht. Hätte vielleicht keine Kinder bekommen, die Wände wären frei von gelbem Filzstiftgekritzel geblieben, und die Lieblingspapierlampe wäre nicht zersägt worden. Wäre ich ohne Kinder gelassener gewesen? Vermutlich nicht. Ich war es ja, im Nachhinein betrachtet, vorher auch schon nicht. Aber sollte ich noch einmal auf die Welt kommen, dann möchte ich gerne wieder die Mutter meiner zwei Kinder und Teil dieser Familie, die ich habe, sein.

✳ ✳ ✳

Was wir tun, hat eine Wirkung. Das Sanskrit-Wort dafür ist das berühmt-berüchtigte Karma. Karma wird oft mit Schicksal gleichgesetzt. Wenn einem Menschen etwas Schlimmes widerfährt, spricht man gerne von schlechtem Karma. Allerdings trifft dies die Bedeutung von Karma nicht ganz. Karma ist keine Strafe und auch keine Belohnung, die von außen, von oben, aus der Hölle oder von einem Weltenrichter über einen kommt. Karma ist nicht der Blitzschlag, der einen trifft, weil man das liebe Kind einmal zu oft angebrüllt, den Lebenspartner mental verwünscht und mit Dritten herzhaft über die Lehrerin oder den Fußballtrainer des begabten Nachwuchses gelästert hat. Karma ist Handlung und gleichzeitig das Ergebnis der Handlung. Es ist die Ursache und seine Wirkung. Es ist das Warten im Stau, in den man hineingerauscht ist, weil man sich wie all die anderen Autoreisenden gleich am ersten Ferientag Richtung Urlaubsort auf den Weg gemacht hat. Es ist das gute Gefühl, das man verspürt, wenn man ausreichend geschlafen, Körper, Geist und Seele gut genährt und versorgt, sich in der Natur aufgehalten und mit Menschen, die man als Bereicherung empfindet, umgeben hat. Es ist das Leben, das entsteht, wenn Frau und Mann in fruchtbaren Zeiten ungeschützt miteinander verkehren. Jedes Kind, jeder Mensch ist personifiziertes Karma und häuft gleichzeitig sein Leben lang Karma an. Mit jedem Gedanken, jedem Wort, jeder körperlich ausgeführten Handlung.

Lebt man dazu noch in Beziehungen mit Kindern, einem Partner oder anderen Lebewesen, kollidiert deren Karma unweigerlich mit dem eigenen, was zu nervlichen Ausnahmezuständen und innerfamiliären Krisensituationen führen sowie den Alltag und das ganze Leben nachhaltig prägen kann. Im Guten wie im Ungutem.

※ ※ ※

Meine wunderbare Tochter beispielsweise war morgens nicht die Schnellste. Mir ungeduldiger Erwachsenen brauchte sie meist viel zu lange, bis sie es aus ihrem Bett an den Frühstückstisch schaffte und anschließend ihr Müsli gegessen hatte. Auf dem Weg vom Müsli ins Bad konnte sie sich meiner Meinung nach (ihrer natürlich nicht) in einem Tempo bewegen, das eine Schnecke zum Formel-1-Boliden macht. Bevor die Zahnbürste endlich in ihrem Mund gelandet war, hatte sie mit dem Zeigefinger Locken in ihre Haare gedreht und Löcher in die Luft gestarrt. Dass der Bus in zehn Minuten abfuhr, sie noch einen fünfminütigen Fußmarsch zur Haltestelle hatte, aber immer noch ihren Schlafanzug trug, störte sie nicht. Mich dagegen sehr. Denn wenn sie den Bus verpasste, musste ich sie in die Schule fahren, und das konnte unter Umständen meinen Zeitplan durcheinanderbringen. »Wie weit bist du?«, rief ich. Sie antwortete nicht. »Beeil dich, du bist spät.« »Jaha.« Nichts passiert. »Mach schon!« Meine Stimme hatte inzwischen fünf Ausrufezeichen. Sie kroch die Treppe herunter. Ungekämmt. »Du hast die Haare nicht gekämmt.« Feststellung und Befehl. Draußen warteten schon die anderen Kinder auf sie. Sie wollte die Treppen wieder nach oben steigen. »Dazu hast du jetzt keine Zeit mehr.« Ich war geladen. Sie den Tränen nahe. Drehte um, zog ihre Schuhe und ihre Jacke an. Ich gab ihr den Schulranzen, schob sie aus der Tür. »Los jetzt.« Sie schlich geknickt davon. Ich hatte ein schlechtes Gewissen. Kein schöner Start in den Tag. Weder für sie noch für mich. Auf meinem Karma-Konto machte sich das sicher nicht gut.

Mein Sohn findet den Tag morgens oft zum Weinen. Ganz besonders, wenn nichts so läuft, wie er sich das vorstellt. Wenn der Joghurt nicht von der gewünschten Marke, die Haferflocke zu groß und die Marmelade zu gelb ist. Wenn kein Wasser auf dem Tisch steht, die Sonne ihn blendet oder seine Schwester gegangen ist, ohne sich von ihm verabschiedet zu haben. Wenn ich gut geschlafen und viel Zeit habe, also entspannt bin, stört mich das nicht. Dann nehme ich ihn auf den Schoß, er kuschelt sich an mich, und wir singen gemeinsam Lieder, die er liebt. Das beruhigt ihn und er lacht wieder. Für unser beider Karma-Konto ist das sicher gut. Doch wenn ich wenig geschlafen habe und noch vom schlechten Gewissen hinsichtlich meiner Tochter geplagt bin, reizen mich sein Weinen und Quengeln. »Ach bitte, hör doch auf damit«, sage ich dann, hörbar genervt. »Du sollst mich nicht immer so schimpfen«, antwortet er. »Und du nicht immer so weinen.« Die Stimme ist jetzt schon lauter. Innerlich verdrehe ich die Augen – über meine eigenen Worte, meine Pädagogik, mein Handeln. Das Kind weint noch mehr, ich möchte fliehen. Der Tag ist ruiniert, noch bevor er begonnen hat. Und mein Karma-Konto deutlich in den Miesen.

❋ ❋ ❋

Wenn wir nicht in der berühmten Höhle leben, in der wir auf uns gestellt sind und als Gesellschaft nur ein paar Insekten, die Zeit und die eigene Persönlichkeit haben, dann hat unser Handeln zwangsläufig auch eine Auswirkung auf das Leben anderer. Mal wird man dadurch Handelnder, mal Behandelter, mal ist man Opfer, mal auch Täter. Im schlimmsten Fall kann eine Handlung Traumata, Krieg, Flucht und verletzte Seelen zur Folge haben. Im besten Fall eine friedvolle, heile Welt. Und immer, sagt mein Lehrer, hinterlässt sie einen Abdruck auf unserer Psyche.

Manch eine Handlung hat eine unmittelbare Wirkung oder unmittelbare Folgen, andere Handlungen machen sich erst Jahre später bemerkbar. Wenn mein Sohn Hunger und die Wahl zwischen Schokolade oder einem Apfel hätte, um seinen Hunger zu stillen, würde er immer die Schokolade wählen. Als unmittelbare Wirkung würde er sich zunächst satt fühlen. Mittelfristig könnte er Bauchschmerzen bekommen. Längerfristig Übergewicht, schlechte Zähne und vielleicht auch Diabetes oder andere Krankheiten, die auf einen zu großen Zuckerkonsum zurückzuführen sind.

Die meisten Wiedergeburtsanhänger glauben, dass das Karma aus einem früheren Leben in das jetzige und aus dem jetzigen in ein künftiges Leben hineinwirkt. Mit diesem Wirken von Karma werden Schicksalsschläge oder schwere Krankheiten bei »guten« Menschen erklärt, genauso wie Gesundheit, Glück und Erfolg bei Menschen, deren ethisch-moralische Integrität als eher fragwürdig empfunden wird. Das Ziel ist darum, weder sogenanntes schlechtes noch gutes Karma anzuhäufen, weil alles Karma abgebaut sein muss, um aus dem Kreislauf der Wiedergeburten, Samsara genannt, aussteigen zu können.

Solange man aber nicht an dem Punkt ist, kinder- und beziehungslos als Eremit in einer Höhle oder auf einem Baum zu sitzen, gestaltet sich der Ausstieg aus dem Ursache-Wirkung-Wiedergeburtskreislauf eher schwierig. Dann sollten wir im Hinblick auf unseren inneren Frieden lieber danach trachten, gutes Karma zu entwickeln, also auf eine Weise zu denken, zu sprechen, zu handeln und zu leben, die uns (und idealerweise auch andere) zufrieden, friedlich und gelassen macht.

Und wer, so wie ich es lange Zeit getan habe, sein Leben so vollgepackt hat, dass man fast keine Luft mehr zum Atmen hat, der muss sich nicht wundern, wenn ihm dann eines Tages wirklich die Luft aus- und unter Umständen auch die Familie verloren geht.

Nicht immer gefällt uns das Ergebnis unseres Handelns, und nicht immer entspricht es unseren Erwartungen. Selbst wenn wir es gut meinen mit unseren Kindern und auch mit unserem Lebenspartner, heißt das noch lange nicht, dass unser Handeln auch Gutes im Leben unseres Gegenübers bewirkt. Die Tochter einer ehemaligen Journalistenkollegin war knapp durchs Abitur gefallen. Die Mutter machte an der Schule einen Riesenaufstand, der Vater drohte mit dem Anwalt, unschöne Worte fielen, und dem Lehrerkollegium wurde die fachliche Kompetenz abgesprochen. Die Tochter weinte, die Eltern waren in Rage, die »unfähigen Lehrer und das ungerechte Schulsystem« wurden zum einzigen Gesprächsthema in der Familie und am Arbeitsplatz. Die Tochter musste in die mündliche Nachprüfung, Nachhilfelehrer wurden engagiert. Es half nichts. Dem Mädchen fehlte am Ende ein Punkt. Vielleicht wäre es anders gekommen, wenn die Eltern von Anfang an freundlicher agiert hätten. So, wie es ein Bekannter in einer ähnlichen Situation gemacht hat.

Er erzählte mir, dass sein Sohn immer wieder Ärger mit einer Lehrerin habe und dieses Thema zu seinem Leidwesen bereits die ganze Familie beschäftige. Doch statt mit der Lehrerin auf Konfrontation zu gehen, zeigte er sich als »good parent«. Er sagte ihr, wie sehr er ihre Arbeit schätze und dass auch sein Sohn nichts Schlechtes berichte und eigentlich immer gerne in ihren Unterricht gegangen sei. Ähnlich Positives erzählte er seinem Sohn nach dem Gespräch. Die Lage in der Schule entspannte sich augenblicklich, die Noten wurden wieder besser, und zu Hause war das Thema vom Tisch.

Selber schuld?

Der Nachteil am Karma ist, dass man, solange man halbwegs bei klarem Verstand und vollem Bewusstsein ist, eigentlich niemand anderem die Schuld an seiner Misere geben kann. Nicht den Kindern, nicht dem Partner, nicht dem Nachbarn oder der Lehrerin. Nicht einmal dem Wetter. Und schon gar nicht einem Gott. Nur sich selbst. Im Gegenzug kann man natürlich auch Erfolge für sich alleine reklamieren, was einem in der Regel auch leichter fällt, als Niederlagen einzugestehen.

Im Zeugnis meiner Tochter steht, dass sie »im Unterricht oft regen Kontakt zu ihren Mitschülern pflegt«, sie unterhält sich also ziemlich intensiv mit ihren Banknachbarn. Wenn ich sie frage, ob sie das rege Gespräch während der Schulstunden nicht etwas eindämmen möchte, weil sie dann besser mitbekommen würde, was die Lehrerin erzählt, und zu Hause nicht so viel nachlernen müsste, antwortet sie dramatisch: »Was kann ich denn dafür, wenn der Jonas und die Marie mich immer ablenken?« »Ich würde einfach mal versuchen, mich nicht ablenken zu lassen. Was hältst du davon?« »Ja, das ginge schon. Aber Mama, du verstehst das nicht, das ist echt schwer mit ihnen.« »Offensichtlich, aber bestimmt nicht unmöglich. Versuch es doch einfach mal.« Der Wille war – vermutlich – da, am Ende hat sie die Lehrerin aber doch auseinander gesetzt.

Niemand hat Schuld!

Das Gute am Karma ist, dass es die Schuldfrage überhaupt nicht gibt, sondern uns das Ursache-Wirkung-Prinzip erlaubt, unser Schicksal selbst in die Hand zu nehmen oder zumindest Impulse in die gewünschte Richtung zu geben. Wir können, solange wir bei klarem Bewusstsein sind, immer selbst entscheiden, wie wir auf einen Menschen, ein Kind, dessen Verhalten oder das unseres Lebenspartners reagieren möchten. Schreien wir zurück oder bleiben wir im Tonfall sachlich und ruhig? Verfolgen wir eine Auge-um-Auge-Zahn-um-Zahn-Strategie oder halten wir es lieber mit Gandhi? Stülpen wir unseren Kindern unsere eigenen Lebensträume über oder lassen wir sie ihr eigenes Leben leben? Erlauben wir unseren Kindern ihr eigenes Karma oder schreiben wir ihnen bis zu unserem Lebensende vor, wie sie ihr Leben zu führen haben?

Alles, was wir tun, jeder Gedanke, jedes Gefühl, jedes Wort, jeder Satz, jede Handlung, hat eine Wirkung – auf uns und immer auch auf andere. Darüber sollten wir uns bei der Erziehung, im Umgang mit unseren Kindern, mit unserer Familie, mit allen Menschen, mit der Natur und all ihren Bewohnern im Klaren sein. Auch darüber, dass nicht alles, was gut gemeint ist, auch automatisch diese Wirkung hat. Und darum, sagen die Yoga-Schriften, sollten wir uns bewusst werden, warum und wie wir handeln. Es könnte den Familienalltag ungemein entspannen, die Gelassenheit enorm fördern und viel Leid verhindern.

Das Karma-Prinzip kann uns helfen, ein großes Bild im Auge zu behalten, statt nur an die unmittelbar beste Lösung oder Handlung zu denken. Nach vorn zu blicken, weiter (in jeder Hinsicht) zu denken, um im gegenwärtigen Augenblick bewusster zu reagieren und zu agieren. Wenn wir das geschickt anstellen, können wir, so verspricht das Yoga-Sutra 2.16, künftiges Leid vermeiden.[1]

Wer bin ich eigentlich?

※ Was wir tun, hat eine Wirkung. Nie wird das deutlicher als in dem Moment, in dem aus zwei Menschen eine Familie mit Kind oder Kindern wird. Wenn aus einem Paar ein Elternpaar wird und – im Idealfall – aus dem Kinderwunsch das Wunschkind. Und alle glücklich leben bis ans Ende aller Tage. Was in der Realität leider nicht immer ganz einfach ist.

Andererseits: Wie soll etwas einfach sein, das mit einer mathematisch absolut unlogischen Gleichung beginnt: 1 + 1 = 3. Unter Umständen auch 4. Vielleicht sogar noch mehr.

Noch komplizierter wird es, wenn die Yogis sagen: Da sind von Anfang an schon mehr am Spiel beteiligt. Schon klar, hätte ich vor meiner Yoga-Erfahrung geantwortet. Da sind noch die Großeltern, Lehrer, Geschwister, Freunde und wer sonst noch meint, am Happy End mitbasteln zu wollen.

Die Yogis hätten dann vermutlich gesagt: »Ja, auch. Aber das, was wirklich noch beteiligt ist, kannst du nicht mit deinen Augen sehen. Denn es ist in dir.« Was mich wahrscheinlich zu der Frage geführt hätte: »Wer bin ich und mit wem haben wir es hier tatsächlich zu tun?«

Wenn man auf die Welt kommt, wird man normalerweise sofort vermessen, gewogen, kategorisiert, abgestempelt, erhält einen Namen, eine Identität, eine Steuernummer und eine erste Aufgabe, nämlich die Eltern glücklich, stolz und zufrieden zu machen. Auf der Geburtsurkunde können die Tanten, Onkel, Großeltern, Freunde und Bekannte und später wir selbst nachlesen, wo wir geboren sind, welcher Religion wir angehören, um welche Uhrzeit wir das Licht der Welt erblickten, und im Mutterpass wird festgehalten, wie groß wir waren, wie schwer, wie wir geatmet haben und welche Maße unser Kopfumfang hatte. Unser Äußeres ist damit klar definiert, und einigen Menschen genügt dieses Wissen über sich selbst auch vollkommen, um zufrieden und glücklich zu sein.

Bevor ich mit Yoga und seinen Ideen in Berührung kam, hätte ich auf die Frage »Weißt du eigentlich, wer du bist?« folgendermaßen geantwortet: Ich bin ich. Also weiblich, etwas über 175 Meter groß, deutsche Staatsbürgerin, Tochter, Journalistin, Historikerin, dunkelhaarig, dunkler Typ, ledig (damals), Mutter von zwei Kindern (jetzt), Ehefrau, Yoga-Lehrerin, Dozentin, Schwester, Patentante, braunäugig, auf dem rechten Ohr taub, manchmal naiv, ausdauernd, unordentlich, diszipliniert in manchen Bereichen, gelegentlich unsicher, ungeduldig, ehrlich, kreativ, verzeihend, loyal, Mensch und bemüht, menschlich zu bleiben.

Der Yogi sagt aber: Das ist zwar nett, aber das alleine bist nicht du. Du bist noch mehr. Zumindest in der Yoga-Wirklichkeit. Und ist es nicht in der Tat so, dass man sich manchmal denkt, besonders dann, wenn man mal wieder lauter geworden ist oder unbeherrschter reagiert hat, als man wollte oder sich prinzipiell völlig daneben und entgegen den erlaubten Standards benommen hat: »Ich stand völlig neben mir. Das war nicht ich!« Wer aber war es dann? Von Richard David Precht gibt es das Buch mit dem einprägsamen Titel: »Wer bin ich – und wenn ja, wie viele?«. Aus dem yogischen Denken heraus würde man antworten: »Ich bin Prakriti und Purusha, also zwei.«

Prakriti. Unsere kosmische Substanz

Prakriti ist der Sanskrit-Begriff für die Urmaterie, die kosmische Substanz in ihrer gröbsten und in ihrer feinsten Form. Das gesamte Universum besteht aus dieser Materie, aber auch unser Körper mit all seinen Ebenen ist Prakriti, genauso unser Geist. Der massive Berg ist in diesem Denken genauso Materie wie die unsichtbare Luft. Das Merkmal von Prakriti ist, dass sie einem ständigen Wandel unterworfen ist, sich also verändert. Wir können diese Wandel in der Natur, in den Jahreszeiten, an uns und unseren Kindern sehen. Wir werden geboren, wachsen heran, werden älter und sterben irgendwann. Gedanken, die uns heute bewegt und gefangen genommen haben, schwächen irgendwann ab, werden über Bord geworfen oder neu gedacht. Emotionen können sich von Trauer in Freude, von Liebe in Hass und zurück verwandeln. Es ist ein ständiges Kommen, Dasein und Vergehen. Es ist ein stetiger Quell für Leid.

Das Gute an der Wandelbarkeit und Veränderungsfähigkeit der Materie ist: Wenn wir uns bewusst machen, dass sich nicht nur unser Körper, sondern auch unser Geist, unsere Gedanken und unsere Emotionen ständig verändern, können wir vielleicht auch lernen, besser mit den Launen und Eigenheiten unserer Kinder, anderer Familien- oder Lebensmitmenschen und vor allem unseren eigenen umzugehen. Sprichwörtlich abzuwarten und Tee zu trinken, statt gleich in eine Reaktion oder Aktion zu gehen. Und wir können lernen, unseren eigenen Gefühlen, Gedanken und Emotionen gelassener zu begegnen und nicht unnötig zu füttern, was sowieso nicht von Dauer ist. An Kindern lässt sich sehr gut beobachten, wie schnell die Stimmung kippen kann, von gerade noch bestens gelaunt in kleines Tobsuchtspaket. Von eben noch zerstritten zu allerbeste Freunde. Unser Alltag wäre vermutlich oft einfacher, könnten wir uns als Erwachsene die Fähigkeit bewahren, zumindest die negativen Gefühle schnell verrauchen zu lassen.

Purusha. Was ewig friedlich bleibt

Purusha dagegen ist der Sanskrit-Begriff für den Teil von uns, der das Göttliche, der göttliche Funke oder, für die Atheisten und weniger spirituellen Seelen, das Höchste Bewusstsein genannt wird. Er ist unveränderlich und unendlich, weil er ohne Anfang und ohne Ende, dazu unberührt von Leid und absichtslos ist. Er ist frei von Attributen wie gut, böse, lieb oder gütig, er ist auch frei von Anhaftungen, Begehrlichkeiten, Besitzansprüchen oder Stimmungsschwankungen. Es ist die Kontinuität in uns, die Zeile: »Er, der nie begonnen, er, der immer war, ewig ist und waltet, sein wird immer dar« aus Franz Schuberts Kirchenlied »Heilig ist der Herr«. In der Bhagavad Gita heißt es: »Ich bin die Überseele, (…), die in den Herzen aller Lebewesen weilt. Ich bin der Anfang, die Mitte und das Ende aller Wesen.«[2] Es ist das Bleibende, wenn sich Gedanken längst wieder verflüchtigt haben, Emotionen abgeflaut sind, der Körper älter geworden ist. Es sind die tiefe, wache Ruhe und der Gleichmut, die wir wahrnehmen können, wenn wir anfangen zu lauschen, zu spüren, hinzufühlen. Purusha ist die Konstante, auf der sich mein Leben abspielt, ohne dass sie sich einmischt. Die auch dann weiterexistiert, wenn mein Leben zu Ende ist. Weil es die Konstante ist oder die Matrix, auf der sich auch die anderen Leben aller Bewohner dieses Universums abspielen.

Purusha ist der Bewusstseinsstrom, der, so sagt der Yogi, in jedem Lebewesen, in allem, was ist, vorhanden ist und uns verbindet.

Gleich und doch einzigartig

Die Idee von Prakriti und Purusha sagt uns, dass wir zwar alle gleich sind, aber trotzdem jeder von uns einzigartig ist. Das, was uns gleich macht, sind unser Wesenskern und der Wunsch, uns gut zu fühlen. Was uns einzigartig macht, sind unsere Geschichte, unsere Erziehung, unsere Identität, sind unsere Erfahrungen und die Schlussfolgerungen, die wir daraus gezogen haben.

Im yogischen Verständnis geht man davon aus, dass Heilung nur da möglich ist, wo Veränderung stattfindet, also auf der Prakriti-Ebene. Auf der Purusha-Ebene ist Heilung dagegen nicht nötig, weil hier nie eine Verletzung stattfand und stattfinden wird.

Die Idee von Purusha und Prakriti kommt aus der Samkhya-Philosophie, die sozusagen der theoretische Hintergrund des Yoga-Sutras von Patanjali ist. Samkhya sagt, dass Purusha und Prakriti eng zusammenhängen, dass sie einander brauchen: Purusha ist der Schöpfer, Prakriti die Schöpfung. Purusha ist die Straße, Prakriti das Fahrzeug, das auf ihr fährt. Ohne Straße würde das Fahrzeug irgendwann nicht mehr weiterkommen. Ohne Fahrzeug wäre die Straße überflüssig. Ohne den Schöpfer gibt es keine Schöpfung, ohne Schöpfung braucht es keinen Schöpfer.

Prakriti und Purusha werden auch oft als der Lahme und der Blinde bezeichnet. Wenn sie vorwärtskommen möchten, sind sie aufeinander angewiesen. Der Blinde trägt den Lahmen, der dem Blinden wiederum sagt, wohin der Weg führt.

Purusha-Insel

Die Vorstellung, dass wir mit Purusha einen friedlichen Teil in uns haben, finde ich beruhigend. Buchstäblich. Weil uns dieser Teil besonders im hektischen Familienalltag ein wertvoller innerer Rückzugsort sein kann. Eine Insel, auf die wir uns mental und emotional zurückziehen können, wenn die Kinder toben, der Partner keine Zeit hat, die Wäscheberge riesig sind und die Steuernachzahlung ins Haus geflattert ist – ohne dass wir uns von uns abspalten müssen, was krankhaft und therapeutisch zu behandeln wäre. Das Yoga-Sutra (YS) 1.36 sagt:

*Sich den Bereich im eigenen Inneren,
der jedes Leid anschauen kann und dennoch
von keinem Leid berührt ist, als Licht vorzustellen,
löst mentalen Druck.*

Von der Purusha-Insel aus können wir uns außerdem einen Überblick über unsere Emotionen, Gefühle und Gedanken verschaffen, betrachten, was sich gerade abspielt in unserem Leben. Wir können von hier aus unseren momentanen IST-Zustand beobachten, ohne eingreifen, bewerten oder beurteilen zu wollen. Im Yoga-Sutra wird der Betrachter Drsta genannt oder das sehende Selbst. Die folgende Übung ermöglicht Ihnen, Ihre eigene Rückzugsinsel zu erschaffen, auf der Sie die Ruhe für einen neutralen, friedvolleren Blick für das Leben jenseits der Insel erhalten können.

Übung

Kreieren Sie sich Ihre innere Rückzugsinsel. Stellen Sie sich ihre Form, ihren Geruch, ihre Farben, ihre Natur vor. Und sorgen Sie dafür, dass Kinder, Lebenspartner, Steuerberater, Nachbarn und Lehrer dort keinen Zugang haben. Nutzen Sie anstrengende Alltagsmomente, und üben Sie, sich dann auf Ihre Purusha-Insel zurückzuziehen.

Citta. Der eilige Geist

Zu unserem Prakriti-Teil zählt in der Yoga-Philosophie auch jene Instanz in uns, die uns denken und fühlen, reagieren und agieren, bewerten, wahrnehmen, beurteilen, uns freuen, sehr gerne auch leiden lässt und uns die Welt präsentiert, wie sie ihr, dieser Instanz, gerade gefällt oder von ihr wahrgenommen wird. Ihr Sanskrit-Name lautet Citta.

Citta, sagen die Yogis, ist der Dachboden oder die Festplatte, auf der sich alle Wahrnehmungen, Eindrücke, Erlebnisse, Erinnerungen, Gefühle, Emotionen, Gedanken, Empfindungen, Vorstellungen und Fantasien abspielen und abspeichern. Mein Lehrer Sriram schreibt, dass Citta den ganzen »mentalen Bereich« umfasst und unser »geistiges Gebäude« ist.[3]

Citta formt unsere ganze Persönlichkeit, archiviert und schreibt unsere komplette Geschichte. Citta, das sind wir. Oder zumindest, das, was wir glauben, was wir sind. Das Citta wird darum auch das »meinende Selbst« genannt. Oder etwas schlichter »Geist«. Zu Hause ist er aber nicht nur in unserem Kopf, sondern überall dort, wo wir Emotionen und Gedanken wahrnehmen.

Kennzeichnend für Citta ist, dass es fast ständig in Bewegung ist. Die Yogis nennen diese Bewegungen Vrittis, während die Buddhisten vom Monkey Mind sprechen, weil er wie ein Affe, der sich von Ast zu Ast schwingt, ruhelos von Gedanken zu Gedanken springt und dadurch nie entspannen, nie im Hier und Jetzt ankommen kann.

Laut dem Yoga-Sutra hat unser Geist fünf Fähigkeiten: Er kann Dinge richtig, aber auch falsch wahrnehmen, sich etwas vorstellen, er kann in den heilsamen Tiefschlaf fallen und sich erinnern. Die Sanskrit-Begriffe dafür lauten: Pramana (richtige Wahrnehmung), Viparaya (falsche Wahrnehmung), Vikalpa (Vorstellung/Imagination), Nidra (Tiefschlaf), Smrti (Erinnerung). Diese Eigenschaften des Cittas können unser Wohlbefinden ungemein steigern, uns unsere Laune aber auch gründlich vermiesen.

Die Sache mit der Wahrnehmung

Meine Tochter und ich haben gelegentlich sehr unterschiedliche Ansichten, wenn es um die Ordnung in ihrem Zimmer geht. Was in ihren Augen ordentlich aufgeräumt aussieht, wirkt für mich dagegen nach wie vor wie ein mittlerer Bombeneinschlag. Natürlich meint mein Citta, dass ich im Recht bin. Schließlich verfüge ich aufgrund meines fortgeschrittenen Alters über ein größeres Wissen, was das Aussehen von aufgeräumten Zimmern betrifft. Leider fühlt sich meine Tochter von meinen Zimmer-Ansprüchen oft überfordert, was ein Gefühl der Hilflosigkeit in ihr auslöst, auf das sie mit Tränen oder Wutanfällen reagiert, denen ich, je nach Tagesform, mit Geduld oder Ungeduld, mit Verständnis oder weniger Verständnis, begegne.

Wie unterschiedlich die Wahrnehmung einer Sache durch zwei Menschen sein kann, zeigt auch folgende Geschichte:

❋ *Eines Tages nahm ein Mann seinen Sohn mit aufs Land, um ihm zu zeigen, wie arme Leute leben. Vater und Sohn verbrachten einen Tag und eine Nacht auf einer Farm einer sehr armen Familie. Als sie wieder zurückkehrten, fragte der Vater seinen Sohn: »Wie war dieser Ausflug?« »Sehr interessant!«, antwortete der Sohn. »Und hast du gesehen, wie arm Menschen sein können?« »Oh ja, Vater, das habe ich gesehen.« »Was hast du also gelernt?«, fragte der Vater. Und der Sohn antwortete: »Ich habe gesehen, dass wir einen Hund haben, und die Leute auf der Farm haben vier. Wir haben einen Swimmingpool, der bis zur Mitte unseres Gartens reicht, und sie haben einen See, der gar nicht mehr aufhört. Wir haben prächtige Lampen in unserem Garten, und sie haben die Sterne. Unsere Terrasse reicht bis zum Vorgarten, und sie haben den ganzen Horizont.« Der Vater war sprachlos. Und der Sohn fügte noch hinzu: »Danke, Vater, dass du mir gezeigt hast, wie arm wir sind.«*[4]

Die Yogis sagen, dass unsere Fähigkeit, Dinge richtig oder falsch wahrzunehmen, und zwar jeder Mensch auf seine Weise, uns zeigt, dass wir nicht zwingend im Besitz der Wahrheit sind, nur weil wir denken, wir haben gerade recht. Was uns helfen kann, in Konflikten auch die Sichtweise der anderen Seite anzuhören und mit in Betracht zu ziehen. Und zu akzeptieren, dass es Dinge gibt, die ich ablehne, die aber von der Gegenseite gut gefunden werden, und umgekehrt. Über Geschmack kann man streiten, man muss es aber nicht.

Das habe ich mir alles ganz anders vorgestellt!
Ich bin unter anderem Journalistin geworden, weil ich in meinen naiven jungen Jahren glaubte, das sei ein Beruf, in

dem sich Kinder und Karriere gut vereinbaren lassen. Ich stellte mir vor, dass ich dann eben von zu Hause aus arbeiten und nebenbei den Haushalt mit links schmeißen würde. Beziehungsweise schmeißen lassen würde, dann damals, als ich gerade das Abitur hatte, war ich auch davon überzeugt, dass ich eines Tages sehr reich werden oder einen Mann mit genügend Geld heiraten würde. Oder beides. Und dass wir mindestens vier Kinder haben werden, das letzte, wenn ich 28 Jahre alt bin. Es entwickelte sich dann allerdings einiges anders, als ich mir das vorgestellt hatte. Das erste meiner zwei Kinder bekam ich erst mit 37. Immerhin bin ich Journalistin geworden.

Ich hatte mir auch vorgestellt, dass nach der Schwangerschaft der Bauch wie ein Gummi zurück in seine Ausgangsform federt – und war todunglücklich, als ich nach der Geburt meiner Tochter feststellte, dass ich mich getäuscht hatte. Sogar massiv. Mein Mann hatte sich vorgestellt, dass die Elternzeit, die er nach der Geburt unseres Sohnes nahm, urlaubsähnlich werden würde, und bemerkte bald, dass er ein bedauernswertes Opfer seiner Vorstellungskraft geworden war.

Die Vorstellungskraft kann uns sprichwörtlich in eine Fantasiewelt entführen, die uns die Augen vor der Realität verschließt, uns tagträumen lässt und uns in langweiligen Momenten aber auch vor dem Einschlafen rettet. Oder uns im Schulunterricht vom Aufpassen abhält. Als meine Tochter in der zweiten Klasse war, zitierte mich ihre Klassenlehrerin in die Sprechstunde. Das Kind sei im Unterricht oft so abwesend, träume vor sich hin, statt am Unterricht teilzunehmen. Ich fragte mein Kind, wo sie denn in der Schule mit ihren Gedanken sei. Sie antwortete: »Mama, weißt du, da kommt immer eine Elfe und hält mir ein Buch vor die Nase. Du weißt doch, dass ich so viele Bücher kenne. Ich lese dann eben das Buch.« Sie und ich überlegten, ob wir ihrer Lehrerin von den Elfenbesuchen erzählen sollten, und entschieden uns dafür. Doch die Lehrerin reagierte anders, als wir das gedacht hatten. Sie sagte: »Also, so was habe ich noch nie gehört. Das ist ja schlimm. Damit du das nur weißt, die Elfen sind ein Produkt deiner Gedanken. Und wenn du sie dir einbilden kannst, kannst du sie dir auch wieder ausbilden.« Meine Tochter zuckte zusammen, ich drückte ihre Hand. Als wir gegangen waren, sagte ich zu ihr: »Wie schade, dass deine Lehrerin keine Elfen sehen kann, so wie du. Aber bitte doch deine Elfen, dass sie dich erst nach dem Unterricht oder in den Pausen besuchen.« Ein paar Wochen später sagte die Kindergärtnerin meines Sohnes zu mir: »Heute war er in einer ganz anderen Welt. So abwesend habe ich ihn noch nie erlebt.« Als meine Tochter von der Schule heimkam, erzählte sie mir: »Mama, weißt du, heute waren die Elfen wieder da. Aber ich habe sie zu meinem Bruder in den Kindergarten weitergeschickt.«

Die Vorstellungskraft hat aber auch, so wie alles, ihre guten Seiten. Sie ist ein großartiges Mittel, um sich die Lösung eines Problems mental vorzustellen oder seine Ziele zu visualisieren. Der kleine Sohn von Freunden stellt sich zum Beispiel bei Wanderungen an den steileren Stellen immer vor, Bärenkrallen statt Zehen zu haben und deshalb trittsicher zu bleiben. Er ist, sagen seine Eltern, noch nie ausgerutscht.

Eine Nacht darüber schlafen

Wenn wir nicht wissen, wie wir uns entscheiden sollen, oder wenn wir überstürzt reagieren möchten, dann lautet ein beliebter Ratschlag: »Schlaf doch erst mal eine Nacht darüber, morgen sieht die Welt schon wieder ganz anders aus.« Es lohnt sich, ihn zu beherzigen und die Fähigkeit unseres Citta zu nutzen, in den Tiefschlaf, den die Yogis Nidra nennen, zu fallen. Denn oft sieht das, was uns heute geärgert oder verunsichert hat, am nächsten Tag schon ganz anders und weniger ärgerlich aus. Und Probleme, die riesig erscheinen, haben sich am nächsten Tag in Luft aufgelöst. Die regenerierende Tiefschlafphase, in der wir regungslos sind, ist die erholsamste Schlafphase.

Wie hilfreich Schlaf sein kann, zeigt die Geschichte, die ein befreundetes Elternpaar erzählt hat. Die beiden hatten den ganzen Tag viel Zeit mit ihrem Kind verbracht. Sie waren mit dem Mädchen erst beim Reiten gewesen und anschließend an einen Badesee gefahren, hatten abends sogar noch die Lieblingspizza von Anika geholt. Das Drama ging los, als Anika vor dem Zubettgehen die Zähne putzen sollte. Das Kind bekam einen Wutanfall – nicht etwa, weil es die Zähne putzen sollte, sondern weil die Mutter eine neue Zahnpasta gekauft hatte. »Ich mag die rote nicht, das weißt du doch«, schrie das Kind. »Probier sie doch wenigstens mal, das schmeckt nach Erdbeere«, antwortete die Mutter. »Nein, nein, nein«, kreischte die Tochter. »Damit du es nur weißt, Mama, das war heute der blödeste Tag in meinem ganzen Leben. Und jetzt will ich ins Bett.« Anika schlief sofort ein. Die Eltern blickten sprachlos, auch enttäuscht, auf ihre schlafende Tochter, hielten Anika für undankbar und überlegten ernsthaft, was sie in der Erziehung falsch gemacht hatten. Am nächsten Morgen fragte meine Bekannte ihre Tochter: »Sag mal, was war das denn gestern Abend?« Anika schaute sie ganz erstaunt an: »Was meinst du, was war?« Sie hatte das Zahnpastadrama komplett vergessen und lässt sich im Übrigen seither ohne Murren mit der »Roten« die Zähne putzen. Die Aufregung und Enttäuschung waren also völlig umsonst.

Die Kraft der Erinnerung

»Erinnerung ist eine Form der Begegnung, Vergesslichkeit eine Form der Freiheit«, sagt Khalil Gibran.[5] Sie ist eine Begegnung mit Ereignissen, Eindrücken und Emotionen, die in der Vergangenheit stattgefunden haben, von uns erlebt oder erfahren wurden. Und je nachdem, welche Wirkung das vergangene Geschehen auf uns hatte und welchen Eindruck es in uns hinterließ, wird die Erinnerung unser gegenwärtiges und auch zukünftiges Fühlen, Denken und Handeln beeinflussen.

Die Kraft der Erinnerung hat sich bei mir sehr deutlich gemeldet, als ich mit meinem zweiten Kind schwanger war. Meine Tochter war per Kaiserschnitt zur Welt gekommen, weil mein Kind ein bisschen schief lag, ich eine Riesenangst vor der normalen Geburt hatte und ich mir sehr sicher war, das niemals aushalten und lebend überstehen zu können. Außerdem erinnerte ich mich damals daran, dass in Frauenzeitschriften – und die müssen es ja wissen – immer wieder stand, welche furchtbaren Folgen eine normale Geburt für den Körper und das Beziehungsleben haben kann. Leider steht in diesen Texten nie, wie heftig die Schmerzen sein können, die man nach dem Kaiserschnitt hat. Vielleicht bin ich besonders wehleidig oder schmerzempfindlich, aber ich konnte erst nach drei Wochen wieder wirklich aufrecht stehen und gehen und fand es die ersten Tage extrem anstrengend, mein Baby überhaupt aus seinem Bett zu heben. Ich hatte auch das Gefühl, dass mir etwas aus dem Körper gerissen wurde, was noch gar nicht gehen wollte, und fand, damit hätte ich nie gerechnet, den Umstand, dass ich nicht sagen kann: »Ich habe meine Tochter geboren«, befremdlich und unnatürlich. Ich hatte das Gefühl, einer Erfahrung beraubt zu sein, und das hinterließ lange eine melancholische Stimmung in mir. Als ich mit meinem Sohn schwanger war, kamen diese Erinnerungen wieder hoch, und die stärkste war die an die Schmerzen. Jetzt hatte ich Angst vor dem Kaiserschnitt und hätte vermutlich alles getan, jede Pille geschluckt, jeden Kreistanz getanzt und jedem Voodoopriester vertraut, wenn dadurch das Kind normal auf die Welt kommen würde. Was es dann freundlicherweise auch tat, unkompliziert, ohne Verletzungen. Danach war ich euphorisch, erleichtert. Ich hatte Glück. Wenn ich die beiden Geburtserinnerungen vergleiche und noch mal die Wahl gehabt hätte, dann hätte ich mich auf jeden Fall wieder gegen den Kaiserschnitt entschieden.

Erinnerungen können uns helfen, den gleichen Fehler nicht zweimal zu machen. Ein Kind, das seine Hand am Herd verbrannt hat, wird künftig den Kontakt mit dem Küchenfeuer (hoffentlich) meiden.

Die Fähigkeit, sich erinnern zu können, ist aber auch für unser Wohlergehen und Wohlempfinden enorm wichtig, weil sie uns so oft helfen kann, das Richtige zu tun, die passende Lösung zu finden. Geld aus dem Geldautomaten zu bekommen, unsere Mitmenschen mit ihren Namen anzusprechen, sich in Krisenphasen auch an die guten Zeiten erinnern zu können, die man miteinander hatte.

Die Erinnerung daran, dass wir uns auch mal gut verstanden hatten, dass wir gemeinsam lachen konnten, dass wir ineinander verliebt waren, dass wir gerne in der Gegenwart des anderen waren, auch wenn wir nicht miteinander redeten, hat meinem Mann und mir vermutlich die Beziehung gerettet. Sie war der Anker in Zeiten, als wir schon weit auseinandergedriftet waren und das Familienschiff zu kentern drohte.

Erinnerungen können Halt, Hoffnung und Orientierung geben und den Weg zurück in den sicheren Hafen zeigen. Erinnerungen können aber auch traumatisch sein, uns lähmen, uns ängstlich, zaghaft, pessimistisch und wütend machen und so zu einem Problem werden. Ist das der Fall, wird die Fähigkeit, zu vergessen, die von Khalil Gibran erwähnte Freiheit. Ist der Verlust der Erinnerung hingegen krankheitsbedingt, ist es eine schmerzhafte und tragische Erfahrung für den Betroffenen und seine Angehörigen.

Für Ruhe sorgen

Bis auf den Tiefschlaf hat jede Aktivität des Citta unmittelbar Einfluss und Auswirkungen auf die anderen Aktivitäten und damit auch darauf, wie wir die Welt, in der wir leben, sehen und in ihr agieren. Darum sagen die Yogis, dass wir unseren Affengeist bändigen müssen. Patanjali schreibt gleich im 2. Sutra seines Lehrtextes: »yogah cittavritti nirodah«[6], »Yoga ist der Zustand, in dem die Bewegungen des Citta in eine dynamische Stille übergehen.« Dieser Zustand ermöglicht uns die Wahrnehmung einer Situation oder unseres Lebens, die weder gefärbt noch geprägt ist von unseren Erinnerungen und unserer Vorstellungskraft, die frei ist von unserer Vergangenheit und auch von einer erdachten Zukunft. Solange unser Monkey Mind aber schnattert, flüstert, zetert, interpretiert, deutet, wertet und beurteilt, kann alles, was wir wahrnehmen, ein großer Irrtum oder ein Missverständnis sein und zu Handlungen führen, die wir später bereuen und über deren Ergebnisse und Konsequenzen wir dann enttäuscht sagen: »Das habe ich mir aber ganz anders vorgestellt.«

Endlich Familie

☀ Endlich Mutter, endlich Vater, endlich Kinder. Doch leider halten nicht nur ein neues Leben und mit ihm Freude und Sonnenschein Einzug in unseren Alltag, sondern auch das Chaos, volle Windeln, schlaflose Nächte, Bereitschaftsdienste und Alarmbereitschaft rund um die Uhr, Sorgen, Ängste, Tränen, nicht nur von den Kindern, Zeitdruck, die Abhängigkeit von Kindergärten, Schulen, Großeltern und anderem Ersatz-Betreuungspersonal. Der tägliche Wahnsinn eben. Lieb gewonnene Freiheiten verschwinden, die selbstbestimmte Unabhängigkeit, die verliebte und vertraute Zweisamkeit, die finanzielle Sicherheit und Sorglosigkeit und ein gutes Stück Gelassenheit, sollten wir sie je besessen haben. Ein normaler Alltag sieht oft so aus wie der, von dem meine Kursteilnehmerin Julia erzählte und den vermutlich jeder kennt, der Kinder hat, arbeiten will oder muss beziehungsweise alleine für Kinder und Haushalt zuständig ist, aber über kein Heer an Nannys, Haushaltshilfen, Köchen und anderen dienstbaren Geistern verfügt.

»Der Tag begann sehr früh, weil mein Sohn mich, wie so oft, schon um halb sechs geweckt hatte. Wir lagen zudem mal wieder zu viert im Bett, und die Nacht war entsprechend kurz und unruhig gewesen. Ich schreckte auf und checkte im Geist erst mal kurz, was heute so alles anstehen würde. Um halb sieben, alle anderen Familienmitglieder schliefen wieder, stand ich auf und duschte erst mal in aller Ruhe. Ich wollte einen ruhigen Start in den Tag. Schließlich hatte ich ja Geburtstag. Ich ging in die Küche, versuchte, meinen Groll über das hinterlassene Küchenchaos meines Mannes hinunterzuschlucken, und räumte erst mal auf. Bis ich von oben ein lautes Schreien hörte: »Maaaaama!« Was folgte, war der tägliche ewige Kampf. Das Anziehen der Kinder. Obwohl es stark regnete, wollte meine zweijährige Tochter unbedingt ein Sommerkleid anziehen. Ich diskutierte erst lange mit ihr, doch weil ich heute überhaupt keine Lust auf ein großes Geschrei hatte, durfte sie ihr Kleid anziehen. Die nächste Baustelle war mein Sohn. Mit ihm diskutierte ich beim Frühstück die Frage: »Wie viel süßer Joghurt darf ins Müsli?« Zum Schluss sagte er: »Du bist sooooo gemein, Mama.« War ja klar. Mein Mann war zu spät aufgestanden und zu diesem Zeitpunkt schon gar nicht mehr zu Hause. Der Glückliche! Das Chaos ging weiter, als wir in den Kindergarten losfahren wollten. Abwechselnd fragten beide Kinder: »Wo ist mein …, Mama?« In mir stieg eine leichte Aggression auf. Meine Stimme wurde lauter. Die beiden stritten jetzt über ihre Brotzeit, ihre Kindergartentaschen, wegen ihrer Schuhe, ihrer Jacken, wegen allem. Auf der Fahrt zum Kindergarten bemerkte ich, dass wir die Brotzeit meines Sohnes zu Hause vergessen hatten. Inzwischen war ich richtig genervt und begann ihn auszuschimpfen. Wir kauften ihm unterwegs noch etwas beim Bäcker. Als die beiden endlich im Kindergarten waren, atmete ich erst mal durch und versuchte, innerlich wieder zur Ruhe zu kommen. Ich hatte noch zwei Stunden Zeit, bis ich zu meiner Arbeit musste. Weil sich die Verwandtschaft für nachmittags zum Geburtstagskaffee eingeladen hatte, wollte ich die Zeit nutzen, um einen Kuchen zu backen. Er war noch im Backofen, als das Telefon klingelte. Der Kindergarten. Meiner Tochter gehe es so schlecht, ich solle sie bitte sofort abholen. Vom Auto aus rief ich meine Mutter an. Aber sie war im Fitnessstudio.

Panik überkam mich. Ich rief meinen Mann an. Doch der konnte auch nicht so einfach von seiner Arbeit weg. Noch mehr Panik. Im Kopf ging ich schon mal durch, was jetzt alles zu tun sein würde. Den Geburtstagskaffee absagen, mich bei der Arbeit abmelden. Mir fiel ein, dass mein Sohn am kommenden Tag mit sieben Kindern seinen Geburtstag nachfeiern wollte. Was, wenn er auch krank werden würde? Dann müsste ich auch noch die Eltern seiner Freunde anrufen und absagen. Ich merkte, wie ich innerlich immer nervöser wurde. Am Kindergarten nahm ich meine Tochter in Empfang, die sehr leidend wirkte. Doch kam waren wir zu Hause, war sie geheilt. Sie hüpfte auf dem Trampolin und schrie: »Ich habe Ferien!« Meine Mutter hatte ich in der Zwischenzeit in ihrem Fitnessstudio ausrufen lassen. Ich saß wie auf Kohlen, bis sie endlich da war. Meine Tochter hatte ich in der Zwischenzeit vor dem Fernseher geparkt, weil ich den Kuchen noch fertig machen und mich für die Arbeit umziehen musste. Dann endlich, ich konnte los. Doch wo war mein Handy? Neue Panik. Wo ist es? Ich war kurz davor, in Tränen auszubrechen. Ich suchte hektisch und fand es schließlich auf der Toilette. Es war erst elf Uhr vormittags, der Tag war noch nicht mal zur Hälfte vorbei.«

Falls Sie beim Lesen die Luft angehalten und ein bekanntes Beklemmungsgefühl verspürt haben, dann atmen Sie jetzt und immer, wenn Sie in eine vergleichbare Situation kommen, ein- oder zweimal (unter Umständen auch öfter) vollständig aus. Übrigens wussten die Weisen bereits vor über 2000 Jahren, wie hilfreich diese Methode sein kann. Patanjali verspricht im Yoga-Sutra 1.34, dass mentaler Druck gelöst wird, wenn wir lange und vollständig ausatmen.

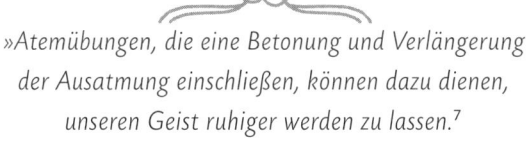

»Atemübungen, die eine Betonung und Verlängerung der Ausatmung einschließen, können dazu dienen, unseren Geist ruhiger werden zu lassen.«[7]

Der Yogi würde, wie jeder andere Mensch auch, sagen: »Meine Güte, die arme Frau hat Stress.« Stress ist das englische Wort für Druck und Anspannung und hat seine Wurzeln im lateinischen stringere, was wiederum »anbinden« bedeutet. Im yogischen Denken geht man davon aus, dass Stress beziehungsweise Leid auch dadurch entsteht, dass wir uns mit Objekten (und damit ist alles Sicht- und Unsichtbare gemeint) auf eine Weise verbinden, sie auf eine Art und Weise wahrnehmen, die eine innere Unruhe oder Enge auslöst.

Duhkha. Wenn es eng wird in mir

Der Sanskrit-Begriff für den Zustand, der unserem Stressverständnis aus yogischer Sicht am nächsten kommt, lautet Duhkha. Duhkha ist das Dunkle, das Enge, der enge Raum, das Leid. Doch das Leid, das damit gemeint ist, ist nicht der körperliche Schmerz, der durch eine Krankheit, einen Unfall oder eine andere Gewalteinwirkung entsteht, und auch nicht das finanzielle Debakel oder überdrehte Söhne und zickige Töchter. Das Leid, von dem wir hier reden, ist das Gefühl der Enge, der Hilf- und Hoffnungslosigkeit, der Überforderung und Niedergeschlagenheit (bis hin zur Depression). Es ist das Gefühl der Fremd- statt Selbstbestimmung, das entsteht, wenn wir krank sind, einen Unfall hatten, uns Gewalt, in welcher Form auch immer, zugefügt wird beziehungsweise wir sie uns selbst zufügen. Es sind die Angst, die wir fühlen, wenn wir vor dem finanziellen Ruin stehen, und die Gereiztheit, die wir spüren, wenn unsere Kinder durchdrehen und uns die Zeit davonläuft, während der Stapel zu erledigender Arbeit gleichzeitig immer größer wird. Es sind die fehlende Gelassenheit und das Gefühl der Panik, das wir wahrnehmen, wenn der Babysitter kurz vor dem wichtigen Arbeitsmeeting eine SMS schickt, in der steht: »Sorry, hatte einen Unfall, kann nicht kommen. Tut mir leid.« Wenn die Fahrt in den Urlaub zum Horrortrip wird, weil man im Stau steht, sich die Kinder seit einer Stunde auf der Rückbank bekriegen und die Stau-App meldet, dass man mit Wartezeiten von mindestens 40 Minuten rechnen müsse und kein Rastplatz oder keine Abfahrt in Sicht ist. Wenn der Lehrer eine pädagogische und menschliche Nullnummer zu sein scheint und man weiß, dass jede noch so konstruktiv gemeinte und geäußerte Kritik negativ auf das eigene Kind zurückfallen würde, und darum lieber schweigt. Wenn man sich auf den ersten kinderfreien Abend seit Monaten mit dem Partner freut und das Kind einen Strich durch die Rechnung macht, weil es Magen-Darm-Grippe bekommt. Wenn die Kinder Freunde haben, vor denen man seine Kinder schon immer fernhalten wollte. Wenn der Sohn oder die Tochter einen Partner präsentiert, der nicht dem eigenen Wunschbild entspricht. Wenn man das Gefühl hat, als Mutter oder Vater mal wieder komplett versagt und tausend Fehler gemacht zu haben, weil man keine Zeit für die kleinen und großen Sorgen, Nöte und Schulaufführungen des Nachwuchses hatte, die Fassung und Beherrschung verlor, mal wieder viel zu laut gebrüllt und als letztes Mittel der Wahl schwärzeste Pädagogik angewandt hat, nur damit endlich, endlich Ruhe ist.

Die Yogis sagen des Weiteren, dass es im Leben eine ganze Menge Leid gibt und dass es uns auf dreifache Weise zugefügt werden kann: durch höhere Gewalt; durch Menschen, die uns nahestehen, also auch und besonders durch unsere Partner und Kinder; durch, und da beweisen wir immer wieder ganz besonders großes Talent, uns selbst. Nämlich durch die Art, wie wir denken, über uns oder andere, wie wir handeln, uns behandeln, sprechen, und ernähren, bewegen, interagieren, also wie wir leben – sei es als Einzelgänger oder als soziale Wesen.

Patanjali schreibt im Yoga-Sutra 2.15:

Duhkha wird ausgelöst durch die Vergänglichkeit, der alles Wahrnehmbare unterliegt, durch die Sehnsucht nach etwas, durch die Abhängigkeit von etwas oder einfach nur durch Konflikte, die innerhalb von uns liegen. Dem empfindsamen Menschen ist die Allgegenwart von Leid bewusst.

Ähnlich heißt es auch bei den Buddhisten: Alles Leben ist Leiden. So ein Blödsinn, dachte ich, als ich den Satz vor Jahren das erste Mal hörte. Stimmt doch gar nicht!

Wenn wir uns aber einfach mal unser eigenes Leben anschauen oder das unserer Kinder, der ganzen Familie und, wenn das nicht reicht, auch noch einen Blick in die Zeitung werfen, dann erkennen wir: Wir leiden an unseren eigenen Gedanken, Emotionen, Gefühlen, Worten und Handlungen, an und unter den Gedanken, Gefühlen, Emotionen, Worten und Taten von anderen Menschen, wir leiden mit unseren Kindern, Partnern, Freunden, Geschwistern und Tieren und wegen ihnen, wir leiden am Elend und unter den Ungerechtigkeiten dieser Welt und unseres Lebens.

Wir leiden auch, weil wir älter werden, weil das Leben endlich ist, uns Menschen und Tiere, die wir lieben, verlassen, weil Erinnerungen schwinden, weil glückliche Momente nicht ewig anhalten, weil die Liebe vergeht, Beziehungen enden, Freunde auf andere Schulen gehen, lieb gewonnene Rituale und Routinen abgeschafft oder gebrochen werden, das Stofftier so zerliebt ist, dass seine Nähte platzen, das Lieblingsspielzeug kaputtgeht und die Kinder ausziehen, obwohl sie doch gerade erst auf die Welt gekommen sind. Wir leiden außerdem unter höherer Gewalt, der Natur, dem Wetter und unseren Hormonen.

Der Inder T.K.V. Desikachar, einer der großen Yoga-Gelehrten unserer Zeit, bezeichnete Duhkha ganz nüchtern als Ausdruck von Problemen, die wir haben. Er sagte: »Duhkha ist eine Emotion. Es könnte darum eine Illusion sein.«[8] Das Schöne und zugleich Grausame an Emotionen ist nämlich, dass sie nicht von Dauer sind. Was wir selbstverständlich nie wahrhaben wollen, wenn wir frisch verliebt sind, weil es das Konzept der ewigen Liebe gleich von Anfang an über den Haufen werfen und für verfrühten Herzschmerz sorgen würde. Das Gute am Vergänglichen ist, dass der Herzschmerz dadurch nicht ewig andauern wird. Diese Erkenntnis über die Flüchtigkeit der Emotionen kann sehr beruhigend sein und wirken, besonders wenn wir wütend, traurig oder gestresst sind.

Bei all dem Elend: Patanjali sagt im Yoga-Sutra 2.16 erfreulicherweise auch, dass Leid, das noch bevorsteht, vermieden werden kann.

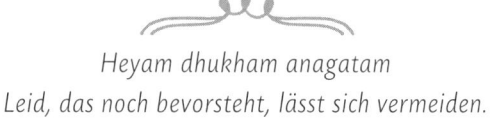

Heyam dhukham anagatam
Leid, das noch bevorsteht, lässt sich vermeiden.

Dafür müsse man zunächst anerkennen, dass man leidet, und dann herausfinden, was das Unwohlsein verursacht.

Mutter, Vater, Kind

Mein persönliches Leiden begann, als ich schwanger wurde. Nicht etwa, weil es sich um eine wundersame oder ungeplante Empfängnis handelte, sondern weil die Schwangerschaft phasenweise nicht ganz einfach war und weil damals Mütter in den Chefetagen von einigen Frauenzeitschriften nicht wirklich vorgesehen waren. Rücksichtnahme? No way. Zumindest kam es mir so vor. Die andere Seite würde sicher das Gegenteil behaupten. Vielleicht lag es an meinen anderen Umständen, dass ich mich streckenweise schikaniert fühlte. Durch Bemerkungen von höchster Stelle wie »Na, Sie sind doch nicht etwa müde?« am Ende eines langen Arbeitstags. Von spontan angesetzten Besprechungen nach Dienstschluss – die dann doch nicht stattfanden, weil: Elvis left the building. Dass das erst 30 Minuten nach dem Abgang kommuniziert wurde, geschenkt.

Gern gehört waren auch die nun regelmäßigen Aufforderungen, nach einem Außentermin für die letzten zehn Minuten vor Redaktionsschluss bitte – und zwar imperativ – nochmal ins Büro zu kommen, weil noch dringend ein Komma im Text verändert werden musste, wozu ausschließlich und alleinig der Verfasser des Textes, also moi, in der Lage sei. Und ansonsten niemand. Punkt. Ausrufezeichen.

I had joy, I had fun, ich hatte Angst um meinen Job und erstmals auch vor der Zukunft. Vielleicht habe ich mich deshalb nicht stärker gewehrt, habe nicht stärker protestiert, wie ich es früher durchaus tat. Die Tränen kamen zu Hause. Aus Frust. Aus Verzweiflung. Aus Wut über die empfundene ungerechte Behandlung. Dazu das schlechte Gewissen gegenüber dem Baby im Bauch, einem kleinen Mädchen, wie wir inzwischen wussten. Negative Gefühle sollen nicht gut sein für das ungeborene Kind. Die ersten grauen Wolken im rosaroten Paradies zogen auf und nicht mehr wirklich ab. Eine Kollegin sagte: »Geh doch mal ins Yoga. Dann geht es dir bestimmt wieder besser.« »Nein danke«, antwortete ich. »Das ist nichts für mich.«

Mir war zum Heulen zumute. Was durch den Umstand verstärkt wurde, dass meine Tochter zum letzten Jahrgang zählt, für den es noch keine gut bezahlte einjährige Elternzeit gab. Aus finanzieller Sicht kam sie 19 Tage zu früh auf die Welt. Im Verlag war eine Halbtagsstelle, wie sie mir gesetzlich zustand, aber nicht vorgesehen. Nicht machbar, hieß es. Wie auch, bei einem Monatsmagazin, dessen einzelne Ausgaben schon immer drei Monate im Voraus geschrieben wurden.

Die Ansage von hoch oben war klar: Ganz – oder gar nicht. Ich erklärte meinem Chef, dass ich mich für ganz entschieden hatte. Und hatte es auch wirklich vor. Irgendjemand würde schon auf das Kind aufpassen. Meine Mutter, eine Nanny, der Weihnachtsmann. Zur Not würde ich es eben in die Redaktion mitnehmen. Wenn das mit einem Hund ging, warum nicht auch mit einem Kind.

Mein Chef lächelte milde: »Sie werden sehen, Frau Schönberger, nach der Geburt legt sich bei Ihnen einen Schalter um.« »Und was passiert dann?«, wollte ich wissen. »Dann wollen Sie nicht mehr arbeiten, sondern nur noch fürs Kind da sein.« Jetzt lächelte auch ich milde. Und dachte mir: »Du hast doch keine Ahnung, Mann.« Er sagte: »Bei meiner Frau war es genauso.« Die habe zunächst auch vorgehabt, gleich nach der Geburt wieder zu arbeiten. Doch jetzt führe sie seit 15 Jahren ein Leben als glückliche Hausfrau. »Ich würde verzweifeln«, antwortete ich. Er schüttelte, immer noch milde lächelnd, den Kopf. »Sie werden sehen, Sie haben genug zu tun mit Kind und Haushalt«, erklärte er mir. »Haushalt ist aber keine Arbeit, die mir Spaß macht«, erklärte ich ihm ungeduldig. »Brauchen Sie etwa das Geld?«, fragte er dann, jetzt ehrlich besorgt. »Haben Sie denn keinen Mann, der Sie versorgt?«

Potzblitz. Unglaublich, unerhört, um nicht zu sagen: unfassbar. Aber nein, hatte und habe ich nicht. Will ich auch nicht (bis auf manchmal). Mein Chef sah mich an, so wie man ein Wesen anschaut, das den Inhalt seiner Zeitschrift ganz offensichtlich nicht verinnerlicht hatte. Denn darin wurden regelmäßig die drei großen »W« der weiblichen Menschheit in aller Ausführlichkeit behandelt. Und diese lauteten: »Wie kriege ich ihn?«, »Wie halte ich ihn?«, »Wie mache ich ihn süchtig nach mir?« Bei »ihn« hatte man im Kopf: den bestverdienenden, intelligenten, durchtrainierten, fantastisch aussehenden, humorvollen, stilsicheren und charmanten Alleinversorger, von dem es bekanntlich so viele freie und haltenswerte Exemplare gibt wie Regentropfen in der Wüste.

Gemessen an den monetären Vorgaben hatte ich bei der Partnerwahl gründlich danebengegriffen. Der werdende Vater lebte nämlich auf dem Land, in einer Kleinstadt in Bayern. Die Gehälter sind in dieser Region nicht so hoch wie in München, wo ich arbeitete und unter der Woche auch wohnte. Er hatte ein regional übliches mittleres Einkommen, von dem er neben der Miete und anderen lebenswichtigen Standards auch den Unterhalt für sein erstes Kind, eine ganz wunderbare Tochter, zahlte.

»Das wird finanziell eng werden«, sagte mein Mann mit Blick auf unsere familiäre Zukunft. Ich hielt ihn für pessimistisch. »Das geht schon irgendwie«, antwortete ich. »Dein Gehalt fällt aber erst mal aus, da kannst du deine Shoppingtouren dann auch streichen.« »Brauche ich sowieso nicht. Mehr«, erklärte ich ihm. Er hatte offenbar keine Ahnung, wie in der einschlägigen Fachpresse der New-Mom-Style beschrieben wurde: Jogginghose zu Schlafanzugoberteil mit ungekämmten Haar und nur flüchtig geduscht. Verlockende Aussichten. Welcome to the Campingplatz. »Ich könnte doch weiter arbeiten und du ziehst zu mir nach München«, schlug ich ihm vor. Das wollte er aber nicht. Er wollte, und das finde ich wirklich sehr liebenswert, in der Nähe seiner ersten Tochter bleiben. 90 Kilometer können sehr nahe, aber auch eine Weltreise sein. Es kommt immer auf den Blickwinkel an.

Wollte ich mein Kind nicht im Alleingang großziehen, bedeutete dieses Distanzproblem für mich allerdings: raus aus der Stadt, ab aufs Land, zurück in das Dorf, in dem ich aufgewachsen war. Dort stand das Haus meiner Großmutter leer, in dem wir wohnen konnten. Mietfrei, weil sie es mir vererbt hatte. Doch wollte ich das, jetzt, wo es zur einzigen Option wurde, auch wirklich? Sah so das Leben aus, das ich mir für mich vorgestellt hatte? Mit Mann und Kind auf dem Dorf, in das viermal täglich der Bus kommt. Zweimal, um die Menschen in die Stadt zu fahren, zweimal, um sie zurückzubringen. Die Sackgasse als Endstation? Ich begann mir erst mal ernsthaft darüber Gedanken zu machen, ob Schwangerschaft, Mutter werden, Familie gründen tatsächlich so eine gute Idee war. Ob das Leben ohne Nachwuchs nicht einfacher gewesen wäre.

Kurz darauf, ich war im fünften Monat schwanger, hatte ich Blutungen. Ich musste ins Krankenhaus. Eine Woche liegen. Mit Stützstrümpfen an den Beinen. Draußen war Sommer, war Fußballmärchen. Innen herrschte Desinfektionsgeruch, Weltuntergangsstimmung. »Wann kann ich wieder arbeiten?«, fragte ich die behandelnde Chefärztin. »Ich schreibe Sie jetzt mal vier Wochen krank«, sagte sie. Mir wurde schlecht. »Das geht nicht. Ich kann nicht so lange wegbleiben«, erklärte ich ihr. Beinah panisch. Was würden meine Vorgesetzten denken? Dass ich blau machte? Mich vor der Arbeit drückte? Eben eine unbelastbare Schwangere sei?»Wenn das so ist, dann schreibe ich Sie acht Wochen krank. Sie sollten sich schonen. In Ihrem Alter wird man nicht mehr so leicht schwanger.« Sie sah mich sehr streng an. Ich wollte erwidern: »Aber ich fühle mich noch so jung.« Ließ es aber lieber. Sie hätte mir sonst wahrscheinlich einen Polizisten vor die Zimmertür gesetzt.

Kaum war ich wieder aus dem Krankenhaus entlassen, rief ich in der Redaktion an, um mitzuteilen, dass ich trotz dieser Lappalie von Krankschreibung selbstverständlich arbeiten könne. Wollte. Ich sei ja nicht krank, sondern nur schwanger. Sie lehnten ab. Mussten sie auch. Alleine schon wegen der Versicherung. Während der vier Wochen, die ich krankgeschrieben war, konnte ich alles – nur nicht entspannen. Mein System hatte vergessen, was mit Ruhemodus gemeint war. Erschwerend kam hinzu, dass ich meine Zwangspause auf dem Land verbrachte, in dem Ort, in dem wir nach der Geburt des Kindes leben sollten. Konfrontation mit der Zukunft.

Ich langweilte mich. Vermisste das bunte Großstadtleben und seine Anonymität. Die Gespräche mit den Kolleginnen. Die Telefonate mit den Plattenfirmen. Die berufsbedingten Kinobesuche. Das Mitgestalten der Magazinseiten. Das Gefühl, so unglaublich wichtig zu sein. Ich vermisse sogar die Hektik kurz vor Abgabeschluss. Ich zählte die Tage bis zum Ende der Krankschreibung.

Als ich endlich wieder in der Redaktion sein konnte, erzählte mir eine Kollegin, die ebenfalls schwanger und von ähnlichen Zukunftsängsten geplagt war wie ich, dass sie sich für einen Yoga-Kurs für Schwangere angemeldet habe, dass noch Plätze frei seien und ob ich nicht mitkommen wolle. Der Kurs dauere acht Wochen, würde in einer Hebammen-Praxis stattfinden, alles sei ganz unspektakulär. Ich sagte zu, weil es sich unkompliziert anhörte, ich die Kollegin sehr nett fand und weil ich abends sowieso nicht mehr durch die Kneipen ziehen konnte. In sich gehen statt ausgehen.

Yoga und ich

Mit Yoga hatte ich lange nichts am Hut, dabei hatte ich meinen ersten Kontakt mit der alten indischen Lehre bereits als Kind. Mein Vater übte in unserer Münchner Wohnung Kopfstand. Er übte ihn an der Wand. Und übersah, was nicht verwunderlich ist, wenn man den Kopf am Boden und die Beine in der Luft hat, ein Bild an besagter Wand. Seine Füße kollidierten mit dem Gemälde, das Gemälde ging zu Boden. Zwischen Boden und Bild war der Kopf meines Vaters. Er hatte eine blutende Wunde am Kopf, dem Gemälde ging es gut. Aber ich war überzeugt, dass Yoga etwas ziemlich Gefährliches sein musste. Mein Vater schien seine Asana-Versuche kurz darauf beendet zu haben, zumindest sah ich ihn seitdem nie wieder praktizieren. Aber er begann zu meditieren, was unter Umständen weniger körperschädigend ist.

Nach diesem Vorfall wurde es in meinem Leben zunächst still um Yoga. Er kam erst wieder in mein Bewusstsein zurück, als ich Anfang der 2000er-Jahre begann, für eine große Frauenzeitschrift Texte zu schreiben. Ich war für den Bereich zuständig, in dem Menschen People oder Celebrities genannt werden. Weil sie berühmt sind, einen Film gedreht oder ein Lied gesungen haben, sich Nase, Lippen, Brüste, Po operieren ließen, sich skandalös benehmen, zu viel trinken, fremdgehen, Drogen nehmen, Topmodel sind, sich scheiden lassen, Kinder kriegen und Sexvideos ins Internet stellen. Der ganz normale Wahnsinn eben, den man als Zirkusbesucher freudig beklatscht.

Eine dieser Promis war Madonna. Madonna war damals noch stilbildend und trendsetzend. Madonna machte Yoga. Auf einem Foto, das wir drucken wollten, saß sie auf einem Stuhl. Das eine Bein stand im rechten Winkel am Boden. Das andere Bein hatte sie gerade, um genau zu sein, senkrecht in die Luft gestreckt. Zeige- und Ringfinger umklammerten den großen Zeh, ihre Stirn berührte das gestreckte Knie. Ihr Rücken war gerade, das Becken aufgerichtet.

»Das kann ich auch«, dachte ich. Auch ohne Yoga. Wäre ja gelacht. Ich setzte mich auf meinen Bürostuhl. Ein Bein am Boden. Das andere, das bei Madonna Richtung Decke gestreckt war – sah bei mir geknickt aus. Ich konnte zwar mit meinen Fingern den großen Zeh umklammern, dann aber den Oberkörper nicht mehr aufrichten. Beziehungsweise nur, wenn ich mich weiter hinter mein Becken gelehnt hätte. Was einen Sturz vom Stuhl zur Folge gehabt hätte.

Es ließ sich nicht leugnen: Ich war nicht Madonna. Ich war nicht gelenkig. Ich machte kein Yoga. Plante aber auch nicht, das in absehbarer Zeit zu ändern. Obwohl einige meiner Kolleginnen jetzt immer ihre Matten in der Redaktion dabeihatten. Für die Yoga-Session nach Feierabend. Sie erzählten, wie toll Yoga sei, wie gut es ihnen tue, wie sehr es sie aufwühle. Wie oft sie in der Schlussentspannung weinen müssten. Ich wollte nicht weinen müssen. Schon gar nicht als Gruppenerfahrung.

Aber neugierig war ich jetzt schon. Zumindest ein bisschen. Ich wollte wissen, warum dieser Yoga so zum Heulen war, und kaufte mir ein Buch. Yoga für Anfänger. Mit Übungssequenzen und einer Meditations-CD. Die Übungssequenzen wurden von einer jungen Frau in weiß-rosa Wohlfühl-Fitness-Outfits vorgeführt. Sie zeigte Haltungen, die sich Katze, Pferd, Baum, Berg und herabschauender Hund nannten und mich an die Gymnastikstunden erinnerten, die meine Mutter in unserem Dorf anleitete. Ich machte die Übungen nach. Nichts passierte und keine Träne floss.

Bei den Meditationen, die von einer sanften Stimme angeleitet wurden, musste man sich unter anderem Energiebälle zwischen den Handflächen vorstellen. Außerdem sollte man sich ganz mit dieser Energie der Handflächen einhüllen. Ich spürte nichts zwischen den Händen und auch nichts um mich herum. Beim abschließenden Sitzen und Der-Stille-Lauschen hörte ich dafür vieles inner- und außerhalb des Körpers, der zudem fürchterlich zwickte und weh tat, nur keine Stille.

In dem Buch stand auch, dass Yoga ein sehr altes, ganzheitliches System aus Indien ist, das zu mehr Ruhe, Entspannung und Gelassenheit im Leben führen kann. Bei den meisten meiner weinenden Kolleginnen war davon nichts zu bemerken. Im Gegenteil. Yoga, dachte ich mir, kann, außer sehr alt und trotzdem Trend zu sein, nicht wirklich was. Wenn man bei einer Frauenzeitschrift arbeitet, weiß man natürlich, dass jeder Trend spätestens mit der nächsten Fashion-Week von einem neuen ersetzt wird. Ich machte kein Yoga.

Bis ich zu meiner ersten Yoga-Stunde in eine Hebammen-Praxis im Münchner Lehel ging. Hätte ich geahnt, hätte ich gewusst, dass sie mein Leben so komplett durcheinanderbringen und auf den Kopf stellen würde – ich hätte entweder schon viel früher mit Yoga begonnen. Oder gar nicht. Denn so sehr Yoga mein Leben inzwischen bereichert, so sehr hat es mein Leben auch lange Zeit anstrengender gemacht.

Ich wurde später immer wieder mal gefragt, was mich zum Yoga brachte. Meine Kollegin ist die eine Antwort. Die andere lautet: »Das Gefühl, das ich am Ende der Stunde hatte.« Mir fällt bis heute nichts Besseres als »innere Heiterkeit« ein, um zu beschreiben, was ich während des Übens (von unspektakulären, schwangerengerechten Körperhaltungen), in der Schlussentspannung, auf dem Weg zurück in meine Wohnung und auch noch ein bisschen am nächsten Tag fühlte, wahrnahm, spürte. Ich war davon zutiefst berührt. Erstaunt. Erfreut. Glücklich. Es war wie das Gefühl, und das klingt jetzt leider so kitschig wie der Streichereinsatz in einem schlechten Liebesfilm, das man hat, wenn man etwas, das man verloren und sehr lange gesucht hat, endlich nach Jahren wiederentdeckt.

Nach acht Wochen, am Ende des Kurses, stand für mich fest, dass ich nach der Geburt mit »richtigem« Yoga beginnen würde.

※ ※ ※

Meine Tochter kam an einem strahlend schönen Dezembertag auf die Welt. Ich hatte vormittags einen Termin bei der Frauenärztin. Der Ultraschall sagte: Zu wenig Fruchtwasser, verkalkte Plazenta. Der Wehenschreiber sagte: NICHTS. Die Frauenärztin sagte: »Kaiserschnitt.« Sie rief im Krankenhaus an. Fragte, wann der nächste OP-Termin möglich sei. Ich schlug vor: »In zwei Monaten!« Sie hörte nicht auf mich, sondern auf die Stimme im Telefon. Die sagte: »Heute Nachmittag.« Ich fand das deutlich verfrüht. Die Frauenärztin wünschte mir alles Gute.

Um 14 Uhr sollte ich im Kreißsaal erscheinen. Bis dahin hatte ich noch vier Stunden Zeit. Zu wenig für eine erfolgreiche Flucht. Zu lange, um innerlich ruhig zu bleiben. Ich erinnerte mich, im Yoga-Kurs beruhigende Atemübungen gelernt zu haben. Ich bemerkte, dass meine Schwangerschaftsdemenz jegliche Erinnerung daran kassiert hatte. Der werdende Vater fuhr mich ins Krankenhaus. Eine freundliche Hebamme nahm mich in Empfang. Ich bekam eines dieser rückenfreien Krankenhaushemden zum Anziehen und wurde an den Tropf gehängt. Ich begann mich zu entspannen. Vermutlich hatten sie irgendwelche beruhigenden Substanzen in den Tropf gefüllt, ich glaube, sie wollten mich zum Schweigen bringen. Der werdende Vater sagte später, ich hätte bis dahin ununterbrochen geredet. Gegen 16 Uhr wurde ich in den OP-Saal gefahren. Bekam eine Narkose, die den unteren Teil des Körpers empfindungslos macht. Meine Arme waren in der Kreuzhaltung fixiert. Vor mein Gesicht wurde ein großes Tuch gehängt. Dahinter standen gefühlte 100 Ärzte, Pfleger, Krankenschwestern, die Münder und Nasen mit Masken verdeckt. Bereit für den Einschnitt. Surreal. Unheimlich. Einsam. Ein eiliger, kein heiliger Moment. Dann hörte ich den ersten Schrei meiner Tochter!

Jetzt hatte ich also ein Kind. War Mutter. Mama. Worte, die sich noch fremd anfühlten. Unvertraut. Ich war Journalistin. Redakteurin. Hobbymanagerin einer Nachwuchsband. Erfolgreich. Unabhängig. Frei. Gut verdienend. Aber Mutter? In dieser ersten Nacht im Krankenhaus sah ich sie lange an, wie sie in ihrem Bettchen neben mir lag. Die meiste Zeit schlafend. Wenn sie wach war, konnte ich ihre dunklen Augen sehen, ihren Blick, der noch nicht in dieser Welt angekommen zu sein schien.

※ ※ ※

Die Welt mit Kind war alles, nur nicht einfach. Die Nächte waren kurz, die Augenringe tief. Der Partner wurde ein fremdes Wesen, das Kind war ein noch unbekanntes. Die Milch floss spärlich, der Rücken schmerzte, der Anblick der unaufgeräumten Wohnung auch. Vom Blick in den Spiegel gar nicht zu reden. In einer dieser schlaflosen Nächte dachte ich mir, wie schön einfach das Leben ohne Kind doch gewesen war. In der Nacht darauf wäre meine Tochter beinahe gestorben. Herzrhythmusstörung, zu spät erkannt, die Hebamme, die am Tag noch da gewesen war, hatte die Symptome für Blähungen gehalten.

Schock. Angst. Verzweiflung. Beten. Warten. Beten. Flehen. Zu einem Gott. Allen Engeln, Erzengeln und wer sonst noch himmlische Helferkräfte haben könnte. Die Bereitschaft, alles zu geben und aufzugeben, damit das eigene Kind, gerade erst drei Wochen alt, leben kann. Die Erkenntnis, dass alles, wirklich alles unwichtig wird, wenn das Leben des eigenen Kindes bedroht ist.

Zwei Wochen blieb sie auf der Intensivstation, dann durften wir endlich nach Hause. Ein kleiner Monitor überwachte ihr Herz, Betablocker stellten es ruhig. Zehn Monate lang. Anfangs beäugte ich das Gerät minütlich. Aber irgendwann hatte ich mich daran gewöhnt. Wahrscheinlich auch, weil das Herz ruhig blieb.

Nun wurde auch mein Alltag wieder ruhiger. Zu ruhig für mich. Mein System war seit Jahren auf latent-permanente Anspannung, Last-Minute-Text-Abgabe-Hektik, auf Stress in seiner feinsten und seiner gröbsten Ausprägung konditioniert. Das Leben auf dem Land passte nicht zu diesem mir vertrauten Rhythmus. Landlust? Landfrust. Ich fühlte mich unfreiwillig ausgebremst, hatte mir mein Dasein im Dorf und seiner nahen Kleinstadt anders vorgestellt. Nicht so fad und weniger öde. So, wie es früher war, als ich nur an den Wochenenden auf Heimatbesuch war, kettenrauchend und Bier trinkend in den zwei einzigen und besten Kneipen, die es dort gab, meine Nächte verbrachte. Ausdauernd tanzte – ein bisschen Sport muss sein –, wenn auch offenbar ohne Rhythmusgefühl, wie der Ehemann nicht müde wird zu behaupten. Eine Band managte. Konzerte organisierte. Shoppen ging, Samstag für Samstag. Als Ressortleiterin ohne Kinder hatte ich ja mehr Geld, als ich tatsächlich brauchte. Bis mittags schlief, um abends wieder auf Tour zu gehen.

Mit den nüchternen Tagmenschen der alten Heimat hatte ich nur flüchtig Kontakt. Mir waren die Vögel, die nachts unterwegs waren, lieber. Als ich mich dann selbst zum nüchternen Tagmenschen wandelte, brachen diese Kontakte ab.

Ich fühlte mich alleine. Trotz Mann und Kind. Der Mann war tagsüber bei der Arbeit, die Tochter schlief viel, und wenn sie wach war, benahm sie sich verhaltensunauffällig. Blieb der Haushalt als Beschäftigungsfeld. Doch spätestens seit meiner Au-Pair-Zeit in Dublin wusste ich, dass Hausarbeit und ich nie Freunde werden würden.

Ich langweilte mich. Überlegte, ob ich mich bei einer Krabbelgruppe anmelden sollte. Mein Kinderarzt sagte: »Keine gute Idee. Es sei denn, Sie möchten sich und ihr Kind mit anderen vergleichen. Falls nicht, bringt es dem Kind so früh noch gar nichts.« Ich ging trotzdem hin. Und dann nie wieder. Meine Tochter krabbelte also alleine, war trotzdem oder deshalb lieb, unkompliziert und vergnügt. Im Gegensatz zu mir. Ich jammerte, haderte, fand mein Kind zwar großartig und wunderbar, aber mein Leben auf dem Land ganz und gar nicht.

Der Verlag sagte nach wie vor: »Halbtagsstellen haben wir nicht. Entweder ganz oder gar nicht, beziehungsweise erst in drei Jahren wieder, wenn die Mutterzeit vorbei ist.« Die Gesetzeslage hielt allerdings dagegen: »Dann muss die Mitarbeiterin in dieser Zeit halbtags für einen anderen Arbeitgeber freigestellt werden.« Das mochte der Verlag nicht, das mochte mein Chef nicht, und plötzlich hatte ich wieder etwas zu tun. Monatlich acht Seiten für das Magazin, von zu Hause, ordentlich bezahlt, auf freiberuflicher Basis. Zweimal im Monat fuhr ich jetzt wieder nach München, in die Redaktion, besprach die Seiten, fuhr nach Hause, schrieb abends und in der Nacht, wenn meine Tochter schlief. Zufrieden war ich trotzdem nicht.

✹ ✹ ✹

Ich erinnerte mich, dass ich ja eigentlich mit Yoga weitermachen wollte, weil ich es in diesen Stunden hatte, dieses Gefühl einer inneren Heiterkeit. Auf dem Land ist es aber nicht wie in München oder in anderen großen Städten, wo an jeder Ecke ein Yoga-Studio rund um die Uhr Stunden anbietet. Yoga wurde und wird in meiner Region in Zehner-Kursen angeboten, in der Volkshochschule, in Turnhallen, ausgebauten Kellern oder Dachgeschossen. Man muss sich rechtzeitig anmelden, denn meistens sind die Kurse sofort ausgebucht.

In den Pilates-Stunden, die ich nach der Geburt wegen meiner Rückenschmerzen besuchte, erzählten mir einige Teilnehmerinnen, dass sie auch ins Yoga gingen. Zu einem Lehrer, der charismatisch, tief, spirituell, ach, überhaupt ganz unglaublich toll sei und außerdem Wahnsinnsaugen habe. Da will ich hin, sagte ich, suchte die Nummer heraus und meldete mich auf dem Anrufbeantworter für den nächsten Anfängerkurs an. Charismatisch, toll, Wahnsinnsaugen. Mein von Frauenzeitschriften geprägtes Gehirn kreierte das Bild eines yogischen Superhelden.

Als ich zu meiner ersten Stunde bei meinem neuen Lehrer vorfuhr, hatte ich mein Outfit sorgfältig zusammengestellt. Vermutlich würde er umgeben sein von Schülerinnen und vielleicht auch ein, zwei Schülern, die ihn glühend verehrten und im schicksten Yoga-Styling vor ihm saßen oder turnten. Meine Kolleginnen waren zumindest immer gut gekleidet, wenn sie zum Weinen zu ihren Gurus gingen. Ich wollte da nicht unangenehm aus dem Rahmen fallen.

Doch meine Fantasie war ordentlich mit mir durchgegangen. In dem schönen, aber schnickschnackfreien Raum saßen ganz normale Menschen in bequemer Gymnastikbekleidung auf ausladenden Schaffellmatten im Halbkreis um einen Mann mittleren Alters, mit kleinem Bauchansatz, blauem Pulli und an den Knien ausgebeulter Jogginghose. Der yogische Superheld. Unprätentiös, unaufgeregt, freundlich, charismatisch, tief in der Materie und, doch, mit sehr schönen blauen Augen. Ich kam mir overdressed und blöd vor. Ich legte meine Pilates-Matte neben eine kleine, rundliche, ältere Frau mit schlecht gefärbter, zerzauster Kurzhaarfrisur, die mich mit freundlichem Blick anschaute. Sie saß mit geradem Rücken auf einer abgewetzten Schaffellmatte und sagte: »Ich bin die ewig-alte Helga. Kannst du mich heute nach der Stunde heimfahren?«

Nach der ersten »richtigen« Yoga-Stunde war ich, wie man so schön sagt, geflasht. Vollkommen, total. Überwältigt. Dabei hatten wir kaum Asanas geübt. Mein Lehrer sprach von der Philosophie, von Dualität, Polarität, der fehlenden Einheit vom Innen mit dem Außen, der Notwendigkeit, innerlich ruhig zu werden, damit uns die Unruhe der Außenwelt nichts mehr anhaben kann. Der Atem kam vor als Vermittler von Innen und Außen. Ich verstand kein Wort, hatte keine Ahnung, was er eigentlich meinte oder worauf er hinauswollte. Nicht, weil er sich undeutlich ausdrückte, sondern weil er über eine Gedankenwelt und Sichtweise auf das Leben in all seinen Ausprägungen sprach, die mir vollkommen neu war. Die mich augenblicklich faszinierte. Weil ich bemerkte, dass ich mit etwas in Berührung gekommen war, das das Potenzial hatte, mein Leben in eine völlig neue Richtung zu lenken. Nach innen, zu mir. Zu Gelassenheit, Zufriedenheit, Heiterkeit. Zur Heilung – von was auch immer.

Wenn ich heute gefragt werde, was mich dazu gebracht hat, intensiver und tiefer in den Yoga-Kosmos einzutauchen, dann antworte ich, dass es dieser Moment in der ersten Stunde in der Schaffellmatten-Gang war, in dem mir bewusst wurde, dass ich mich ab jetzt nie mehr langweilen müsste.

Weil ich etwas gefunden hatte, das mich für den Rest meines Lebens beschäftigen würde. Es war, als ob ein Stein aus großer Höhe in ein Wasser gefallen war, auf der Oberfläche Wellen schlug, während er gleichzeitig begann, in die Tiefe zu sinken. In eine Tiefe, deren Boden unbekannt war.

Ich fuhr bald zweimal die Woche zu seinen Kursen in einen 15 Kilometer entfernten Ort. Machte jeden Workshop und jedes Seminar mit, das er in seiner Schule anbot. Versuchte, aus der Dualität in die Einheit zu kommen. Begann bei ihm zu meditieren, bemühte mich, goldene Lichter zu sehen, die durch die Wirbelsäule fließen. Von oben nach unten, versteht sich. Es gelingt mir bis heute nicht. Mit großem Ernst nahm ich auch an seinen Sterbeprozess-Seminaren teil, stellte mir vor, wie es sich anfühlen könnte, mich Element für Element aus meinem Körper zu lösen. Oft schlief ich bei dem Vorgang aber auch einfach ein. Ich hatte ja auch noch ein kleines Kind zu Hause, das es vermutlich unterstützen würde, wenn ich das Sterben erst mal auf unbestimmte Zeit verschlief.

»Haltet die Flamme der Begeisterung für Yoga am Leben«, sagen die Yogis. Sie hätten vielleicht noch hinzufügen sollen: »Aber passt gut auf, dass ihr euch oder andere dabei nicht verbrennt.«

Ich brannte. Lichterloh. Und unkontrolliert.

* * *

Auf mein Familienleben wirkte sich mein loderndes Yoga-Feuer wenig Harmonie-und-Eintracht-fördernd aus. Im Gegenteil. Den Großteil meiner freien Zeit verbrachte ich im Yoga-Unterricht. War ich abends zu Hause, schrieb ich für meine Zeitschrift und andere Zeitungen. Am Wochenende schrieb ich ebenfalls, mein Mann ging mit unserer Tochter klettern oder radeln. Wenn ich doch mal Zeit hatte, dann radelten wir gemeinsam, hatten uns aber zunehmend weniger zu sagen. Was daran lag, dass ich mit ihm über Yoga, meine Erfahrungen und bahnbrechenden Erkenntnisse sprechen wollte, ihn das (zumindest damals) aber kein bisschen interessierte.

Ich hatte keine Zeit mehr für mein Kind, für meinen Mann, für meine Freunde. Ich dachte, ich bin auf dem richtigen Weg und alle anderen sind arme Würstchen. Ich haderte – mal wieder – mit dem Leben auf dem Land, das keine anständigen, adäquaten Jobs bot, weshalb ich immer wieder nach München pendeln musste, wollte ich nicht ins finanzielle Existenzminimum abrutschen. Ich ärgerte mich, dass man bei uns Yoga-Stunden nur in Zehner-Blöcken buchen konnte und während der Ferien kein Unterricht stattfand. Was tun, in der langen, yogafreien Zeit? Ich war deshalb sehr oft sehr schlecht gelaunt, frustriert und, auch wenn mir das selbstverständlich kein bisschen auffiel, von der angestrebten yogischen Gelassenheit immer noch ewig weit entfernt.

Die Yoga-Flamme loderte weiter. So stark, dass ich 2009 beschloss, eine Ausbildung zur Yoga-Lehrerin zu machen. Gar nicht so sehr, um selbst zu unterrichten, sondern um mich ganz offiziell mit etwas beschäftigen zu dürfen, was mich zutiefst berührte und bewegte. Noch einmal studieren, vier Jahre lang, einmal im Monat für ein ganzes Wochenende. In München, weit genug weg von Zu Hause, wo das familiäre Beziehungsleben zunehmend den Bach runterging. Mein Mann hoffte, dass meine Laune wieder erträglicher würde, wenn ich mich mit etwas beschäftigte, das mir Freude bereitete. Ich dachte, das steht mir zu, schließlich war ich wegen ihm aufs Land gezogen. Man könnte auch sagen, mein Blick auf die Welt war sehr egozentrisch.

Fast gleichzeitig endete die offizielle Elternzeit und ich musste mich entscheiden. Sollte ich zurück in die Vollzeit oder aus dem sicheren Angestelltenvertrag ausscheiden? Ich habe mir damals durchgerechnet, was es kosten würde, wenn ich mit Kind und ohne Mann zurück nach München ginge. Das Ergebnis war ernüchternd. Nach Abzug der Wohnungsmiete und der notwendigen Ganztagskinderbetreuung wäre netto so gut wie nichts geblieben. Zeit für meine Tochter hätte ich bei einem Arbeitstag, der um 9:30 Uhr begann und um 18:30 Uhr endete, auch nicht wirklich gehabt. Und die regelmäßigen Yoga-Stunden hätte ich mir ebenfalls abschminken können. In einem für mich bis dahin eher seltenen Fall von Einsicht und Erkenntnis entschied ich mich gegen den sicheren Job und bat meinen Verlag um Auflösung des Angestelltenvertrags.

Danach hatte ich Angst. Angst vor der Zukunft, vor der finanziellen Pleite, vor ausbleibenden Jobs. Sie ließ mich nicht schlafen, dafür aber gereizter und unzufriedener werden. Der Yoga ermutigt einen ja immer, den Blickwinkel zu verändern, einen Perspektivenwechsel zu wagen. Funktionierte bei mir, der angehenden Yoga-Lehrerin, nur nicht. Ich sah nur folgende Probleme: Wie sollte ich meinem Kind in ferner Zukunft sein Studium finanzieren? Wie Ballettunterricht, Reitstunden oder was auch immer sie gern machen würde? Wie sollte ich die privaten Krankenkassenbeiträge für meine Tochter und mich bezahlen? Wie meine Yoga-Lehrerausbildung?

Patanjali, der Yoga-Weise, hätte vermutlich gesagt: »Die Bewegungen deines Geistes sind zu unruhig.« Und dass mich das hindere, die Wirklichkeit zu erkennen. Meine Wirklichkeit sah nämlich folgendermaßen aus: Es gab zum Kind auch einen festangestellten Vater, der mit mir unter einem Dach wohnte, wir lebten schulden- und mietfrei in meinem geerbten Haus. In meiner Weltuntergangsstimmung blendete ich diese Wahrheit aber vorsichtshalber aus. Es hätte nicht zu meiner Schwarzmalerei gepasst. Jammern auf hohem Niveau? Natürlich. Mein Vater sagte irgendwann in einer meiner trüben Phasen zu mir: »Versuch doch auch mal zu sehen, wie gut es dir eigentlich geht.« Ich fand, er hatte keine Ahnung, und wenn ich etwas sah, dann den Misthaufen gegenüber meinem Arbeitszimmer.

✳ ✳ ✳

Die Lage entspannte sich, als meine Tochter in den Kindergarten kam. Sie verschärfte sich, als mein Sohn geboren wurde und meine Tochter in die Schule kam. Ich hatte inzwischen mit zwei Freundinnen einen Raum angemietet, in dem wir Yoga-Stunden anboten. Die eine war kurz darauf aus beruflichen Gründen wieder aus dem Vertrag ausgestiegen, die andere sollte es ihr in naher Zukunft aus gesundheitlichen Gründen gleichtun. Aus Angst, als freie Journalistin nach einem Jahr Babypause nicht mehr Fuß fassen zu können, aus Angst, ohne das mit dem Schreiben verdiente Geld meinen Yoga-Raum nicht mehr finanzieren zu können, fing ich vier Wochen nach der Geburt wieder zu arbeiten an. Mein Mann nahm die Elternzeit, irgendjemand musste sich ja um die Kinder kümmern.

Mein finanzieller Worst Case trat ein, als mein Chefredakteur, mit dem ich seit fast zwölf Jahren zusammengearbeitet hatte, kurz vor meiner Yoga-Abschlussprüfung von heute auf morgen den Verlag verließ oder verlassen musste. Die neue Chefredaktion, von ganz oben angehalten, Kosten zu sparen, strich mich kurz darauf von ihrer Ausgabenliste. Ich dachte darüber nach, als Bedienung zu jobben, Kugelschreiber in Heimarbeit zusammenzuschrauben, mich wieder festanstellen zu lassen, ganz egal wo, und mein Yoga-Studio aufzugeben. Mein Mann riet mir von der Schließung ab. Meine Yoga-Lehrerin, bei der ich regelmäßig im Einzelunterricht bin, gab mir ein Mantra. Der Inhalt des Mantras handelte von Vertrauen.

Das Sanskrit-Wort dafür ist Shraddha. Dieses Vertrauen, das Shraddha meint, ist Glaube, Liebe und Hoffnung in einem, es ist die absolute Hingabe an das, was das Yoga-Sutra Ishvara nennt. Also die Hingabe an ein Höheres Prinzip, an dessen wohlwollende Absichten wir fest glauben. Es ist das Vertrauen, das uns hilft, die Hoffnung auf das berühmte Happy End nicht zu verlieren.

Ich bekam den Auftrag, für eine Tageszeitung eine wöchentliche Kolumne zu schreiben. Dafür musste ich regelmäßig nach München fahren. Meine Eltern holten die Kinder an diesen Tagen vom Kindergarten und der Schule ab. Abends schrieb ich. Oder unterrichtete. Das Finanzamt meldete sich, wollte Nach- und Vorauszahlungen, das Geld dafür verdiente ich aber nicht mehr. Die Ersparnisse schmolzen, die Sorgenfalten wuchsen, das Nervenkostüm wurde immer dünner.

Es gab Zeiten, da stand ich vermutlich kurz vor dem familiären Burnout, ohne dass es mir bewusst gewesen ist. Als ich dachte, ich kann alles und noch viel mehr. Als ich als freie Journalistin gearbeitet, ein Yoga-Studio betrieben, meine Abschlussarbeit zur Yoga-Lehrerin geschrieben, nebenbei noch die Texte für ein Buch verfasst, meine Kinder zum Kindergarten beziehungsweise in die Schule gebracht und gelegentlich ein Wort mit meinem Mann gewechselt habe, sofern es die Zeit zuließ. Die ich aber eigentlich nie hatte, weder für ihn, die Kinder, noch für Freunde. Um alles stemmen zu können, hatte ich mein Leben präzise getaktet. Wenn meine Tochter fragte, ob ich ihr bei den Hausaufgaben helfen könne, antworte ich gereizt: »Später«, weil ich gerade die letzten Zeilen eines Artikels schrieb, der bis um 15 Uhr in der Redaktion sein musste. Wenn mein Sohn mich bat, ihm abends noch eine Geschichte vorzulesen, antwortete ich: »Macht der Papa, ich muss noch arbeiten.« Wenn mein Mann fragte, ob wir am Wochenende alle gemeinsam, also als Familie, etwas unternehmen wollten, antworte ich genervt: »Wann denn? Du siehst doch, dass ich keine Zeit habe.«

Sie gingen allein auf Berge, an Seen, zum Schlittenfahren und Schneemannbauen. Ich saß in meinem Büro oder unterrichtete Yoga oder bildete mich auf Seminaren weiter. Weil ich Angst hatte, etwas auf meinem Yoga-Weg verpassen zu können, in der Medienwelt in Vergessenheit zu geraten, nicht mehr wichtig zu sein, und ich befürchtete, als Selbstständige ohne die vielen Jobs vor dem finanziellen Aus zu stehen.

Das unmittelbar bevorstehende familiäre Aus nahm ich nicht wahr. Mein Mann und ich redeten kaum noch miteinander, und wenn doch, dann brüllend. Die Stimmung zwischen ihm und mir wurde immer eisiger und damit die Atmosphäre bei uns zu Hause für alle immer unbehaglicher. Unsere Kinder reagierten unterschiedlich darauf. Unser Sohn kam wieder jede Nacht zu uns ins Bett. Unsere Tochter zog sich zurück, wurde in der Schule unkonzentriert und »funktionierte« nicht mehr so, wie es mein Karriereplan für sie vorgesehen hatte.

Eines Tages legte sie mir einen Brief, den sie mir geschrieben hatte, auf den Tisch: »Warum streitet ihr so viel?« stand da. »Das macht mir Angst, das ist gar nicht gut. Ich glaube, ich bin dir egal. Sonst hättest du doch mal Zeit für mich. Antwortest du mir?« Das schnürte mir den Hals zu. Ich hatte das Gefühl, total versagt zu haben.

Ausgerechnet bei ihr, meinem ersten Wunschkind, das zu verlieren ich bereits zweimal Angst hatte. Aber ich hatte mir nicht auf Dauer zu Herzen genommen, wie wertvoll jede Minute angesichts der Vergänglichkeit ist, und meiner

Tochter nicht immer wieder bewusst Zeit gewidmet. Ihr Herz schlug ja wieder normal. Dass es ihr wehtat, registrierte ich nicht.

»Du machst zu viel«, sagte mein Yoga-Lehrer schon immer zu mir. »Du machst zu viel«, sagte jetzt auch meine Kosmetikerin, zu der ich grundsätzlich abgehetzt erschien und auf deren Behandlungsliege ich ebenso grundsätzlich einschlief. »Ich kann Multitasking«, antwortete ich. Nicht ohne Stolz. »Außerdem mache ich Yoga.« Aber Asanas, also die Körperübungen, sind manchmal eben nur die halbe Miete und, wie man an meinem Beispiel sieht, nicht zwangsläufig der Garant für ein entspanntes Leben.

Da stand ich also mit meinem Leben, das von außen, oben und neutral betrachtet, mit den allerbesten Rahmenbedingungen ausgestattet war. Sah und sagte mir auch jeder. Nur ich leider nicht. Ich sah das Drama. Aber immerhin wollte ich nach dem Brief meiner Tochter wissen, wer oder was mir warum die Sicht auf die Realität versperrte und wie ich dem Schlamassel, in dem ich und meine Familie sich emotional gerade befanden, in Zukunft aus dem Weg gehen könnte. Warum ich, die Yoga-Lehrerin, diese alte Lehre in der Theorie zwar verstanden hatte, aber in der Praxis offenbar noch nicht leben konnte.

Im yogischen Denken gibt es einen Begriff, der Grabesbewusstsein genannt wird. Gemeint ist das Bewusstsein, das entsteht, wenn man am Grab eines Menschen steht, der einem sehr nahe stand. Und einem plötzlich klar wird, wie kurz das Leben doch ist und wie viel Lebenszeit man mit überflüssigen Streitereien, eigentlich harmlosen Sorgen und Problemen unnötig verschwendet. Dieses Bewusstsein kann einem die Kraft geben, das Leben komplett umzukrempeln. Der Brief meiner Tochter hatte eine ähnliche Wirkung auf mich. Er hat mich dazu gebracht, noch einmal genau darüber nachzudenken, was gemeint ist mit der yogischen Idee von Leid und wie man es vermeiden kann, von Gelassenheit und Freiheit und wie man sie erreichen kann. Und woran es liegt, dass das, was einem eigentlich Freude machen soll und in den meisten Fällen auch ein Herzenswunsch war, das Leben so völlig aus den gewohnten Bahnen und der chilligen Komfortzone gleiten lässt.

Meine erste Erkenntnis war: Ich habe mir nie wirklich Gedanken darüber gemacht, was es bedeutet, Kinder zu haben. Was es bedeutet, dadurch zusammen mit einem anderen Menschen eine Verbindung einzugehen, die so lange halten wird, wie das Kind hoffentlich gesund, glücklich und zufrieden lebt, also im Idealfall ewig. Was es heißt, Eltern zu sein, eine eigene Familie zu haben, wie das alles meinen bisherigen Lebensstil verändern wird und wo ICH dabei mit all meinen vielen Wünschen, Plänen, Träumen und Freiräumen eigentlich bleibe. Mir war auch nicht bewusst, welche Kräfte in mir stecken, Kräfte, die mein Leben viel stärker bestimmten, als es mir lieb war. Und mir wurde klar, dass es hauptsächlich mein Kopf ist, der mich um den Verstand bringt.

Der schon erwähnte Eberhard Bärr sagt gern: »Wer seinen Verstand nicht bewusst einsetzt, wird sein Knecht.« Ich wollte kein Knecht sein. Aber was wollte ich dann?

Schein und Sein

Mein Verstand hatte mir lange sehr überzeugend eingeredet, wem ich mein beengtes, anstrengendes Leben zu verdanken hatte. Das war zum einen mein heutiger Ehemann, der keine 90 Kilometer von seiner großen Tochter entfernt leben wollte und sich weigerte, zu mir nach München zu ziehen, obwohl es dort für mich einfacher gewesen wäre, in meinem Beruf als Journalistin zu arbeiten. Es war zum anderen das Allgäu, das zum Ausgleich keine adäquaten Jobs für mich zu bieten hatte. Es war der Mann vom örtlichen Arbeitsamt, der mir einst als Selbstständige abriet, eine Arbeitslosenversicherung abzuschließen, mit der mutigen Behauptung, das Programm für Selbstständige laufe zum Jahresende sowieso ersatzlos aus, was natürlich nicht der Fall war. Nachmelden ging aber nicht, die Anmeldefrist hatte ich ja versäumt. Schuld war auch mein Dorf, durch das bis heute gefühlt zweimal am Tag der Bus fährt. Es waren meine neuen Nachbarn, die mir mit ihrem Haus die Aussicht versperrten. Es waren meine Kinder, die zu Uhrzeiten, an denen ich gern gearbeitet hätte, zu Mittag essen wollten, bei den Hausaufgaben betreut, zu Freizeitangeboten gefahren oder von der Nachmittagsbetreuung ihrer Schule oder des Kindergartens abgeholt werden mussten. Es waren die fehlenden sozialen Kontakte, die ich auch deshalb nicht hatte, weil ich in keinen Verein eintrat, nicht beim Mutter-Kind-Turnen mitmachte und mich an keinem Elternstammtisch blicken ließ. Es war die fehlende Zeit für Kontakte zu früheren Freunden, weil ich ja ständig damit beschäftigt war, Geld zu verdienen und mich zur Yoga-Lehrerin ausbilden zu lassen. Es war der anfangs mühsame Aufbau meines Yoga-Studios und meine Weigerung, es zu schließen, weil ich nicht wusste, was ich ohne im Allgäu machen sollte. Kurz: Es waren die Anderen. Und darum war ich wütend auf meinen Ehemann, reagierte ungeduldig auf das Verhalten meiner Kinder und gab dem Leben auf dem Land wenig Chancen.

Die Yogis würden sagen: Diese Sichtweise stimmt so nicht. Zum einen, weil uns zwar Leid von anderen zugefügt werden kann, es aber in unserer Hand liegt, wie wir damit umgehen. Sehe ich mich als Opfer[9] oder bin ich auch in der Lage, einen ehrlichen Blick auf meinen Anteil an der unglücklichen Situation, in der ich mich befinde, zu werfen?

Jetzt mal ehrlich!

Der ehrlichere Blick auf die Situation wäre folgender gewesen: Du hast ein Kind, eine neue Verantwortung, eine Familie und lebst nicht mehr in der Stadt, sondern auf dem Land. Doch statt diese neue Lebenssituation anzunehmen und und zur Basis für deine weitere Lebensgestaltung zu machen, möchtest du dein altes Leben zurück (in dem du dir übrigens nicht nur *ein* Kind gewünscht hast). Du übersiehst dabei nur, dass man im Gegensatz zu einem Hund ein Kind nicht neben dem Schreibtisch festbinden kann und dass es für sein Wohlergehen nicht ausreichend ist, zweimal am Tag zehn Minuten Gassi zu gehen. Du möchtest arbeiten wie zuvor, auch weil du Angst hast, deinen alten Lebensstandard nicht mehr halten zu können, dir nicht vorstellen willst und kannst, wie man mit weniger Geld noch ein schönes Leben führen kann, und weil du überzeugt bist, finanziell alles allein stemmen zu müssen. Du identifizierst dich mit deinem Beruf und lehnst traditionelle Rollenbilder ab, ohne über die Konsequenz der Ablehnung nachgedacht zu haben oder eine vernünftige Alternative zu sehen. Du fühlst dich um deinen Beruf und deine Karrierechancen gebracht, langweilst dich und pflegst dein Selbstmitleid. Weil du hoffst, dass es dir dann besser geht, suchst du nach einer Betätigung oder einem Hobby, die dich sinnvoll beschäftigen können. Dieses Hobby nimmt dann sehr viel Raum in deinem Leben ein, aber du denkst, das steht dir zu, schließlich hast du viel aufgegeben und auf vieles verzichtet mit deiner, falls du es vergessen hast, bewussten und freiwilligen Entscheidung, Mutter zu werden. Die Yogis hätten vermutlich gesagt, du bist einfach egoistisch und denkst nur an dich. Aber, um dich zu beruhigen: Du kannst nur bedingt etwas dafür.

Kleshas. Die fünf Störkräfte

❋ Die Ursache für all den Kummer, sagen die Yogis, sind Kräfte in uns, die immer dann zu wirken beginnen, wenn es uns nicht gut geht oder wir uns in unserem Wohlergehen bedroht fühlen. Die Yogis sagen des Weiteren bekanntlich auch, dass das Leiden und Unwohlsein allgegenwärtig sind,[10] weshalb diese Kräfte immer wirken. Sie beeinflussen unser Denken und Handeln – und meistens ist uns das nicht mal bewusst.

Diese Kräfte heißen Kleshas. Würde man sie nach ihren Absichten befragen, dann würden sie immer sagen: »Ich meine es nur gut mit dir.« Paradoxerweise lassen sie uns durch ihr Wirken aber oft das Gegenteil erfahren. Was daran liegt, dass sie, von wirklich lebensbedrohlichen und gefahrvollen Situationen einmal abgesehen, meist von einer falschen Prämisse ausgehen, weil der Blick, den sie auf die Ausgangslage haben, ein unklarer ist. Mein Philosophie-Lehrer Eberhard Bärr sagt: »Die Kleshas sind zwanghafte Kräfte, die unbewusst agieren. Aus Unwissenheit entsteht eine egozentrische Sichtweise, die zu Verlangen und Ablehnung führt. Doch statt etwas zu ändern, hält man ängstlich an seinem Spiel und seinen Mustern fest.« Man weiß ja nicht, was kommen könnte …

Der große Yoga-Weise Sri T. Krishnamacharya sagte einst über die Kleshas: »Sie beeinflussen unsere Handlungen, und die Ergebnisse zeigen sich früher oder später. Des Weiteren entscheiden sie anstelle von uns, was wir tun und was nicht.

Unsere Handlungen entziehen sich dadurch unserer Kontrolle, und das Gleiche gilt für die Konsequenzen unserer Handlungen.«[11] Wenn wir also jemanden brauchen, dem wir die Schuld an dem ganzen Schlamassel, in dem wir uns ab und an befinden, geben wollen, dann den Kleshas.

Aus Angst vor dem, was kommen könnte, treiben uns die Kleshas zu Handlungen, von denen wir uns erhoffen, uns danach gut zu fühlen. Die Kleshas sind wie Samen tief und fest in unserer Psyche verankert. Manchmal knospen sie nur ein bisschen, manchmal blühen sie in aller Pracht auf, und ab und an ruhen sie im tiefsten Winterschlaf.[12] Das Yoga-Sutra nennt sie »störende Kräfte«. Das Tröstliche daran ist: Es gibt nur eine Handvoll von ihnen. Die Unwissenheit (Avidya), die Selbstbezogenheit (Asmita), die Gier (Raga), die Ablehnung (Dvesa) und die Angst (Abhinivesa).

Avidya. Die Missverständnisse, meine Familie und ich

Die Mutter der Kompanie ist Avidya. Aus ihr heraus entwickeln sich alle anderen Störkräfte. Zusammen bilden sie eines dieser äußerst liebenswerten Gespanne, die man ungern bei Familienfesten oder Kindergeburtstagen dabeihaben möchte. Aber doch meistens dabeihat. Sie tauchen selten allein, sondern meistens im Verbund auf und schaukeln sich, wenn sie erstmal in Fahrt gekommen sind, zu unheilvollen Party-Crashern hoch. Geben aber auch im Alltag so gut wie nie Ruhe. Sie sorgen für Missverständnisse, fördern unsere Egozentrik, unsere Wünsche, unsere Abneigungen und unsere Ängste.

Unbeständiges für Beständiges, Unreines für Reines, Unglücksbringendes für Glücksbringendes und Unwesentliches für das Wesentliche zu halten ist Avidya.[13]

Avidya ist der Sanskrit-Begriff für Unwissen oder Unwissenheit, für falsches Wissen und Täuschung, auch für die falsche, weil subjektiv gefärbte Interpretation, für die Fehleinschätzung einer Situation. Avidya ist das fehlende tiefe Wissen von und über etwas. Das Gegenteil von Avidya ist Vidya, das Wissen und die Erkenntnis, aus der heraus wir handeln sollten, wenn wir uns Ärger und Leid ersparen möchten.

Mein Familienleben, die Illusion und die Realität

Der größte Irrtum, mit dem ich als werdende Mutter zu tun hatte, war die Vorstellung, die ich vom Leben mit Kind oder Kindern und vom Leben mit Kindern und Beruf hatte. Ich glaubte allen Ernstes, dass die Mutter-Vater-Kind-Welt so rosaglückselig sei, wie mir das in den Medien immer beschrieben wurde. Dass Beruf, Kinder und Beziehung machbar sind, mit links noch dazu. Dass es auch kein Problem sei, vom Land aus zu arbeiten, und ich den Anschluss an die großstädtische Medienwelt nicht verlieren würde.

Dabei hätte ich es wissen können. Schließlich habe ich lange genug für ein Frauenmagazin gearbeitet, weiß, wie und warum man Realitäten schafft, die der Wirklichkeit nicht entsprechen. Habe miterlebt, wie leitende Redakteurinnen aus Verlagen komplimentiert wurden, als sie Kinder bekamen, und wie schwer es sich netzwerken lässt, wenn man nicht mehr direkt vor Ort und bei all den kleinen und großen Events mit dabei ist, die helfen, neue Kontakte zu knüpfen und alte nicht zu verlieren.

Es war ein bisschen wie das berühmte Frage-und-Antwort-Spiel zwischen dem Todesgott Yama und König Yudhishtira in der Mahabharata, dem größten indischen Epos. Eine der Fragen, die der König beantworten sollte, lautete: »Was ist das größte Wunder?« Yudhishtira antwortete: »Tag für Tag sterben unzählige Menschen. Trotzdem glauben die Lebenden, das könne ihnen nicht passieren.«

Obwohl ich gesehen hatte, dass sich Mütter in den Verlagen schwertaten, glaubte ich trotzdem, dass alles gut wird, dass alles machbar ist und die Welt rosarot sein wird. Immerhin bin ich mit diesem festen Glauben nicht allein. Ein guter Bekannter von uns, der gerade zum zweiten Mal Vater geworden ist, sagte zu mir: »Ich habe beim ersten Kind ja tatsächlich an das Heile-Welt-Bild geglaubt, das einem von den Medien vorgegaukelt wird. Hätte ich gewusst, wie radikal sich alles in meinem Leben ändert, ich glaube nicht, dass ich ein Kind gewollt hätte.« Mein Religionslehrer in Gymnasiumszeiten sagte gern: »Glauben heißt nicht wissen.« Der Yogi sagt: »Du hast Avidya.«

Avidya, die Spiritualität und der Liebeskummer

Auf der spirituellen Ebene, um die es im Yoga primär geht, bedeutet Avidya, dass wir unser Ego, unser Citta, unseren ganzen aus Prakriti bestehenden Körper für unsere einzige Wirklichkeit und Realität halten. Weil aber Materie nichts Dauerhaftes ist, sorgt diese Verwechslung oder falsche Wahrnehmung für viel Kummer und Leid. Schließlich ist im yogischen Denken ein Grund für viele unserer Probleme die Tatsache, dass wir das emotional und mental nicht wirklich wahrhaben wollen und unglücklich werden, wenn sich unsere Lebensumstände ungewollt verändern. Auf einer weniger spirituellen Ebene hat Avidya viel mit der falschen Wahrnehmung in alltäglichen Situationen zu tun, einer Qualität unseres Citta.

Der große Irrtum, Vergängliches für unvergänglich zu halten, kann zu großen Dramen führen, und ist, wie wir wissen, einer der vier Gründe, weshalb wir überhaupt leiden oder uns unwohl und unglücklich fühlen, wenn wir mit dieser Realität konfrontiert werden. Diese Realität ist im schlimmsten Fall der Tod. Es kann aber auch die Liebe sein, die mindestens so schmerzhaft wie der Tod ist, wenn sie nicht mehr erwidert wird. Die pubertierende Tochter einer Freundin hat gerade Liebeskummer, weil der junge Mann, mit dem sie vier Monate zusammen war, von heute auf morgen Schluss gemacht hat, während sie dachte, dass diese große Liebe nie vergehen werde. Avidya ist das fehlende Bewusstsein dafür, dass Glück, wenn es allein mit Äußerlichkeiten verbunden oder nur im Außen gesucht wird, letztlich auf Sand gebaut ist. Und der ist kein solides Fundament. Man muss nur an die Tränen denken, wenn das Meer die Sandburg, die der Nachwuchs mühevoll am Strand gebaut hat, mit einer einzigen Welle zerstört.

Avidya, das Glück und die falschen Vermutungen

So wie uns Unwissen glauben lässt, das gute Gefühl, nach dem wir alle streben, fänden wir nur im Außen, lässt es uns auch die Ursachen für unser Unglück bei anderen suchen. Ganz nach dem Motto: Schuld haben immer die anderen, und erst wenn meine Kinder ruhig sind, die Schwiegermutter abgereist, die unbegabte Lehrerin vom Schuldienst suspendiert, das Konto randvoll, der Partner treu ergeben, der nächste Urlaub gebucht, die Karriere gesichert und die Nase gerichtet ist, außerdem das Gewicht, der Freundes- und Kollegenkreis sowie der Notendurchschnitt für den Übertritt aufs Gymnasium passen, das Abitur geschafft und dazu alle anderen Statussymbole in Sichtweite sind, geht es uns gut. Der Yogi sagt, wer so denkt, wird nie seinen Frieden finden.

Sich von Avidya leiten zu lassen, ist ein bisschen wie die Autofahrt in eine unbekannte Region, bei der man sich verfährt oder die falsche Abfahrt nimmt, weil man weder vorher auf die Landkarte geblickt noch ein Navigationsgerät dabeihat. Warum auch, es führen schließlich alle Wege nach Rom. Dumm nur, wenn Rom nicht das Ziel ist. Avidya und seine Konsequenzen erinnern an das Sprichwort: »Dummheit schützt vor Strafe nicht.« Denn Verwechslung und Unwissenheit führen selten zu einem befriedigenden Ergebnis.

Unwissenheit führt dazu, dass wir falsche Rückschlüsse ziehen, voreilige Urteile bilden und Gerüchte verbreiten, deren Quellen und Wahrheitsgehalt wir nicht kennen. Zum Beispiel über andere Menschen. Eine Bekannte erzählte mir, dass über die neue Lehrerin der Klasse ihrer Tochter erzählt wird, dass sie ein Alkoholproblem haben muss, so sonderbar wie »die« manchmal sei. Später stellte sich heraus, dass das einzige Kind dieser Lehrerin vor einigen Jahren Selbstmord begangen hat und sie immer noch beruhigende Mittel nimmt, um den Schulalltag, der sie von ihrer Trauer ablenkt, meistern zu können.

Avidya lehrt uns deshalb, uns immer erst mal ein genaueres Bild zu machen, bevor wir in Aktion treten, sei es in Gedanken, Worten oder tatsächlichen Handlungen.

Meine Familie, Avidya und ich

Weil es meine Tochter manchmal mit dem Aufschreiben der Hausaufgaben nicht so genau nahm, ihr Hausaufgabengedächtnis aber auch nicht ganz zuverlässig arbeitet, ist es ihr in der Grundschule mehrmals passiert, dass sie die falschen Aufgaben machte und dann am nächsten Tag die richtigen nachliefern musste. Das Gezeter zu Hause war dann jedes Mal riesig, mein Mitleid eher winzig oder hatte ein »Selbst« als Vorwort. Schließlich musste ich mir ihr selbstverschuldetes, lang anhaltendes Frustweinen anhören.

Wir haben acht Zwergkaninchen, für deren Pflege hauptsächlich ich zuständig bin. Außer an den beiden Abenden, an denen ich Yoga unterrichte. Dann muss meine Tochter die Tiere »ins Bett bringen«. An einem der ersten schönen Sommertage des Jahres sagte ich ihr, dass sie die Karnickel in ihrem großen Freigehege lassen könne, bis ich gegen 21:30 Uhr nach Hause käme. Als ich vom Unterricht zurückkehrte, sah ich den Ehemann im Gehege stehen. Wütend. Ich fragte, was los sei. Er sagte: »Ich lass mich von deiner Tochter nicht mehr anlügen.« Immer ein schlechtes Zeichen, wenn aus dem gemeinsamen Kind mein Kind wird. Ich fragte ihn: »Was hat sie denn gemacht? Habt ihr gestritten?« Er antwortete, immer noch wütend: »Ja. Sie sagt, du hättest behauptet, sie könne die Kaninchen draußen lassen, bis du heimkommst. Das glaube ich nicht. Sie hatte doch einfach keine Lust, sie einzufangen.« Zugegeben, das Einfangen der Tiere ist manchmal nicht ganz einfach, weshalb das Kind zunehmend zurückhaltend reagierte, wenn sein Arbeitsengagement eingefordert wurde. Aber diesmal musste ich ihm antworten: »Sie hatte leider recht. Wir haben das so ausgemacht.« »Oh. Dann muss ich mich bei ihr entschuldigen.« »Ja. Wäre vermutlich gut.« »Aber du hättest mir ja wenigstens sagen können, dass die Tiere draußen bleiben können.« »Ich dachte, es reicht, wenn ich es ihr sage.« »Trotzdem.«

Avidya zeigt uns, dass man nicht nur lieber zweimal nachfragen, sondern sich auch klar ausdrücken sollte, möchte man Streitereien vermeiden.

Entspannen mit Avidya

Die Beschäftigung mit Avidya hat mich zu der manchmal ganz hilfreichen »Ich weiß, dass ich nichts weiß«-Grundhaltung gebracht, die mich die Dinge hinterfragen lässt (wie ich es auch als Journalistin ursprünglich gelernt hatte), die mich ab und an auch vor Reaktionen bewahrt, die sich hinterher als übereilt oder vorschnell herausgestellt hätten. Und sie hilft mir, mit dem mir manchmal unerklärlichen Verhalten meiner Familie besser zurechtzukommen. Nachzufragen, zuzuhören, bevor ich mir meinen eigenen Reim darauf mache, warum der Ehemann gerade so mürrisch dreinblickt – und nicht reflexartig patzig zu reagieren. Nachzufragen, warum die Tochter oder der Sohn wirklich so schlecht gelaunt ist oder weint, statt schimpfend auf die schlechte Laune einzusteigen. Denn meistens steckt etwas dahinter, ein Streit im Kindergarten, Stress in der Schule oder einfach große Müdigkeit nach einem langen Tag. Natürlich gelingt mir das nicht immer. Aber wenn es gelingt, dann entspannt es den Umgang miteinander doch sehr.

Avidya und die Götter

Beruhigend, dass auch die Götter nicht frei von Avidya sind:

> *Als Hanuman, der Affengott, noch ein Kind war, verwechselte er einmal die Sonne mit einer Mango. Weil er unbedingt von ihr abbeißen wollte, machte er einen großen Sprung Richtung Sonne. Die wiederum sah Hanuman auf sich zufliegen und bekam große Angst und einen ebenso großen Zorn, weshalb sie den Affengott zu Boden schleuderte und dabei tödlich verletzte. Aus Trauer und Wut hielt Vayu, der Windgott und Vater von Hanuman, die Luft an. Als die Menschen und Götter zu ersticken drohten, baten sie die Sonne, Hanuman wie-*

der zum Leben zu erwecken. Die Sonne weigerte sich, weil sie Angst vor dem frechen Kind hatte. Schließlich, den Lebewesen der Erde ging langsam die Luft aus, ließ sie sich auf einen Deal ein. Hanuman sollte wieder zum Leben erweckt werden, aber künftig ein so schlechtes Gedächtnis haben, dass er sich nie lange genug daran erinnern könne, eigentlich ein Gott zu sein und damit gewaltige Kräfte zu haben. Welche Gefahr sollte für die Götter künftig von ihm ausgehen, wenn er sich für einen Sterblichen hielt?[14]

Asmita. Ich bin beleidigt

Ich war, wie gesagt, lange unzufrieden mit meinem Leben, tat mir sehr leid und war beleidigt, dass ich auf dem Land leben musste, nur weil der Ehemann sich weigerte, mit mir in die große Stadt zurückzuziehen. Dorthin, wo ich bis zur Geburt meiner Tochter Ressortleiterin bei einer Frauenzeitschrift war, nach New York zu Heidi Klum flog, Matthew McCaunaghey in München und Charlize Theron in Berlin traf, für ein paar Stunden nach Mailand reiste, um Naomi Campbell zuzuschauen, wie sie für eine Werbekampagne fotografiert wurde. Interviews in den tollsten Hotels, Pre-Listening-Events in unterirdischen Hallenbädern, ein- bis zweimal wöchentlich ins Kino, Filme anschauen, bevor sie irgendjemand sonst sehen konnte. Immer top gestylt, denn Aussehen war alles. »Du hast so ein aufregendes Leben«, sagten einige meiner Bekannten, wenn ich am Wochenende in die Kleinstadt im Allgäu kam, in deren Umgebung ich aufgewachsen war. Ich widersprach ihnen nicht. Ich sah es ja ähnlich. Und dann war alles von einem auf den anderen

Tag vorbei. Der Mutterschutz hatte begonnen und ich saß in dem Dorf, in dem ich groß geworden war, fest. Misthaufen auf zwölf statt Model-Interview um elf. Keine Anrufe mehr, kein Kino, keine CDs. Und ganz bitter für mein Ego: Meinen Job machte jetzt erst mal eine andere und die Auflage brach trotzdem nicht signifikant ein. Es war ein äußerst ungutes Gefühl, nicht mehr im Zentrum des Geschehens, nicht mehr gefragt zu sein.

Der Nabel der Welt hat einen neuen Bauch

Der Yogi sagt, was mich so beleidigt hat und ungläubig reagieren ließ, ist Asmita. Die Ich-Bezogenheit macht aus lieben Kindern unerträgliche kleine Ego-Monster, aus Frauen verunsicherte Wesen, wenn sie befürchten, als Mutter und Partnerin versagt zu haben, aus Männern frustrierte Menschen, wenn sie das Gefühl haben, zu kurz zu kommen. Aus Eltern macht sie streitlustige Paare, wenn die Begabungen und das gute Benehmen des Kindes extern angezweifelt werden, aus einst glücklichen Familien nachtragende Splitterfraktionen, aus abgesetzten leitenden Vorgesetzten verbitterte Nachtreter und aus (manchen) Ehemännern beleidigte Zusatzsöhne, kaum ist das erste Kind auf der Welt und beansprucht die ganze Aufmerksamkeit der Ehefrau. Das Yoga-Sutra 2.6 sagt:

Das unsterbliche und sehende mit dem sterblichen und meinenden Selbst zu verwechseln ist Asmita.

Asmita ist der Glaube, der Nabel der Welt zu sein. Und der wird empfindlich erschüttert, wenn wir Eltern werden. Mit dem Durchtrennen der Nabelschnur des ersten Kindes ist es vorbei mit dem Privileg, in eigenen Leben der Nabel der Welt zu sein. Diesen Platz nimmt nun ein neues Wesen ein, um das jetzt unser Leben kreist. Die Landung ist manchmal eine harte. Als meine Tochter ein paar Tage alt war, wünschte ich mir zum ersten Mal mein altes Leben zurück. Denn da ging es nur um: mich.

Gutes Ego, schlechtes Ego

Asmita ist die Identifikation mit allem, wodurch ich glaube, mich erst als ganze Person, also als Ich zu fühlen. Das ist zunächst nichts Schlechtes, denn ein mangelndes oder fehlendes Selbstbewusstsein kann für unser Leben sehr problematisch werden. Es kann dazu führen, dass wir schon als Kinder gemobbt werden, wir uns als Erwachsene nichts zutrauen, nicht mehr an uns glauben, uns als ewiges Opfer sehen oder narzisstische Störungen entwickeln und alles – wie umgekehrt auch bei einem übergroßen Selbstbewusstsein – immer sehr persönlich nehmen. Ein übergroßes Selbstbewusstsein lässt uns dagegen zu den allseits gefürchteten Egoisten werden, die davon ausgehen, dass die Welt ihnen gehört, sie immer recht haben und darum alles auf ihr Kommando hören muss. Kinder denken das manchmal auch von sich.

Die Unersetzlichkeit oder Mein Ego in der Wüste

Asmita ist die Identifikation mit der Rolle als Frau oder Mann, als Vater oder Mutter, mit dem Beruf, dem Posten im Verein. Auch das ist eigentlich nichts Schlimmes, im Gegenteil. Denn wenn wir uns mit unserer Elternschaft nicht identifizieren, werden wir uns schwertun, unsere Kinder anzunehmen und angemessen und mit ganzem Herzen für sie zu sorgen. Das Gleiche gilt für alle Rollen, die wir im Leben einnehmen. Zum Problem wird eine Rolle erst dann, wenn wir uns ausschließlich über sie identifizieren oder ihr zu viel

Gewicht geben. Denn wer sind wir dann, wenn man uns die Rolle wegnimmt? Wenn die Kinder das Haus verlassen, jemand anderes die einstige Arbeitsstelle übernimmt oder den Platz an der Seite des Partners? Es muss ja gar nicht mal so weit kommen, es reicht ja schon, wenn wir angezweifelt werden. Wenn uns jemand sagt: »Du bist eine schlechte Mutter«, »Du bist ein miserabler Vater«, »Ich hasse dich«, »Du bist keine gute Hausfrau« oder »Du bist stockkonservativ«, wenn man sich für die Option Kinder und Haushalt und keinen weiteren Beruf entscheidet. Dann fühlen wir uns angegriffen und verletzt, als Hausfrau beleidigt, als Frau nicht gleichberechtigt und als Mutter oder Vater infrage gestellt, wenn uns die Kinder oder andere Menschen ihre Liebe und Zuneigung entziehen. Was daran liegt, dass wir, Avidya hat Schuld, unser Ego-Ich für unser wahres Selbst halten. Spirituell gesehen wäre das eine sehr eingeschränkte Sichtweise, der der Purusha-Aspekt fehlt. Wer sich mit unserer spirituellen Komponente eher weniger anfreunden kann, dem kann helfen, sich mithilfe des Yoga-Sutra 2.15 vor Augen zu halten, dass Rollen nichts Bleibendes sind.

»Die Tatsache der Veränderung des von uns Wahrgenommenen (…) kann Leid auslösen.«[15]

Der Vedanta-Lehrer Eberhard Bärr sagte einmal in einem seiner Seminare, dass alles, was mit »mein« belegt ist, zum Problem werden kann. Also mein Auto, mein Haus, mein Mann, meine Frau, meine Kinder, meine Familie, mein Beruf, mein Ruf, meine Rolle in der Gesellschaft, meine Gesundheit, mein Aussehen, mein Körper, mein Status, den ich durch meine Ausbildung, meinen Besitz, meine Familie, meine Wahrheit habe. Glauben Sie nicht? Dann fühlen Sie mal hin, was passiert, wenn man Ihnen einiges davon oder auch alles wegnimmt.

Als ich mal wieder mit meinen Rollen und meinem Leben haderte, sagte mein erster Lehrer zu mir: »Wenn du wirklich frei sein möchtest, musst du dein Ego brechen.« Eine Vorstellung, die ich damals fürchterlich und beängstigend fand. Denn wer bin ich, fragte ich ihn, ohne Ego, ohne mich selbst? Er sagte: »Stell dir vor, dir wird alles genommen und du wirst allein in die Wüste gesetzt. Wer bist du dann?« Ich dachte mir: »Ein armes Huhn.«

Eine Bekannte von mir klagt oft, wie anstrengend ihr Leben mit Kindern, Halbtagsjob und Haushalt sei. Als ich sie fragte, warum sie sich keine Zugehfrau leiste, antwortete sie: »Ich bin sehr speziell, was die Sauberkeit in meinem Haus angeht. Ich glaube nicht, dass mir das jemand recht machen kann.« Ich kenne einige Mütter, die ihre Kleinkinder nicht mal für zwei Stunden in die Krippenbetreuung oder eine andere Fremdbetreuung geben würden, in einigen Fällen nicht mal der Schwiegermutter, auch wenn ihnen das die so bitter vermissten Freiräume eröffnen würde. Die Begründung: »Ich traue denen wirklich nicht zu, dass sie mein Kind verstehen und auf seine Bedürfnisse eingehen können.« Eine Freundin erzählte mir entnervt, wie fürchterlich der letzte gemeinsame Familienurlaub war. Der Ehemann habe kaum Zeit für sie gehabt, weil er ständig mit seinem Büro telefonierte, um zu schauen, ob ohne ihn der Laden schon Pleite gegangen war. Was natürlich nicht der Fall war, der öffentliche Dienst ist viel zu träge, um innerhalb von zwei Wochen den unwahrscheinlichen Bankrott überhaupt zu bemerken.

Wer von sich glaubt, unersetzlich zu sein, macht sich abhängig und nimmt sich viele Freiheiten, die den Alltag leichter und entspannter machen können. Und er verschließt die Augen vor der Tatsache, dass die Welt sich weiter dreht, auch wenn er nicht mehr ist.

Kinder, Familie und wo bleibt die Zeit für mich selbst?

Die Frage »Wo bleibe eigentlich ich?« treibt uns alle vermutlich mehr oder weniger intensiv um, sobald wir Kinder haben. Keine Zeit mehr für sich und die eigenen Interessen zu haben ist für die meisten von uns ein Nebeneffekt der Familiengründung, der so auf keinem Beipackzettel vermerkt war. Lisa, eine meiner Kursteilnehmerinnen, erzählte: »Was mich wirklich fertig und das Familienleben für mich so wahnsinnig anstrengend macht, ist, dass sich alles um die Kinder, den Haushalt und meinen Mann dreht und ich für mich überhaupt nichts mehr mache.«

Ein Kursteilnehmer sagte: »Alle behaupten, mit Kindern sei alles super. Und leicht. Das ist eine Lüge.« Er beklagt, dass er keine Zeit mehr hat für sich und sein Hobby, dass die Beziehung zu seiner Frau leidet, dass er seit der Geburt des ersten Kindes zwei Bandscheibenvorfälle und einen Hörsturz erlitten habe.

Mein eigener Mann sagt: »Bei der Arbeit wollen alle ständig etwas von mir, zu Hause hast du Forderungen und die Kinder belagern mich auch, kaum öffne ich die Haustür. Das nimmt mir manchmal die Luft. Keiner fragt, was ich eigentlich möchte, ich komme nicht mehr zu den Dingen, die ich für mich machen möchte. Das frustriert mich. Ich frage mich oft: Bin ich egoistisch?«

Die Yogis würden sagen: »Nimm dich ernst, aber nicht so wichtig.« Sie sagen, dass wir unsere Wünsche und Sehnsüchte, unsere Sorgen und unsere Leiden sehr bewusst wahrnehmen sollen. Denn nur, wenn wir wissen, was uns stört und was uns fehlt, können wir die notwendigen Veränderungen einleiten. Wenn wir uns ernst nehmen, hören wir die Warnsignale rechtzeitig, sind freundlicher zu uns. Wir müssen deshalb auch kein schlechtes Gewissen haben, sagen die Yogis. Denn nur wenn es uns gut geht, kann es auch unseren Mitmenschen besser gehen. Sie sagen uns auch, dass wir von dem Irrglauben abfallen sollen, uns für unersetzlich zu halten. Ein Spaziergang über den Friedhof genügt, um uns das vor Augen zu führen. Veränderung ist die einzige Konstante des Lebens.

Die Yogis ermutigen uns, Pausen zu machen, Auszeiten zu nehmen, um dann mit frischer Kraft und Energie wieder in den Familienalltag zurückzukommen. Diese Auszeiten können auch Hobbys sein, denen wir regelmäßig nachgehen. Die Möglichkeiten zu Auszeiten in einem vollgepackten Alltag können übrigens auch entstehen, indem wir uns von einer Haushaltsfee unterstützen lassen und uns in der Zeit, die wir dadurch gewinnen, um uns selbst kümmern.

Bewusst eingelegte Pausen sind übrigens oft Bestandteil yogischer Atemübungen. Auch in der Asana-Praxis nutzen die Yogis Pausen, in denen zum einen dem Fühlen und Wahrnehmen zwischen den einzelnen Haltungen Raum gegeben wird, zum anderen, um sich zu erlauben, nichts zu tun: etwa in der Schlussentspannung wirklich zur Ruhe zu kommen und loszulassen.

Die Yogis sagen, alles ist erlaubt, sofern dabei niemand zu Schaden kommt und niemand darunter leidet.

Lisa hat jetzt eine Ausbildung zur Kinderyoga-Lehrerin gemacht und sagte nach dem ersten Wochenende: »Endlich raus aus dem Familienalltag. Und statt abends nach Hause zu fahren, habe ich mir ein Hotelzimmer genommen. Es war so schön.« Mein Mann ist wieder regelmäßig auf dem Skate-Platz zum »Altherrenrollen«. Der Bekannte hatte seinen dritten Bandscheibenvorfall. Eine Zeit lang hat sich in seiner Familie wieder alles um ihn gedreht.

Mein Mann, meine Kinder und ich: Wer hat das größte Ego?

Meine Kinder, vor allem unser Sohn mit seinen fünf Jahren, mutieren gern dann zu kleinen Ego-Monstern, wenn ich mich mit ihrem Vater unterhalten möchte und er sich mit mir. »Mama, schau mal, was ich gebaut habe.« »Sehr schön, ja, aber ich würde mich jetzt gern mit Papa unterhalten.« »Mama, schau nur noch schnell, was ich jetzt noch gebaut habe.« »Fantastisch. Aber gerade unterhalte ich mich mit deinem Vater.« »Papa, schau du mal, was ich gebaut habe, ist das nicht toll?« »Ja. Lass mich doch noch mit der Mama reden und dann schauen wir uns an, was du gebaut hast.« »Nein, jetzt gleich.« »Später.« »Jetzt.« »Hast du nicht verstanden, was ich gesagt habe?« »Jetzt, bitte.« Der Vater resigniert und begutachtet die Bauwerke. Ich gehe joggen. Für unseren Sohn war seine Welt wieder in Ordnung. Wir selbst haben später am Tag noch miteinander reden können, als seine akute Bauphase vorübergehend abgeschlossen war.

Die Yogis würden sagen: Alles richtig gemacht. Ihr habt eure Aufgabe als Eltern ernst genommen und euren Sohn wichtig. Das Kind hat noch kein Zeitgefühl und lebt im Jetzt. Eine Kunst, die wir später mühsam wieder lernen müssen. (Falls wir im Jetzt leben möchten). Die Yogis würden uns empfehlen, darauf zu vertrauen, dass er mit der Zeit schon noch lernt, dass er nicht immer das einzige, erste und letzte Wort haben wird und dass Geduld eine Fähigkeit ist, die das Leben einfacher machen kann. Für uns und für ihn.

Raga. Ich! will! ein! Happy End!

Ich wollte Kinder, einen Mann und ein »Wenn sie nicht gestorben sind, dann leben sie noch heute«-Happy End. Ich wurde Mutter von zwei Kindern, hatte einen Mann, lebte auf dem Land und suchte nach dem Happy End. Ich wollte weiterarbeiten, um so leben zu können, wie zu den Zeiten, als ich noch keine Kinder hatte, eine Wochenendbeziehung führte und in München wohnte. Ich wollte so viel Geld verdienen wie früher. Ich wollte unabhängig sein. Ich wollte eine Yoga-Lehrerausbildung machen, denn ich wollte ein Happy End. Ich machte eine Yoga-Lehrerausbildung. Ich wollte ein eigenes Yoga-Studio. Ich eröffnete ein eigenes Yoga-Studio. Ich wollte das Yoga-Studio nicht schließen, als meine Kolleginnen ausgestiegen waren und ich finanziell am Ende war. Ich wollte das Happy End. Ich wollte das Beste für meine Kinder, eine gesicherte Altersversorgung, das unbezahlbare Paar Schuhe, einen Schrank voll mit den tollsten Klamotten, ich wollte viel reisen und noch mehr Urlaub, keine Falten und graue Haare, eine bessere Busverbindung, drei Nächte am Stück durchschlafen, außerdem mehr Leichtigkeit und Freude in meinem Leben. Weil ich glaubte, dadurch bekäme ich mein Happy End und wäre glücklich bis an mein Lebensende. Das Yoga-Sutra 2.7 sagt:

Fälschlich darauf zu bauen, dass uns ein Objekt Glück bringt, ist Raga.

Die Yogis hätte sich meine Wunschliste angeschaut und dann gesagt: »Du hast Raga.« Das Sanskrit-Wort lässt an Rage denken und tatsächlich kann Raga uns in Rage bringen, nämlich dann, wenn wir nicht bekommen, was wir uns wünschen. Raga ist in der Yoga-Philosophie der Begriff für Gier, für Verlangen. In ihrer sanftesten, gesunden Ausprägung zeigt sie sich in Form einer Zuneigung und Verliebtheit und in ihrer extremsten als Sucht oder tödliche Liebe. Der Auslöser für Raga kann die fälschliche Annahme sein, dass ein Objekt, eine Person oder eine Handlung uns glücklich machen wird. Oder eine tatsächlich gemachte Erfahrung. Mein Mann hat für sich die Erfahrung gemacht, dass beim Klettern sein Tinnitus leiser wird. Klettern ist seitdem für ihn eine Methode, abzuschalten. Mich hat die erste Erfahrung mit Yoga so glücklich gemacht, dass ich sie immer wieder machen, immer mehr von Yoga erfahren und an jedem angebotenen Workshop teilnehmen wollte. Ohne Rücksicht auf familiäre Verluste. Wenn Yoga-Stunden ausfielen, war ich todunglücklich. Und meine Familie genervt von mir.

Raga ist die Suche nach Mitteln und Methoden, von denen wir glauben, dass sie uns glücklich machen werden. Raga ist darum immer mit Erwartungen verbunden. Wir tun jemandem etwas Gutes und hoffen auf Dankbarkeit. Und selbst wenn wir wirklich selbstlos handeln, machen wir das, um uns gut zu fühlen. Sonst würden wir nicht handeln. Wir verlieben uns und hoffen auf Gegenliebe. Wir beschimpfen und verletzen andere Menschen und hoffen, dass unsere Wut anschließend geringer ist. Wir üben Rache und hoffen, dass die vorangegangene Tat oder Beleidigung dann gesühnt ist. Wir töten und hoffen, dass unser Hass dann befriedigt ist und wir unser Happy End bekommen. Gern auch mit 72 Jungfrauen im Paradies.

Nicht nur aus Sicht der Yogis sind dies natürlich die falschen Mittel und Methoden. Weil sie zum einen berechnend, grausam und gewaltvoll sind und zum anderen ihre befriedigende Wirkung nur von begrenzter Dauer ist und nicht für alle Ewigkeit glücklich machen wird. Was aber nicht bedeutet, dass wir deshalb die Finger vom Verliebtsein, von engagierten Vorhaben, vom Kinderkriegen, von Urlauben oder von neuen Schuhen lassen sollten. Denn gute Laune und Zufriedenheit ist schlechter Laune und Unzufriedenheit immer vorzuziehen. Problematisch wird es nur, wenn wir das, was wir glauben, für unser Glück zu brauchen, nicht bekommen, uns nicht leisten können, wenn es nicht die erhoffte Wirkung hat oder kaputtgeht oder wenn Liebe nicht erwidert wird. Der Yogi sagt bekanntlich, dass der Glaube, dauerhaftes Glück im Unbeständigen zu suchen, zu Unglück, Kummer und nicht selten auch zu Tränenmeeren führt. Im kleinen Familienrahmen wie auch in der großen Welt.

Raga, die Statussymbole und der finanzielle Ruin

Raga entsteht auch, wenn wir neidisch sind. Die gesamte Werbebranche ist darauf ausgerichtet, uns vor die Augen zu führen, was wir zu unserem Glück noch brauchen. Und vermutlich würde unser Wirtschaftssystem zusammenbrechen, hätten wir plötzlich weltweit kein drängendes Verlangen mehr nach Konsumgütern. Warum arbeiten wir bis zum Umfallen? Weil wir das Geld brauchen, um unseren Lebensstandard finanzieren zu können, weil wir die Anerkennung unserer Kollegen und Vorgesetzten brauchen, weil wir Karriere machen möchten, um jeden Preis, auch um den von Gesundheit und Familie. Denn wer Karriere macht, wird anerkannt in der Gesellschaft, und Applaus und Anerkennung geben uns ein gutes Gefühl. Warum wünschen sich Kinder Markenklamotten? Damit sie in der Schule nicht als Außenseiter abgestempelt und gemobbt werden. Warum nehmen wir Kredite auf und machen Schulden? Weil wir mit unseren Statussymbolen mithalten möchten in unserem Freundeskreis.

Ehemalige Kollegen von mir haben sich finanziell übernommen. Jahrelang lebten sie ein Leben, das ihrem Einkommen nicht entsprach. Sie verschuldeten sich hoch mit einem riesigen Haus. Verzichteten bei der Einrichtung auf die preisgünstigere Schwedenvariante. Kauften nur Bioprodukte, ihr Kleiderschrank war mit Kleidung für jeden Anlass und jedes Wetter ausgestattet, natürlich in Topqualität. Sie besaßen den größten Kühlschrank der ganzen Straße und außerdem zwei schicke Familienautos. Die drei Kinder trugen Markenklamotten, whatsappten mit Apfel-Handys und besaßen jeder ein eigenes Tablet und andere ausgewählte Spielgeräte. Zweimal im Jahr fuhr die Familie in den Urlaub. Wir fragten uns immer (und manchmal auch das Paar), ob sie vielleicht im Lotto gewonnen hatten. Hatten sie nicht. Als er seinen Job verlor, keinen neuen fand und die Kredite nicht mehr zahlen konnte, zeigte sich die bittere Kehrseite des luxuriösen Lebenswandels. Inzwischen ist das Haus zwangsverkauft, die Familie in eine kleine Wohnung umgezogen, das Paar in einer tiefen Krise, die Kinder verstört.

Die Yogis würden sagen, dass wir versuchen sollten, unser Leben aufrichtig und ehrlich zu führen und vor der Wahrheit, auch der finanziellen, nicht die Augen zu verschließen. Es könnte uns davor bewahren, über unsere Verhältnisse zu leben. Sie würden uns raten, zufrieden zu sein mit dem, was wir im Augenblick haben. Und sollte uns das schwerfallen, was durchaus verständlich sein kann, dann sollten wir versuchen, die aktuelle Haushaltslage doch zumindest zu akzeptieren. Schließlich ist keine Situation von Dauer. Sie würden auch sagen, dass es ein Irrtum ist, zu glauben, dass materieller Besitz uns dauerhaft glücklich macht. Wirkliches Glück, würden sie sagen, braucht all das nicht, wirkliches Glück ist frei von Bedingungen.

Der Ehrgeiz und das Beste fürs Kind

In den Bereich Raga fällt auch der Ehrgeiz, der uns einerseits zu Höchstleistungen antreiben, andererseits auch verbissen und blind für die Realität machen kann. Richtig ungemütlich wird das spätestens dann, wenn die Pläne und Wunschvorstellungen von Eltern auf das Unvermögen, die Unlust oder den Unwillen ihrer Kinder treffen. Ein Akademikerpaar in meiner Nachbarschaft möchte sein Kind unbedingt zum Abitur bringen. Ein vorheriges Ausscheiden aus der Schullaufbahn ist im Plan der titelbewussten Eltern nicht vorgesehen. Schließlich hat in der Familie seit Generationen jeder die Hochschulreife erlangt, studiert und optional promoviert. Wie stünde man denn jetzt da, wenn der Sohn nur die Mittlere Reife vorweisen könnte? Weil sich der junge Mann auf dem Gymnasium nicht so leicht tut, wie es seine Eltern taten, muss er zur Nachhilfe, zum Osteopathen und zum Ergotherapeuten. »Er hat eine Lese-Rechtschreib-Schwäche«, sagt die Mutter »und das macht ihm Probleme.« Seinen Frust lasse er zu Hause immer öfter an ihr und seinem Vater aus. »Das glaubst du nicht, was er uns an den Kopf wirft«, sagt die Mutter. Sie haben die Ernährung umgestellt, Allergien hat er nämlich auch, die Freizeit akribisch verplant und einen Termin beim Psychotherapeuten ausgemacht. Trotzdem: Die Stimmung sei mies, zunehmend auch zwischen ihr und ihrem Mann. Vom Planziel Abitur will sie dennoch nicht abweichen. »Da muss er jetzt durch. Was er danach macht, ist mir dann vollkommen egal«, sagt sie. Und auch, dass sie nur sein Bestes will.

Alles muss perfekt sein

Wir machen Diäten, kräftigen unsere Muskeln, weil wir schlank und wohldefiniert sein möchten. Die Medien suggerieren schließlich, dass schlanke, schöne Menschen mehr

Erfolg im Leben haben. Wir meditieren, weil das die Leistung unseres Gehirns verbessern soll. Wir bilden uns fort, lassen uns coachen, ernähren uns bewusst, machen Yoga und arbeiten an den körperlichen und mentalen Defiziten, die wir angeblich haben. Wir möchten uns schließlich auf allen Ebenen unseres Daseins optimieren, um der perfekte Mensch, die perfekte Frau, die perfekte Mutter, der perfekte Mann, der perfekte Vater, der perfekte Arbeitnehmer oder -geber zu werden.

Ein Freund sagte einmal zu mir: »Was von uns Männern alles erwartet wird, macht mich echt fertig. Wir sollen die Familie ernähren, in der Beziehung ein verständnisvoller Partner und perfekter Liebhaber sein und außerdem auch immer für die Kinder da sein. Zumindest hört und liest man das überall. Das setzt mich wirklich unter Druck.« Frauen, beruhigte ich ihn, geht es genauso. Und das schon seit gefühlten Ewigkeiten. Er antwortete: »Aber ich würde das von meiner Frau nie verlangen.« Viele Frauen glauben aber, dass genau das von ihnen erwartet wird, wollen sie im Perfektionismus-Wettbewerb nicht auf den hinteren Plätzen landen. Frauen in meinen Kursen sagen auch, dass sie überzeugt sind, nur dann eine perfekte Mutter zu sein, wenn sie ihre Kinder bestmöglich fördern: sie zur musikalischen Früherziehung, zum ganz spielerischen Early-Bird-Sprachkurs, im Fußballverein, zum Ballettkurs, Voltigieren oder Kinder-Yoga anmelden, mit den neuesten Klamotten ausstatten, die modernsten Fahrräder kaufen und auch sonst jeden gesehenen und ungesehenen Wunsch von ihren Augen ablesen. Und sie klagen, dass sie sich als Versagerinnen fühlen, wenn ihnen bei all der Kinderoptimierung Beruf und Haushalt über den Kopf wachsen. Ein befreundeter Künstler schüttelt darüber immer den Kopf: »Mein Gott, wie sollen die Kinder denn jemals eigene Kreativität entwickeln können, wenn man sie dauernd bespaßt und ihnen alles vor die Nase setzt?«

Der neuseeländische Yoga-Lehrer Mark Whitwell sagt immer: »Wir sind alle längst perfekt.« Jeder Optimierungsversuch sei im Prinzip eine Beleidigung der dem Leben innewohnenden Intelligenz. Ist das nicht auch mal ein interessanter Standpunkt, statt sich vom Leben benachteiligt zu fühlen, mal darüber nachzudenken, dass man das Leben selbst beleidigt, indem man sich so gering schätzt?

Es gibt eine schöne Weisheitsgeschichte, die erzählt, warum jeder Makel seinen Sinn hat.

> ※ Es war einmal eine alte Frau, die zwei große Schüsseln hatte. Diese hingen an den Enden einer Stange, die sie über ihren Schultern trug. Die eine Schüssel hatte einen Sprung, die andere war makellos. Die alte Frau ging jeden Tag zu einem weit entfernten Brunnen, um Wasser zu holen. Sie füllte ihre beiden Schüsseln mit Wasser und ging zurück. Und immer, wenn sie zu Hause ankam, war die makellose Schüssel voll und die Schüssel mit dem Sprung fast leer. Ein Jahre lang ging das so. Die makellose Schüssel war sehr stolz auf ihre Leistung. Die Schüssel mit dem Sprung schämte sich fürchterlich, dass sie aufgrund ihres Makels ihre Aufgabe nicht erfüllen konnte. Schließlich sagte die Schüssel zu der Frau: »Ich schäme mich so wegen meines Sprunges, aus dem auf dem gesamten Heimweg Wasser rinnt.« Da lächelte die alte Frau und sagte: »Ist dir nie aufgefallen, dass nur auf deiner Seite des Weges Blumen blühen, aber auf der Seite der anderen Schüssel nicht? Du gießt sie täglich mit deinem Wasser. Wenn du nicht genau so wärst, wie du bist, gäbe es diese Schönheit nicht.«[16]
>
> *Asiatische Weisheit*

Süßigkeiten her!

Wer kennt sie nicht, diese reizenden Szenen im Supermarkt, wenn sich der Nachwuchs vor Zorn auf den Boden wirft, brüllt: »Ich will aber das Überraschungsei haben.« »Nein.« »DOOOCH!« »Nein.« »Dann Gummibären.« »Nein.« »DOOOOCH, ICH WILL ABER.« »NEIN.« »DOOO-OOCH!!!!!!« Jetzt schon fünf Stufen lauter. Meine beiden Kinder machen das natürlich nie. Sie sind tiefenentspannt und absolut frei von Verlangen, schließlich übte ich in beiden Schwangerschaften Yoga. Wenn ich meinen Sohn mittags vom Kindergarten abhole und seine erste Frage lautet: »Hast du eine Süßigkeit für mich?«, und ich »Nein« antworte, dann tobt er ganz sicher nur deshalb, bis wir zu Hause sind, weil er testen möchte, ob all der Yoga bei mir auch wirklich wirkt und ich gelassen bleiben kann. Und nicht, weil er darauf spekuliert, dass ich am nächsten Tag vielleicht doch beim Bäcker abbiege, um ihm seine Süßigkeit zu kaufen, weil mir sein Gebrüll auf die Nerven geht und das Gegenteil eines guten Gefühls in mir auslöst. Neulich fiel mir erst beim Bäcker auf, dass ich mein Portemonnaie zu Hause liegen gelassen hatte. Die nette Verkäuferin sagte: »Ich kann es gern anschreiben, man kennt sich ja.« Mein Sohn nickte begeistert. Was der Yogi dazu sagt, möchte ich gar nicht wissen. Er darf sich meinen Sohn aber gern für drei Tage ausleihen. Dann kauft er ihm bestimmt auch eine Süßigkeit. Zumindest, so wie ich, eine kleine. Und etwas Vernünftiges dazu, um den ersten Heißhunger des Kindes, denn das ist der wahre Grund für seinen Süßigkeitenwunsch, zu stillen. Inzwischen ist mein Sohn auch zufrieden, wenn ich ihm einen Apfel mitbringe. Zumindest manchmal.

Raga, meine Kinder und die Eifersucht

Das Geschrei meiner Kinder kann sehr groß sein, wenn sie das Gefühl haben, der andere wird von uns Eltern oder den Großeltern bevorzugt. »Das ist so gemein, immer dreht sich alles um meinen Bruder«, schimpft seine fünf Jahre ältere Schwester gern mal, wenn sie denkt, wir helfen ihm, dem Kleineren, mehr als ihr. Die Wut schwindet, wenn wir ihr erklären, dass wir ihr in seinem Alter auch so geholfen haben und sie außerdem fünf Jahre das Privileg hatte, unsere ungeteilte Aufmerksamkeit zu haben, etwas, was er als zweites Kind nie haben wird. Unser Sohn tobt dagegen vor Eifersucht, wenn er mitbekommt, dass die Großeltern seine Schwester von der Schule abholen. »Nie holt mal jemand mich ab, immer nur meine Schwester«, schluchzt er dann und zieht sich schmollend auf das Sofa zurück.

Die Yogis sagen, was helfen kann, ist, die Perspektive zu wechseln und den Blick der Kinder auch immer wieder auf das Schöne, das Gute zu lenken. Meist reicht es, wenn man ihn daran erinnert, dass Opa und Oma ihn am Vortag abgeholt haben. Manchmal hilft es auch, ihn mit einem Themawechsel abzulenken, und manchmal lassen wir ihn auch einfach beleidigt sein und freuen uns deutlich, wenn er aus seinem Schmollwinkel wieder hervorkommt. Was normalerweise spätestens nach fünf Minuten der Fall ist.

Dvesa. Ich mag das nicht!

Als ich zurück aufs Land gezogen bin, begann eine lang anhaltende Anti-Phase. Ich lehnte die unförmige, triste und in meinen Augen uncoole Kleidung der Menschen ab, die, ohne zu lächeln, durch die Fußgängerzone der nahe gelegenen Kleinstadt zogen. Ich trat in keinen Verein unseres Dorfes ein, weil ich seit meiner Schwimmvereinszeit in Kindheitstagen mit, so hatte ich es in Erinnerung, spießiger und giftiger Vereinsmeierei nichts mehr zu tun haben wollte. Ich mied das jährliche Faschingsfest der Dorffrauen, weil ich nach neun Jahren auf einem Mädchengymnasium einen Bogen um »Mädels«-Veranstaltungen jeglicher Art mache. Ich mochte das Frauenbild und Rollenverständnis nicht, das sich seit den Tagen, als ich als Praktikantin der Zeitung Straßenumfragen machte, nicht wirklich verändert zu haben schien. Damals hätte ich den Frauen gern das Wahlrecht entzogen, die bei politischen Umfragen antworteten: »Dazu kann ich nichts sagen. Da muss ich erst meinen Mann fragen.« Heute lautete die Antwort auf die Frage, warum es freitags in der Grundschule keine Mittagsbetreuung gab: »Bei uns arbeiten die meisten Frauen nicht am Freitag. Oder man gibt die Kinder zu den Großeltern.« Was voraussetzt, dass die Großeltern jeden Freitagmittag für ihre Enkelkinder da sein möchten. Ich lehnte es ab, nur Hausfrau zu sein, weil ich immer schon glücklicher war, wenn ich mich intensiv mit Themen beschäftigen konnte, die mich wirklich interessieren.

Fälschlich damit zu rechnen, dass uns ein Objekt Unglück bringt, ist Dvesa.[17]

Die Yogis hätten mir gesagt: »Du hast Dvesa.« Damit ist keine indische Gottheit gemeint, sondern die Abneigung, die in ihrer Bandbreite von einer gesunden Ablehnung bis zum abgrundtiefen Hass reichen kann. Diese Ablehnung richtet sich gegen alles, was unserem Glück im Weg zu stehen scheint. Dvesa wirkt prophylaktisch, aufgrund tatsächlich gemachter unangenehmer Erfahrungen oder des Hörensagens. Letzteres kann sich zwar als richtig erweisen, es kann sich aber beispielsweise ein schlecht bewerteter Film auch als Offenbarung entpuppen. Das Yoga-Sutra empfiehlt darum, immer zu hinterfragen, von welchem und von wessen Blickwinkel aus man eine Haltung zu einer Sache einnimmt. Eine ablehnende Haltung zu haben kann durchaus auch sinnvoll sein. Sie bewahrt uns davor, gegenüber Gewalt, Leid, Ungerechtigkeit, Herzlosigkeit und Zerstörung gleichgültig zu werden. Oft zeigt sie uns auch instinktiv und aus dem Bauch heraus, dass wir vorsichtig sein sollen, dass etwas nicht unserer inneren Einstellung entspricht und wir gegen unsere eigentlichen Überzeugungen handeln. Problematisch wird es erst, wenn sie ein Weiterkommen und eine Entwicklung verhindert, zu ewigen und manchmal auch tödlichen Feindschaften führt, zum alles dominierenden Thema und Hindernis für uns wird und wenn die Ablehnung zur Verweigerung von Aufgaben wird, die erledigt werden müssen. Und dazu gehören auch die Aufgaben, die man als Eltern hat.

Schlechte Witze und niemand lebt vegan

Dvesa ist die fehlende Toleranz und Weltoffenheit, die uns ablehnen lässt, was wir nicht kennen, die unser Weltbild erschüttert und unser Glaubensmuster herausfordert, weil uns das Neue, Fremde, Unbekannte zuerst einmal Angst macht. Wie entspannt und großmütig sind wir, wenn das eigene Kind plötzlich Klamotten, Frisuren und Tattoos trägt, die in der Nachbarschaft und bei der Verwandtschaft für Gerede und bei einem selbst für Magenschmerzen sorgen? Wenn es einen Mann statt einer Frau liebt oder beides, einen Partner oder eine Partnerin wählt, die aus einem anderen Kulturkreis oder sozialen Umfeld kommt, eine andere Hautfarbe hat und an einen Gott glaubt, den wir nicht kennen, vielleicht aber auch an gar keinen? Und wie großzügig können wir über die Eigenheiten der Schwiegereltern und der angeheirateten Verwandtschaft hinwegsehen, vor allem, wenn sie bei jedem Zusammentreffen die gleichen Geschichten und Witze erzählen und diese auch in der Wiederholung nicht besser werden? Und wie tolerant können wir gegenüber Menschen bleiben, die weder vegan noch vegetarisch leben (beziehungsweise umgekehrt) und ihre Kinder weder impfen noch schulmedizinisch behandeln lassen (und umgekehrt)?

Der Yogi rät in solchen Fällen, Gleichmut (Upeksa) zu entwickeln, die Fähigkeit, andere Menschen zu beobachten, ohne sie zu bewerten. Sich darüber klar zu werden, dass Gewalt bereits mit den Gedanken beginnt und jeder Gedanke einen Abdruck in unserer Psyche hinterlässt. Denn den Hass, den Hochmut und die Verachtung, die wir auf und für andere haben, spüren zuallererst immer nur wir selbst in uns. Auch das Sichhineinversetzen in eine andere Person kann helfen, sich zu fragen, wie man sich selbst fühlen würde, wenn der Mensch, den man liebt, von den Eltern abgelehnt wird oder das, was man gut findet, auf Ablehnung stößt. Die Erinnerung daran, dass nichts von Dauer ist, auch nicht Familienfeiern, kann dazu beitragen, die eigene und die angeheiratete Verwandtschaft besser zu ertragen.

OM steht für dieses Werden, Sein und Vergehen. Man kann es auch mental rezitieren, wenn die Zeit nicht zu vergehen scheint. Es lenkt zumindest ab.

Der Durst am Abend

Im Familienalltag begegnen wir Dvesa ziemlich regelmäßig. Wie oft ärgern wir uns darüber, dass nicht nur das Kind, sondern auch der Partner immer wieder vergisst, seine Sachen aufzuräumen oder den Müll rauszubringen? Lieber mit den Freunden Fußball schaut, statt mit der Familie gemeinsam zu Abend isst? Ständig am Outfit des anderen herumnörgelt, weil es nicht ordentlich oder sexy genug ist, und in Gesellschaft grundsätzlich das letzte Wort haben will? Und zählen Sie doch einfach mal, wie oft Sie an einem einzigen Tag zu Ihren Kindern oder Ihrem Partner oder Ihrer Partnerin »Nein« sagen. Oft geschieht das fast schon reflexartig, weil man in blinder Vermutung und vorauseilendem vermeintlichem Wissen etwas annimmt, was einem das gute Gefühl, nach dem wir uns ja sehnen, vermiesen könnte. Ich beherrsche das Neinsagen übrigens sehr gut, weil ich ungern in meinem guten Gefühl gestört werde. Besonders abends nicht, wenn die Kinder eigentlich schon im Bett liegen, wir gemeinsam den Tag Revue passieren lassen, Geschichten vorgelesen und gebetet haben, das gröbste Chaos des Tages beseitigt ist und endlich Ruhe herrscht. Oder herrschen sollte. Wenn dann mein Sohn aus seinem Zimmer ruft, und zwar sehr laut, damit wir das auch wirklich hören: »Mama!«, antworte ich tatsächlich manchmal nicht nur leise mit einem »Nein«. Um dann, logisch nicht ganz stimmig, zu fragen: »Was ist?« Er ruft: »Durst!« Weil ich eigentlich keine Lust habe, aufzustehen, würde ich gern antworten: Dann hol dir doch einfach ein Glas Wasser. Mach ich aber nicht, er soll ja liegen bleiben, außerdem ist er zum Glasholen noch zu klein und als Mutter habe ich auch dafür zu sorgen, dass er zu essen und zu trinken bekommt. Also bringe ich ihm etwas zu trinken, nicht ohne mir dabei vorzunehmen, am kommenden Tag gleich ein Glas Wasser neben sein Bett zu stellen. Interessanterweise hat er fast nie Durst, wenn etwas zum Trinken greifbar ist.

Der Yogi sagt, es kann helfen, ehrlich zu sein. Und zwar zuallererst zu sich selbst. Sich zu hinterfragen, die eigenen Fehler wahrzunehmen, auch die Verhaltenszüge, die der Partner oder die Kinder anstrengend finden könnten. Manchmal stellt man dann fest, dass es sich nicht lohnt, ein Fass aufzumachen, sondern man die liegen gelassenen Sachen besser einfach aufräumt. Wird es für einen aber zur Belastung, dann darf und sollte man ansprechen, was im Argen liegt, dabei aber ein Augenmerk auf die Wortwahl haben. Fördert sie den Familienfrieden, weil sie konstruktiv und von der Ich-Warte aus gesprochen ist, oder verletzt sie die yogische Idee der Gewaltlosigkeit (Ahimsa)?

Der Suppenkaspar

Kennen Sie die Geschichte vom Suppenkaspar? Das ist jenes anfänglich kugelrunde Kind, das am Tisch stets brav seine Suppe aß, bis es eines Tages zu schreien anfing: »Ich esse keine Suppe! Nein! Ich esse meine Suppe nicht! Nein, meine Suppe ess ich nicht.« Und dann am fünften Tag, dünn wie ein Strich in der Landschaft, den Löffel buchstäblich abgab. Was aus medizinischer Sicht natürlich ziemlich unwahrscheinlich ist, nach fünf Tagen schon verhungert zu sein, es sei denn, er hat auch nichts getrunken.

Meine Kinder benehmen sich gern wie dieser Suppenkaspar. Meine Tochter beispielsweise is(s)t zu Hause sehr heikel. Ginge es nach ihr, würde sie sich ausschließlich von Nudeln mit Tomatensoße und Parmesan ernähren. Lange Zeit hat sie fast alles, was ich ihr an reichhaltigeren Nahrungsmitteln roh und gekocht angeboten habe, mit den Worten »Du weißt doch, dass ich das nicht mag« abgelehnt – ohne dass sie es auch nur probiert hat. In der Mittagsbetreuung ihrer Schule, zu der ich sie in der zweiten Klasse einmal die Woche angemeldet hatte, aß sie dagegen: ALLES. Manchmal sagte sie dann: »Heute gab es Fleischklößchen mit Soße und Reis, das war so lecker.« Anfangs fragte ich noch: »Soll ich das auch mal kochen?« – »Oh ja, bitte!« Ich war glücklich, weil ich dachte, meinem Kind jetzt endlich etwas anderes als Nudeln auf den Tisch stellen zu dürfen. Meine Fleischklößchen mit Soße probierte sie immerhin, wenn auch nur einmal, um dann zu sagen: »Mama, das ist eklig.« Kann sein, dass es an meinen Kochkünsten lag. Kann auch sein, dass dem Schulessen tonnenweise kindergaumenbegeisternde Geschmacksverstärker untergemischt waren. Inzwischen isst sie sowieso dreimal pro Woche in der Schule und zu Hause schon längere Zeit mehr als Nudeln. Bei meinem Sohn, der sich momentan am liebsten von Müsli, Salat und, wenn es denn nur ginge, Schokolade ernähren würde, bin ich darum guter Dinge, dass auch er noch einen erweiterten Geschmack entwickeln wird.

Die Yogis sagen, es kann hilfreich sein, uns zu erinnern, wie wir selbst als Kind gewesen sind. Oder sich von anderen Eltern Tipps zu holen, wie sie mit ihren heiklen Kindern umgehen. Auch Vertrauen darauf zu haben, dass sich das Essverhalten verändern wird, Geschmäcker verschieden sind, kann zur Gelassenheit beitragen.

Meine Tochter mag keine Hausaufgaben – ich auch nicht

Eine gemeinsam empfundene Abneigung gegen eine Sache kann verbinden, muss den Familienfrieden aber deshalb nicht unbedingt stärken. Meine Tochter und ich können ein Lied davon singen. Wir sind uns einig, dass wir Hausaufgaben nicht mögen. Ich empfand sie schon als Kind immer als Zumutung, Zeitverschwendung und schwere Freiheitsberaubung, und weil ich mich darüber so aufregen konnte, kriegte ich mich regelmäßig mit meiner Mutter, einer Lehrerin, in die Haare, die nicht verstehen konnte, wie man über etwas, was eben gemacht werden muss, so in Zorn geraten konnte. Vermutlich kamen bei mir alte Kindheitserinnerungen hoch, als ich meine Tochter bei den Hausaufgaben betreuen sollte. Erschwerend kam hinzu, dass mein Kind sich von wirklich allem ablenken ließ. Was zur Folge hatte, dass sie lange an den Aufgaben saß, ich in dieser Zeit ihren kleinen Bruder von ihr fernhalten musste, der aber ausgerechnet dann unbedingt mit ihr spielen wollte. Wir stritten viel und waren deshalb beide unglücklich.

Die Lösung war die Anmeldung zur Hausaufgabenbetreuung. Meine Tochter und ich beschlossen, diesen Weg auszuprobieren. Und waren beide zufrieden mit dem Ergebnis. Denn wenn sie jetzt nach Hause kam, hatte sie nicht nur abwechslungsreich gegessen, sondern auch schon alle Hausaufgaben gemacht. Den Familienfrieden hat diese Entscheidung enorm gefestigt. Und als mein Kind aufs Gymnasium wechselte, sagte sie von sich aus, dass sie gern in die Hausaufgabenbetreuung möchte. Das sei weniger anstrengend als ihr kleiner Bruder und ich zusammen.

Pubertät ist, wenn Eltern peinlich werden

In der Pubertät kann Dvesa zur wirklich harten Nummer werden. Dann, wenn die Kinder anfangen, sich zu entfremden, ihre eigenen Wege zu gehen, die Eltern unerträglich zu finden (und umgekehrt) oder zu rebellieren. Eine meiner Yoga-Frauen sagte neulich: »Mein Sohn gibt mir gerade das Gefühl, dass er mich überhaupt nicht mehr mag. Das tut schon weh, auch wenn ich weiß, dass das jetzt einfach die Ablösephase und auch wichtig ist.« Der 13-jährige Sohn einer Freundin möchte, dass seine Mutter im Auto wartet und nicht aussteigt, wenn sie ihn vom Fußballtraining abholt. »Das ist mir so peinlich«, sagt er ihr, einer wirklich schönen Frau. Die 15-jährige Tochter einer früheren Kollegin schreit jeden Morgen ihr Spiegelbild an, weil sie sich so hässlich findet. Was sie selbstverständlich gar nicht ist. Und wie oft steht man mit fortschreitendem Alter nicht selbst morgens vor dem Spiegel und fleht: »Herr, lass Gnade walten!« Eine Freundin erzählt, sie sei momentan um jedes genuschelte »Hmm« froh, weil das besser sei als das Komplettschweigen und Augenrollen, mit denen ihre Tochter ihr gerade regelmäßig begegnet. Meine neunjährige Tochter sagte vor Kurzem zu mir, nachdem ich einem Bekannten zum Abschied zugewunken hatte: »Mama, das war gerade peinlich.« Fand ich zwar nicht, aber vermutlich geht es jetzt los. Ich bin gespannt, wann das Augenrollen beginnt.

Der Yogi rät, dass es sich lohnt, wenn wir uns bei pubertierenden Kindern erinnern, wie wir selbst zu unseren Eltern waren. Dass wir Mitgefühl und Gleichmut entwickeln, darauf vertrauen, dass nichts von Dauer ist, und den Kindern hoffentlich rechtzeitig beigebracht haben, dass Gewaltlosigkeit in Worten und Taten auch für den Umgang mit den eigenen Eltern gilt. Und dass wir, wenn wir alles persönlich nehmen, Opfer von Asmita, der Ich-Bezogenheit sind. Und wir sollten uns daran erinnern, dass die Kinder uns nicht gehören, die Ablösung ein normaler Prozess ist und Hormone uns auch im Alter immer wieder zu schaffen machen.

Das schlechte Wetter und der Horror vor dem Hallenbad

Ablehnung kann, wenn sie sich langsam aufbaut, die Stimmung über Tage so vergiften, dass die ganze Familie darunter leidet. Ein Freund meines Ehemanns erzählt: »Ich liebe meine Kinder und mache wirklich viel für sie. Doch wenn ich weiß, dass ich mich am Wochenende allein um sie kümmern muss, weil meine Frau arbeitet, und wenn ich weiß, dass das Wetter schlecht werden soll, dann werde ich spätestens ab Mittwoch innerlich immer unruhiger und gereizter.« Was daran liege, dass seine Kinder bei schlechtem Wetter immer ins Hallenbad gehen möchten, für ihn das Hallenbad aber so anziehend wie der Vorhof zur Hölle ist. Weil er seinen Kindern so schlecht ihren Wunsch abschlagen könne und gelangweilter Nachwuchs zu Hause noch anstrengender als der Vorhof zur Hölle sei, nimmt er den Badespaß dennoch regelmäßig auf sich. Mit der Konsequenz, dass er die Tage davor schon bei Kleinigkeiten in die Luft geht. Seine Frau rate ihm, statt Hallenbad etwas anderes zu unternehmen, ein Museum zu besuchen zum Beispiel. Aber darauf habe er auch keine Lust, von der Menschenmenge und dem Lärmpegel her sei es das Gleiche wie das Hallenbad. Nur ohne Wasser. »Du bist aber auch extrem empfindlich«, werfe sie ihm dann oft vor. Das ärgere ihn sehr und schon seien beide mitten in einem völlig unnötigen und unschönen Streit.

Der Yogi würde empfehlen, mit der Aufmerksamkeit und dem Fühlen im Jetzt zu bleiben, um eine mögliche zukünftige Empfindung nicht den gegenwärtigen Augenblick zerstören zu lassen. Statt an das Wochenende zu denken, sich bewusst zu machen, wie und was ich jetzt fühle, wenn ich mir deutlich mache: Jetzt gibt es kein Hallenbad, keinen Lärmpegel, kein schlechtes Wetter. Sind dann die Unruhe und Gereiztheit noch spürbar?

Das Beobachten des eigenen Atems ist eine wunderbare Methode, um in der Gegenwart, im Jetzt anzukommen. Alles, was man dazu tun muss, ist einatmen, ausatmen, einatmen, ausatmen. Probieren Sie es einfach mal aus!

Die Kaninchen und das Ende der Begeisterung

Meine Tochter wollte ein Kaninchen. Weil wir gelesen hatten, dass es pädagogisch äußerst wertvoll sei, Kinder die Verantwortung für ein Tier übernehmen zu lassen, beschlossen wir, ihr ein Zwergkaninchen zu kaufen. Weil wir des Weiteren gelesen hatten, dass diese Tiere gesellig sind, kauften wir ihr zwei. Was wir übersehen hatten, war, dass Kaninchen scheu und keine Schmusetiere sind und dass die zwei Weibchen in unserem Garten, in Wirklichkeit ein Männchen und ein Weibchen waren. Woraufhin wir bald acht Karnickel hatten. Die bis heute alle scheu sind und sich nur ungern in den Arm nehmen lassen. Bei meiner Tochter sank die Begeisterung für die Tiere und die damit verbundenen Aufgaben wie Stall sauber machen, Kaninchen morgens in ihr Freigehege lassen und abends wieder einfangen, rapide. Ihr hübsches Gesicht verzog sich dramatisch, ihre Stimme nahm einen quälend-quäkenden Tonfall an, wenn ich sie daran erinnerte, den Stall sauber zu machen. Weil ich es nicht übers Herz brachte, diesen Karnickelfamilienverband abzugeben, was pädagogisch vermutlich die konsequente Lösung gewesen wäre, bin ich jetzt die Kaninchenbeauftragte der Familie. Freiwillig und gerne. Denn das Schöne an diesen Tieren ist, dass sie leise und friedlich sind.

Yoga und entliebte Tiere: Krishna sagt zu seinem Schüler Arjuna, dass man ihn, den Gott, in allem, was ist, erkennen kann. Also auch in Tieren. Kümmert man sich um Tiere, kann man das auch als Dienst am Höchsten Bewusstsein verstehen, als Bhakti-Yoga. Oder als eine gute Tat. Im Fall von Kaninchen dazu noch eine selbstlose. Denn sie bedanken sich nicht durch gezeigte Zuneigung, so wie es ein Hund beispielsweise macht. Handeln, ohne etwas dafür zu erwarten, ist Karma-Yoga. Man kann die Tierpflege aber auch einfach als bewusste Auszeit vom Alltag nutzen und als Kontakt mit der Natur.

Abhinivesa. Die Angst, meine Familie und ich

Unsere Tochter war drei Wochen alt, als ihr Herz beschloss, außertaktmäßig schnell zu schlagen. Sie schrie laut, stundenlang. Doch die Hebamme, die vorbeikam, beruhigte uns. Sagte, das seien Blähungen, das vergehe schon wieder. Nachts um drei hatte unser Kind fast keine Kraft mehr zu schreien, keine Kraft mehr, zu trinken, keine Kraft mehr, ihren Körpertonus zu halten, keine Kraft mehr, ihren kleinen Körper mit der nötigen Wärme zu versorgen. Das war der Moment, in dem uns klar wurde, dass wir es nicht mit Blähungen zu tun hatten, sondern mit einem viel ernsteren Problem. In mir begann sich alles zusammenzuziehen, während gleichzeitig mein Puls schneller wurde. Ich zog ihr ihren weißen Bärenschneeanzug an, legte sie in ihren Kindersitz. Dann fuhren wir ins Krankenhaus. Ich hielt ihre kleine Hand, spürte, dass sie schwächer wurde. »Fahr schneller. Bitte!«, sagte ich zu meinem Mann. Vielleicht schrie ich ihn auch an. Ich checkte ihre Lebenszeichen. Der Gedanke, dass sie sterben könnte, tauchte erstmals in mir auf. Meine Angst steigerte sich in Panik. In der Notaufnahme des Krankenhauses riefen sie sofort bei den Ärzten der Kinderintensivstation an. Wir fuhren in den fünften Stock, man nahm uns unsere Tochter aus den Händen für eine erste Untersuchung. Ihr Herz schlug langsam, ihre Körpertemperatur war auf unter 35 Grad gesunken. Die Ärzte sagten, sie müssten jetzt intensiv behandeln. Wir sollten warten. Es waren die schrecklichsten Minuten, die ich bisher erlebt hatte. »Was, wenn sie stirbt?«, fragte ich meinen Mann. »Wird sie nicht«, sagte er. Er wollte mich beruhigen. Als wir sie wieder sehen durften, waren an ihrem ganzen kleinen Körper Kabel und Schläuche. Sie war in einen künstlichen Tiefschlaf versetzt. Was sie hatte, wussten die Ärzte noch nicht genau. Es könnte die Lunge sein, vielleicht auch das Herz. Die ersten Tage bin ich fast nicht von ihrer Seite gewichen. Ich traute mich nicht, nach Hause zu fahren, um frische Kleidung zu holen, weil ich fürchtete, dass sie uns in dieser Zeit verlassen könnte. Ich wollte sie am liebsten die ganze Zeit im Arm halten, aber das ging anfangs nicht, weil sie an so vielen Überwachungsgeräten hing. Die Ungewissheit darüber, was die Ursache für ihren lebensbedrohlichen Zustand war, ob sie ihn überstehen würde und ob und wie oft sich diese Attacken in Zukunft wiederholen würden, ließ mich in diesen Tagen kaum schlafen.

Auch als ich den Vertrag mit meinem Verlag auflöste, bereitete mir das schlaflose Nächte. Bis zum Ende meiner Elternzeit war ich immer in Festanstellungen gewesen, die mir das Gefühl der Sicherheit und eines regelmäßig bedienten Kontos gaben. Das fiel jetzt weg und ich bekam Angst: Wovon sollte ich leben? Wer sollte meinen Kindern ihr Studium finanzieren? Wer ihre Auslandsaufenthalte und wer ihre Rente? Aus Sorge vor dem finanziellen Ruin nahm ich anfangs jeden Schreibjob an, der sich mir zusätzlich zu meinen fest vereinbarten Seiten bei der Zeitschrift bot.

Tief sitzende Unsicherheit ist ein angeborenes Angstgefühl vor der Zukunft. Es wohnt jedem Menschen inne, selbst dem Weisen.[18]

Die Yogis hätten mir gesagt: Das, was dich so quälte, war Abhinivesa, der Sanskrit-Begriff für Angst. Sie kann einen konkreten Auslöser haben, wie die Krankheit meines Kindes, sie ist aber auch ohne vorhanden. Und zwar immer und in jedem Menschen, selbst den weisesten. Die Yogis sprechen darum auch von der unbegründeten Angst, die aus der Ungewissheit, was die Zukunft uns bringen könnte, entsteht. Und darum zählt zu Abhinivesa auch die Angst vor dem Tod. Denn wir wissen normalerweise nicht, wann und wie er kommt und was uns danach erwartet. Die Angst hat auch immer mit Verlust zu tun. Wir fürchten, unser Leben zu verlieren oder unsere Kinder, unseren Partner, unsere Jugend, unser Aussehen, unseren Beruf, unseren sozialen Status, unseren Ruf, unsere Freunde, unser Geld und unsere Gesundheit. Die Angst treibt uns um, ein Leben lang.

Die Angst reicht zurück bis zu den Anfängen unseres Menschseins, als der berüchtigte Säbelzahntiger und andere Gefahren das Leben unserer Urahnen bedrohten. Die Angst ist einerseits das Gegenteil des »guten Gefühls« und gleichzeitig der Antrieb, wirklich alles zu tun, um wieder angstfrei zu sein. Sie gilt einigen Denkern als Motor des Lebens, als Kulturentwicklerin und Religionsstifterin, sie lässt uns nach Mitteln und Wegen suchen, die uns vor Krankheiten schützen, Unheilbares heilen und den Tod überlisten könnten. Denn die Vorstellung, eines Tages nicht mehr zu sein, erschüttert unser Ego dermaßen, dass es diese Tatsache schlichtweg ignoriert oder zumindest den Gedanken weit von sich schiebt und vorsorgend die Idee der Unsterblichkeit, der Auferstehung und Wiedergeburt, von Himmel, Hölle, den Schutzengeln und den Versicherungen gegen alle Gefahren, die das Leben so bieten kann, entwickelt hat. Denn wenn es hier mit uns nicht mehr weitergeht, dann aber sicher in einem anderen Leben. Oder gleich zur Rechten Gottes, falls man anständig, rechtschaffen und gottgefällig gelebt hat. Falls nicht, droht der Absturz in die ewige Verdammnis, in östlichen Glaubenssystemen auch Rad des Lebens oder Samsara genannt. Und auch das macht einigen von uns Angst.

Aber die Angst aktiviert nicht nur unsere kreativen Fähigkeiten, sie lässt uns in Gefahren oder lebensbedrohenden Situationen instinktiv richtig handeln und reagieren. Zum wirklichen Problem wird die Angst erst dann, wenn sie uns lähmt oder zu Getriebenen macht. Wenn sie uns in ein Gefühl der Ausweglosigkeit treibt und dazu führt, dass wir uns unbesonnen verhalten oder völlig überreagieren. Im Extremfall führt die Angst zu Panikattacken, die psychotherapeutisch behandelt werden müssen. Meine Lehrer haben alle immer wieder betont, dass man psychisch gesund und stabil sein muss, um mit Yoga auf eine gesunde Weise in die Tiefe gehen zu können. Wer unter psychischen Problemen leidet, sollte sich in fachkundige Hände begeben und Yoga zunächst nur als begleitende, unterstützende Maßnahme wählen. Und dann am besten im Einzelunterricht bei einem erfahrenen Lehrer.

Die Angst im Leben mit Kindern

»Angst essen Seele auf«. So lautete der Titel eines bekannten Filmes von Rainer Maria Fassbinder. »Angst essen Seele auf« könnte auch als Headline über unserem Familienfilm stehen. Zumindest manchmal. Denn ist es nicht so, dass mit dem ersten Kind auch die Angst Einzug in unser Leben hält? Wir lauschen im ersten Jahr regelmäßig nachts am Bettchen unserer Babys, ob es noch atmet, weil wir Angst vor dem plötzlichen Kindstod haben. Später haben wir Angst, dass sich unser Kind verletzen könnte, krank, gemobbt, misshandelt, entführt oder überfahren werden könnte. Dass es zu schnell und gegen die Wand fährt oder auf andere Weise unter die Räder kommt, dass es in der Schule nicht mitkommt, keinen Studienplatz erhält, keine Arbeit findet, an die falschen Freunde gerät oder gar keine hat oder eine Frau beziehungsweise einen Mann heiratet, die oder der es nicht gut mit ihm meint. Zusätzlich dazu haben wir Angst, dass es uns eines Tages vorwirft, als Eltern schuld an seinem verkorkstes Leben zu sein.

Wie hoch mein eigener Angstpegel gestiegen ist, habe ich daran bemerkt, dass ich keine Filme mehr sehen kann, in denen Kinder getötet, entführt oder gequält werden, weil dann sofort ein Kopffilm beginnt, der mir den Magen zuschnürt und das Herz schmerzen lässt. Was wäre, wenn das meiner eigenen Tochter oder meinem Sohn passieren würde? Allein die Vorstellung macht mir Angst.

Was hilft gegen die Angst? Der Yogi sagt: der Atem. Solange wir atmen, leben wir. Einatmen, ausatmen. Bis der Geist wieder ruhig ist, die Angst abgeflaut ist. Der Atem hilft, klar zu sehen. Klar zu denken. Er atmet die ängstlichen Gedanken aus dem Kopf und der Seele. Er atmet die Angst aus dem Körper. Er sagt: Atme mich aus. Atme mich ein. Jetzt. Denn jetzt bist du am Leben.

Die Angst, den beruflichen Anschluss zu verpassen, und vor fremden Urteilen

Barbara, Mutter von drei jetzt erwachsenen Kindern und 53 Jahre alt, sagt: »Mein Gott, wenn ich höre, wie es den Müttern und Vätern heutzutage oft geht, wie gestresst sie sind. Das ist ja schlimm, die tun mir wirklich leid. Ich bin damals zu Hause geblieben, als meine Kinder klein waren. Das hat sich so ergeben und finanziell sind wir einigermaßen über die Runden gekommen. Aber ich habe ganz viel Zeit für meine Kinder gehabt, das war immer ganz entspannt bei uns. Vielleicht war es für die Karriere blöd. Für mein Familienleben aber nicht.« Während ihrer »arbeitslosen« Zeit hat sie sich in sozialen Projekten engagiert, Hausaufgabenbetreuung bei anderen Kindern übernommen. Sie hat einen großen, herzlichen Freundeskreis, wirkt ausgeglichen und konnte vor fünf Jahren wieder beginnen, Vollzeit als Physiotherapeutin zu arbeiten. »Ich musste viel nachholen. Aber ich habe es nie bereut, zu Hause geblieben zu sein.«

Abgesehen davon, dass viele Familien heutzutage auf zwei Einkommen angewiesen sind, wollen viele Frauen, so wie ich, auch gar nicht einfach »nur« Hausfrau sein. Dafür habe ich nicht studiert. Andrea, Ärztin und Mutter von drei Kindern, geht es ähnlich. Und sie ist, wie ich es auch war, entsprechend gestresst. Sie erzählt, dass die Dreier-Kombi Kinder-Haushalt-Beruf ihr körperlich zusetzt. Sie kämpfe regelmäßig gegen Panikattacken, arbeitet jetzt aber wieder Vollzeit, weil sie ihren Facharzt machen will und Angst hat, sonst den Anschluss zu verpassen. Eine Haushaltshilfe könnte sie sich zwar leisten und wünscht sie sich auch heimlich. Aber sie lebt in einem kleinen Dorf: »Was würden die Leute sagen?« Die Angst davor, was die Leute sagen könnten, hält, zumindest hier auf dem Land, viele berufstätige Frauen davon ab, sich im Haushalt unterstützen zu lassen.

Der Yogi sagt, dass man sich durchaus auch Hilfe holen darf, wenn der Leidensdruck zu groß wird.[19] Und er sagt auch, dass man die Affen von anderen nicht in seinen eigenen Zirkus aufnehmen soll. Wir haben schon genügend Schwierigkeiten, unseren eigenen Geist zu beruhigen, warum sich dann noch um die Gedanken von anderen kümmern? Die wir zudem gar nicht wirklich kennen?

Vom Spielball zum Spieler

Das Wichtigste ist, sagen die Yogis, dass man überhaupt bemerkt, dass die Kleshas gerade am Werk sind. Denn dann könne man bewusst darauf reagieren. Der schon erwähnte Eberhard Bärr sagt: »Dann wird man vom Spielball zum Spieler.« Es ist tatsächlich relativ einfach zu erkennen, ob wir Spielball der Kleshas sind. Jedesmal, wenn wir das Gefühl haben, schnell, wie fremdgesteuert, aber nicht instinktiv zu handeln, sind wir mit großer Wahrscheinlichkeit von der Unwissenheit, der Ich-Bezogenheit, dem Verlangen, der Ablehnung oder der Angst getrieben. T. K.V. Desikachar, der Yoga-Weise, sagte: »Wo Klarheit herrscht, steht das Handeln unter keinem Druck.«[20] Wenn wir aber zwanghaft handeln, unbedingt und sofort reagieren möchten, dann, sagen die Yogis, haben uns die Kleshas in der Hand. Wir können sie abmildern, komplett verschwinden werden sie nie. Wir schwächen sie ab, indem wir einen Moment innehalten, reflektieren und überlegen, welche Wirkung unsere geplante Reaktion haben könnte: Verstärkt sie das Verlangen oder die Furcht, bläst sie mein Ego noch weiter auf, sorgt sie für noch mehr Verwirrung? Führt sie wirklich zu einer dauerhaften Verbesserung oder ist sie nur temporär?

Die Yogis sagen auch, dass alles, was ist, eine Bedeutung hat. Wenn wir die Idee der Kleshas als ein Regulativ anerkennen, das in jedem von uns wirkt, dann kann sie helfen, mehr Verständnis für das Verhalten unserer Kinder, Partner und Mitmenschen zu entwickeln. Weil wir dann wissen, dass selbst das unbegreiflichste und eigentlich unentschuldbarste Benehmen nur ein Ziel verfolgt: nämlich glücklich zu sein. Gutheißen müssen wir es trotzdem nicht.

Übrigens sind auch die Götter nicht frei von Kleshas:

※ *Die erste Frau von Shiva hieß Sati. Doch ihr Vater, ein Mann namens Daksha, war über die Wahl seiner Tochter überhaupt nicht glücklich. Denn Shiva entsprach nicht dem, was man sich optisch unter einem Gott, geschweige denn einem Traumschwiegersohn vorstellt(e). Er hatte verfilzte Haare, war mit Asche bedeckt, spärlich bekleidet und für sein aufbrausendes Temperament berüchtigt. Außerdem nahm er sich re-*

gelmäßig Auszeiten, um tausend Jahre auf dem Mount Kailash zu meditieren. Doch Sati liebte Shiva und war glücklich mit ihm. Als ihr Vater wieder mal ein großes Fest gab, lud er zwar seine Tochter ein, aber nicht ihren göttlichen Gatten. Sati erschien todunglücklich und weinend auf dem Fest. Ihrem Vater brach der Anblick der traurigen Tochter zwar fast das Herz, doch seine Abneigung gegenüber Shiva war so groß, dass er bei seiner Entscheidung blieb, dem Schwiegersohn den Zutritt zu verwehren. Sati wurde daraufhin so wütend, dass sie sich von innen heraus entzündete und vor den Augen ihres Vaters verbrannte. Die Erschütterung im Universum war derart groß, dass sogar Shiva auf seinem Meditationsberg erfuhr, was mit Sati passiert war. Vor Zorn riss er sich eine Locke aus seinem Haar und schleuderte sie zu Boden. Die Locke bohrte sich wie eine Schlange durch die Erde und tauchte mitten in der Festgesellschaft von Satis Vater, in einen furchtbaren Krieger verwandelt, wieder auf. Dieser Krieger Virabhadra zog sein Schwert und schlug Satis Vater den Kopf ab. Dies wiederum machte Sati, die bereits eine neue Form angenommen hatte, erneut so wütend, dass sie Shiva zur Rede stellte und wissen wollte, ob man so Probleme löse. Shiva gab zu, überhaupt nicht nachgedacht zu haben und alles nur schlimmer gemacht zu haben, als es sowieso schon war. Er schlug also einer Ziege den Kopf ab und ersetzte ihn durch das Haupt von Satis Vater, der, hocherfreut über seine Wiederauferstehung, ein neues Fest veranstaltete und Shiva als Hauptgast einlud.[21]

Samskaras. Eindrücke fürs Leben

❋ Leider sind es im yogischen Denken nicht nur das Citta und die Kleshas, die unseren Alltag beschwerlicher machen. Stark dominiert wird unser Leben auch von etwas, das die Yogis Samskaras nennen. Man versteht darunter die Prägungen, Eindrücke und Erfahrungen, die wir im Lauf unseres Lebens erlebt oder gemacht haben und die so nachhaltig auf und in uns wirken, dass sie unser Denken, Fühlen und Handeln maßgeblich in die eine oder andere festgefahrene Richtung lenken. Unsere Prägungen, unsere Konditionierungen beginnen spätestens mit unserem ersten Atemzug und dem Geschrei, das wir im Normalfall zur Freude der anwesenden Ärzte und Eltern unmittelbar anschließend von uns geben. Solange wir Säuglinge sind, ist das Schreien und Weinen das Mittel unserer Wahl, um unsere Bedürfnisse zu signalisieren und auf deren Befriedigung zu drängen. Später fügen wir noch Lächeln, Lachen und andere Kommunikationsmethoden hinzu, weil wir meistens bemerken, dass Schreien allein auch nichts bringt. Je nachdem, wie unsere Eltern und unsere Umwelt auf unser Tun reagieren, werden wir es unter die Kategorie »wirksam« oder »unwirksam« verbuchen und erneut einsetzen, wenn wir wieder etwas erreichen möchten.

Haben wir also mit einer Methode eine gute Erfahrung gemacht, werden wir sie beibehalten oder wieder einsetzen, daraus entsteht dann ein Denk- und Verhaltensmuster. Ist unsere Erfahrung negativ, suchen wir nach neuen Ideen,

Mitteln und Wegen, um wieder eine positive Erfahrung machen zu können. Samskaras haben ihre Wurzeln in den Kleshas, unseren inneren Störenfrieden.

Samskaras bilden Erfahrungsmuster, auf denen Verhaltensweisen gründen. Diese entstehen durch die Erziehung unserer Eltern, Großeltern, Geschwister, Tanten, Onkel. Außerdem durch unser gesellschaftliches, schulisches, kulturelles, soziales und religiöses Umfeld. Was wir glauben oder nicht, welchen Werten wir folgen oder nicht, welche Tischmanieren, Rituale, Umgangsformen, Rollenbilder oder Sichtweisen auf die Welt wir haben oder nicht, hängt, sagen die Yogis, immer davon ab, in welche Familie, in welches Land und in welchen Kontinent wir hineingeboren wurden, mit welchen Menschen wir uns später umgeben und welche Erfahrungen wir damit gemacht haben.

Das kann dazu führen, dass wir das gleiche Familien-Lebensmodell weiterführen, das unsere Eltern uns vorgelebt haben, ihre Ansichten übernehmen, die gleichen Erziehungsmethoden, typähnliche Partner und die gleiche Partei wählen, und dabei gar nicht bemerken, dass wir eigentlich nur Nachahmer sind.

※ ※ ※

Samskaras können das Gemeinschaftsgefühl stärken, in Form von Riten, Ritualen, Traditionen auch Halt, Sicherheit, Stabilität und Identität schenken. Denn so wie alles haben Samskaras ihren Sinn, ihre Berechtigung und ihre Bedeutung. Die tägliche Gutenachtgeschichte kann dazu beitragen, dass ein Kind besser einschlafen kann, und ein schöner Abschluss des Tages ist sie außerdem.

Samskaras können uns helfen, in und mit der Gesellschaft zurechtzukommen, sich als Teil von ihr zu fühlen und kein Außenseiter zu sein, wenn wir das nicht explizit sein möchten. Sie können uns die Erfahrung machen lassen, dass ein freundliches Wort, ein Lächeln, Toleranz und ein höflicher Umgang miteinander uns meistens mehr Freunde und Freude bringen als Menschen, deren Benehmen auf unfriedliche und verletzende Weise aus dem Rahmen fällt.

Zu überdenken sind die Samskaras erst dann, wenn sie zu einem gefühlten Problem für uns oder unser Umfeld werden, wenn sie Fesseln sind. Vor allem, wenn die beliebten Sätze »Das hat man schon immer so gemacht!« oder »Das ist bei uns so Tradition« zu Dogmen werden. Wie viele Weihnachtsfeste werden alle Jahre wieder zu mittleren und großen Katastrophen, weil sie zwar mit negativen Erfahrungen belegt sind, aber trotzdem niemand den Mut hat, Gewohnheiten zu durchbrechen und das Fest so zu feiern, wie man es gern möchte, es unter Umständen sogar ganz abzusagen, weil man damit so gar nichts am Hut hat?

Wie viele Frauen glauben, so wie ich es ja auch tat, als Mutter zu versagen, wenn sie ihre Kinder nicht selbst bei den Hausaufgaben betreuen, ihnen nicht täglich mittags eine selbst gekochte warme Mahlzeit auf den Tisch stellen? Und wie viele Paare leben mit der unausgesprochenen Überzeugung, dass es alleinig die Aufgabe der Frau sei, den Haushalt zu führen, die Kinder von A nach B zu bringen und den Hauptteil der Erziehung zu übernehmen, auch wenn sie nebenbei noch halbtags oder länger arbeitet? Weil es der Vater schon vorgelebt und die Mutter auch nie dagegen protestiert hat?

Die Raben- und die Spatzenmutter

Samskaras können uns in Abhängigkeiten führen, zu zwanghaftem Handeln nach lähmenden Denkmustern. Da sind wir wieder bei der Rabenmutter, ein Wort übrigens, das es so offenbar nur in der deutschen Sprache gibt und das das Gegenteil der Löwenmutter bezeichnet, die alles für ihre Kinder tut, während die Rabenmutter ihre Kinder sträflich vernachlässigt. Vor allem in den Augen des Umfelds.

Ich dachte selbstverständlich, dass ich frei sei von den in meinen Augen superkonservativen Rollenverständnissen, die in der ländlichen Gemeinde, in der ich nun wieder gelandet war, nicht nur latent vorhanden waren und sind.

Als meine Tochter auf die Welt kam, hatte noch nicht jeder Kindergarten in meiner Region auch eine Krippe. »Das macht man doch nicht. Kinder in dem Alter gehören zur Mutter«, sagte man hier. Nicht nur einmal. Und prompt war es da, mein schlechtes Gewissen, als ich mein Kind, als es noch nicht mal zwei Jahre alt war, in der Krippe anmeldete. Weil ich arbeiten wollte und auch musste, denn ein Gehalt allein reichte für uns nicht aus. Ich bemerkte, dass ich anfing mich zu rechtfertigen. Dass ich nicht mehr sagte, ich möchte arbeiten, weil es mir Spaß mache, ich eine gute journalistische Ausbildung habe, dazu ein abgeschlossenes Studium in Geschichte und Politik. Und nicht in Hausarbeit, auch nicht im Nebenfach.

Wie tief das Bild der »Rabenmutter« tatsächlich in mir saß, stellte ich fest, als ich das erste Mal zu überlegen begann, beide Kinder dreimal die Woche bis 16 Uhr in der Schule beziehungsweise im Kindergarten zu lassen. Sie waren damals knapp vier und noch nicht neun. Ich hatte ein Buchprojekt am Laufen, musste Dozententätigkeiten vorbereiten, dazu die Stunden in meinem Yoga-Studio. Nebenbei das Chaos des Morgens in der Küche beseitigen, Betten machen, Kleidungsstücke zusammensammeln, Wäsche waschen, Einkaufen gehen, Joggen oder Rad fahren, Yoga üben, an den drei Tagen, an denen sie zu Hause sind, Mittagessen kochen, sie an den beiden anderen spätestens um 14 Uhr von der Schule und dem Kindergarten abholen. Denn ein Bus fährt um diese Uhrzeit leider nicht mehr. Dann die Hausaufgabenbetreuung, das Streitschlichten – nervenaufreibend, vor allem wenn ich weiß, dass ich ja auch noch Texte schreiben, Stunden und Seminare vorbereiten muss. Was, wenn die Hausaufgaben in diesem Tempo vorangehen, nicht vor dem Abend oder der Nacht der Fall sein wird. Denn der Ehemann kommt meist gegen 17 Uhr nach Hause, ist dann aber oft auch nicht gleich kindereinsatzbereit, möchte lieber erst noch kurz raus, besonders an den zwei Tagen, an denen ich abends unterrichte und das Zeitfenster für ihn knapp 45 Minuten offen ist, wenn überhaupt. Tagsüber tat die Aussicht auf die Nachtarbeit meiner Geduld und Gelassenheit und damit auch meinen Kindern nicht wirklich gut. Nachts raubte mir die Arbeit buchstäblich den gesunden Schlaf. Dem Familien- und Beziehungsleben fügte sie massiven Schaden zu. Nur meine Augenringe gediehen prächtig. Immerhin.

Natürlich könnte man jetzt sagen, muss denn das tägliche Joggen sein? Kann ich die Asanas nicht dann üben, wenn die Kinder abends im Bett sind? Ist das alles nicht sehr egoistisch? Ja, ja und ja. Ein Lehrer zitierte einmal den bekannten Satz: »Wenn du glaubst, nur fünf Minuten Zeit zum Meditieren zu haben, dann meditiere zehn Minuten.« Und weil ich manchmal eigentlich noch weniger Zeit dafür habe, nehme ich sie mir und gehe jeden Tag zum Laufen. Oder zum Radfahren. Oder zum Langlaufen. Bei jedem Wetter. Weil es mir guttut, den Kopf frei macht, Gedanken sortiert, Gedanken formuliert, mich auf so vielen Ebenen gesund hält, nervöse Energie abbaut, mir Luft zum Atmen gibt, buchstäblich. Und wenn es mir gut geht, geht es auch meiner Familie besser. Ganz einfach. Diese Erfahrung habe ich gemacht. Darum ist es ein fester Bestandteil meines Alltags geworden. Darum stelle ich mich auch täglich auf die Matte und übe meine Asanas, Atemübungen und Meditation. Tatsächlich auch oft erst dann, wenn die Kinder schon schlafen. Es beruhigt und reinigt meine Gedanken und meinen Geist und trägt zu meinem ganzheitlichen Wohlbefinden bei und damit inzwischen auch (meistens) zu dem meiner Familie. Meine Lehrerin Helga Simon-Wagenbach sagt: »Meditation ist wie Zähneputzen. Man sollte es täglich tun. Denn es befreit den Geist von seinem Belag.« Wurden Sie schon einmal als egoistisch bezeichnet, weil Sie Ihre Zähne putzen?

❋❋❋

Wie bekommt man also alles unter einen Hut? Ohne schlechtes Gewissen? So, dass alle zufrieden und glücklich sind?

Naheliegend wäre gewesen, meine Kinder in der Nachmittagsbetreuung von Schule und Kindergarten anzumelden. Mein Ehemann schlug mir das immer wieder vor. Ich sagte: »Nein. Das kann ich ihnen nicht antun.« Er sagte: »Aber die schlechte Laune, die du durch den Stress bekommst, kannst du uns antun?« Ich ignorierte das und sagte: »Sie tun mir leid, wenn sie nicht zu Hause sein können.« Er sagte: »Aber es bringt doch auch nichts, wenn sie zu Hause sind und du keine Zeit und keine Nerven für sie hast, weil du deine Arbeit fertig bekommen musst.« Ich: »Wir könnten uns ja eine Nanny oder Haushälterin organisieren?« »Das können wir uns nicht leisten.« »Dann arbeite ich eben noch mehr.« Er sagte: »Dann hast du ja noch weniger Zeit. Ich bin für die Nachmittagsbetreuung.« Ich heulte. Und sagte: »Das kann ich nicht. Ich komme mir vor wie die allerallerschlimmste Rabenmutter. Niemand hier schickt seine Kinder in die Nachmittagsbetreuung.« Er fragte: »Warum wird sie dann angeboten?« Das Angebot annehmen konnte ich aber erst, als mir eine Lehrerin erzählte, sie habe ihre Kinder auch in die Nachmittagsbetreuung gegeben. Denn die Geduld, die sie mit ihren Schülern im Unterricht habe, hätte sie bei den Hausaufgaben mit ihren eigenen Kindern nie gehabt. Um Stress zu vermeiden, habe sie sich dann zu dem Schritt entschlossen. »Bin ich dann aus pädagogischer Sicht keine schlechte Mutter?«, fragte ich sie. »Nein«, antwortete sie. Ihrem Familienfrieden habe es sehr gutgetan. »Probieren Sie es doch einfach mal aus. Und wenn es nicht klappt, können Sie immer noch nach einer anderen Lösung suchen.«

Ich meldete also meine Kinder dreimal die Woche für die Nachmittagsbetreuung an, erklärte beiden, dass wir das sofort ändern, wenn es ihnen nicht gefällt, und hatte trotzdem immer noch den großen Vogel mit den schwarzen Federn im Kopf. Aber er wurde kleiner. Und kleiner. Schrumpfte zum Spatz. Denn die Kinder haben sich bisher glücklicherweise kein einziges Mal beschwert. Mein Sohn höchstens dann, wenn ich ihn in seinen Augen zu früh abholte und seine »Kumpels« noch länger bleiben durften. Meine Tochter hat, wenn sie nach Hause kommt, ihre Hausaufgaben erledigt und kann das tun, was sie am liebsten macht: spielen oder lesen – ohne dass eine Mutter sagt: »Los, mach endlich die Hausaufgaben fertig.« Der Stimmung im Haus und in der Familie, meiner Arbeit und meinem Schlaf hat diese Entscheidung sehr gutgetan. Den Augenringen übrigens auch.

Denn sie wissen, was sie tun

Wie leicht wir von unseren eigenen Kindern zu konditionieren sind, zeigt die Geschichte, die mir meine Bekannte Eva erzählte: »Mein Sohn hat als kleiner Junge fast nie geweint, er hat immer die Zähne zusammengebissen und ist dem großen Bruder hinterhergelaufen. Wenn er weinte, dann nur, wenn etwas wirklich Schlimmes passiert war. Aber irgendwann hat er mitbekommen, dass ich sofort zu ihm laufe, wenn er weint. Und das hat er zur Methode gemacht. Wie er uns unbeabsichtigt selbst verriet. Mein Mann brachte ihn eines Abends ins Bett und fragte ihn nach der Gutenachtgeschichte: ›Du sag mal, wenn dir etwas nicht passt, weinst du doch immer ganz viel …‹ Mein Sohn erklärte: ›Ja, Papa, weil wenn ich mit dem lieben Blick nichts erreiche, dann muss ich weinen.‹ Mein Mann fragte: ›Wie, nichts erreiche?‹ Mein Sohn sagte: ›Also, Papa, wenn ich was will, dann quengle ich erst so.‹ Woraufhin er das Quengeln vormachte. ›Wenn das nicht hilft, fange ich zu weinen an. Erst ein bisschen, dann richtig laut.‹ Er machte meinem Mann beide Stufen vor. ›Und wenn das immer noch nicht hilft, dann fange ich an, laut rumzuschreien und ganz viel zu reden.‹ Mein Mann fragte ihn: ›Was denn so?‹ Mein Sohn antwortet ihm: ›Ich ziehe aus, keiner liebt mich, euch wäre sowieso lieber, wenn ich tot wäre. So was halt.‹ Mein Mann sagte: ›Stimmt. Daran erinnere ich mich.‹ Unser Sohn klärte ihn jetzt endgültig auf: ›Aber das muss ich meistens nur bei dir machen. Die Mama gibt schon viel früher nach, wenn ich weine. Die hält nie lange durch.‹«

Alte Muster lösen und neue Gewohnheiten schaffen

Die Yogis sagen, wenn wir uns von den Einflüssen unser Prägungen lösen möchten, dürfen wir die negativen Muster nicht verstärken, sondern müssen sie durch neue, positive, stärkere ersetzen. Diese neuen Muster müssen uns das Gefühl geben, dass es uns jetzt besser geht, ohne dass sie uns dabei in neue Abhängigkeiten zwingen. Es hilft, sich in einer Situation völlig anders zu verhalten als bisher, anders zu reagieren, als gewohnt oder einfach etwas Neues auszuprobieren, so, wie ich das mit der Nachmittagsbetreuung tat. Der Yoga-Gelehrte Sri Krishnamacharya sagte: »Yoga ist ein Prozess, in dessen Verlauf alte Muster durch neue, passendere Muster ersetzt werden.«

Eva sagt, seitdem sie den ausgeklügelten Eskalations-Plan ihres Sohnes kenne, versuche sie dagegenzuhalten. »Gleich am nächsten Tag wollte mein Sohn wieder etwas, hat es nicht gleich bekommen und ist in sein bewährtes Programm eingestiegen. Ich habe ihn dann gefragt: ›Na, an welcher Stelle deines Plans bist du denn jetzt gerade?‹ Er sah mich entsetzt an und sagte: ›Oh Mann, hat dir der Papa das jetzt verraten?‹« Eva sagt, dass sie seitdem nicht mehr ganz so schnell auf sein Weinen hereinfalle. Sie sagt aber auch: »Es ist schwer, das Programm umzuschreiben. Für uns alle!«

Wie wir unsere Kinder prägen

So, wie wir von unseren Eltern und unserer Familie geprägt wurden, so prägen wir durch unsere Art, zu leben, unseren Umgang mit den einzelnen Familienmitgliedern und Konflikten, durch unsere Sprache, unsere Gesten und unser Handeln natürlich auch unsere Kinder. Wir sind Vorbild für ihr Werte- und Moralverständnis, ihr Bild von sich und der Welt, den Umgang mit sich und mit ihrer Umwelt. Wenn wir uns dessen bewusst werden und auch verstehen, wie Prägungen entstehen und was sie mit uns machen können, erkennen wir, dass es mit in unserer Hand liegt, ob aus ihnen achtsame oder unachtsame Menschen werden, liebevolle oder gleichgültige, weltoffene oder intolerante, selbstsichere oder unsichere. Ob sie mit Niederlagen umgehen können, bei Streitereien nicht die Beherrschung, aber auch nicht den Mut verlieren, ob sie dem Leben vertrauen oder argwöhnisch gegenüberstehen. Ob unsere Söhne, wenn sie Männer sind, ihr Geschirr selbst zur Spülmaschine tragen, Frauen als gleichberechtigt und gleichwertig und nicht als Teil der Kücheneinrichtung oder als dienstbares Personal verstehen. Ob die Mädchen, wenn sie Frauen sind, sich nicht mehr als Rabenmutter fühlen müssen.

Stimmt das wirklich, was ich glaube?

Der Yogi sagt, die Beschäftigung mit der Idee der Samskaras kann dazu ermutigen, die eigenen Glaubensmuster, Wert- und Moralvorstellungen immer wieder zu hinterfragen, besonders in den Momenten, in denen wir bemerken, dass sie uns einengen, für ein ungutes Gefühl sorgen. Wir sollten dann reflektieren und entscheiden, welche unserer Überzeugungen und Prägungen, welche der übernommenen Traditionen, Lebensentwürfe und Familienvorstellungen für uns und unser Leben noch Sinn und Gültigkeit haben. Welche wir beibehalten möchten, welche es zu überdenken gilt und wovon wir uns vielleicht auch verabschieden können oder sollten. Wenn wir feststellen, dass wir uns mit unseren Meinungen, Prägungen und Verhaltensweisen blockieren, empfiehlt uns Patanjali, darüber nachzudenken, aus welcher persönlich gefärbten Sichtweise wir eine Situation oder ein Objekt betrachten. Wie würden wir das gleiche Objekt betrachten oder eine Situation bewerten, wenn wir in einem anderen Land, in einer anderen Familie leben würden, einen anderen Freundeskreis und andere Erfahrungen gemacht hätten? Wenn wir in Indien oder in Thailand in eine hinduistische oder buddhistische Familie hineingeboren worden wären? An was würden wir dann glauben?

❋ *Der Karawanenführer war in heller Aufregung. Als er seine Kamele für die Nacht festbinden wollte, stellte er fest, dass er alle Seile im letzten Quartier vergessen hatte. Er schickte seinen Gehilfen zu den Karawanenteilnehmern, um fragen zu lassen, ob irgendjemand vielleicht Seile dabeihabe. Doch niemand konnte ihm aushelfen. Der Karawanenführer war verzweifelt und sah seine Kamele schon in die Wüstennacht verschwinden. Da kam ein Mann zu ihm und sagte: »Keine Sorge, ich kann dir helfen. Ich kenne mich mit Kamelen aus.« Dann ging er zu den Tieren und legte einem nach dem anderen ein imaginäres Seil um den Hals. Der Karawanenführer war skeptisch und sagte: »Das soll sie vom Davonlaufen abhalten? Ich kann das nicht glauben.« Der Mann antwortete: »Ich kenne mich mit Kamelen aus. Vertraue mir.« Der Karawanenführer konnte die ganze Nacht kaum ein Auge zutun und schaute jede Stunde nach seinen Kamelen. Doch alle standen brav in Reih und Glied. Am nächsten Morgen waren immer noch alle da und der Karawanenführer begann erleichtert, seine Tiere zu bepacken. Doch als er mit der Reisegruppe aufbrechen wollte, bewegte sich kein Kamel von der Stelle. Der Karawanenführer rief wütend nach dem Mann, der sie am Vorabend »festgebunden« hatte. »Was hast du getan? Sie gehen keinen Schritt«, fragte er verärgert. Der Mann blickte zu den Kamelen und sagte: »Du hast vergessen, sie loszubinden.« Dann nahm er einem Tier nach dem anderen das imaginäre Seil ab. Die Kamele standen auf und die Karawane konnte sich endlich auf den Weg machen.*[22]

Gunas. Im Wechselbad der Stimmungen

☀ In der Zeit, als ich das Leben auf dem Land unerträglich fand, fast alle Kommunikationskanäle zum Vater meiner Kinder gestört waren, die Rechnungsberge größer und das Einkommen geringer wurde, ich nach Neben- und Drittjobs suchte und keine Zeit für meine Kinder hatte und das Wetter auch noch zum Davonlaufen war, breitete sich ein hartnäckiges Stimmungstief in mir aus. Eine Freundin versuchte einmal, mich in einem dieser Momente mit einem Zitat des weisen bayerischen Komikers Karl Valentin aufzumuntern. »Ich freue mich, wenn es regnet, denn wenn ich mich nicht freue, regnet es auch«, hatte er gesagt. Ich fand das weder lustig noch aufbauend. Blickte aus dem Fenster in eine Dauerregenfront und dachte mir: »Der hat gut reden. Er lebt ja schon gar nicht mehr.«

Warum sind wir oder unsere Kinder an manchen Tagen zu Tode betrübt, an anderen himmelhochjauchzend? Warum regen wir uns an manchen Tagen über unseren Nachwuchs auf und warum reagieren wir an anderen Tagen mit völligem Gleichmut auf das Chaos in unserem Leben? Warum schlafen wir, warum wachen wir auf? Weshalb sehen wir manchmal schwarz, gelegentlich rot und wieso sollte uns lieber ein Licht auf- statt das Licht ausgehen? Die Yogis hätten gesagt: Verantwortlich für die Stimmungsschwankungen und die Launenhaftigkeiten sind die sogenannten Gunas, von denen es insgesamt drei gibt. Sie sind die Grundeigenschaften. Sie sind die Grundeigenschaften, die jeder Materie, also jedem Baum, jedem Stein, jedem Menschen, jedem Tier, der Luft, dem Feuer, dem Raum und dem Wasser, zu eigen sind und zugrunde liegen. Man könnte auch sagen, es ist ihr Temperament. Die Namen dieser Trinität lauten: Tamas, Rajas und Sattva. Die Gunas sind laut Patanjali die vierte Ursache für unser täglich Duhkha. Falls Sie vergessen haben: Das ist der Ausdruck für unser subjektiv gefühltes Leid. Der Yogi hätte dann zu mir gesagt: »Weil du momentan zu viel Tamas hast, sieht deine Welt für dich so düster aus.«

Denn Tamas steht für das Schwere, Träge, Dunkle, die Traurigkeit, Verzagtheit, Angst und Depression und wird auch mit der Farbe Schwarz symbolisiert. Rajas dagegen ist der Begriff für die Aktivität, die Bewegung (auch die der Hormone und der Gedanken) und die Aggression. Seine Farbe ist Rot. Sattva leuchtet weiß, ist das Licht, der Ausgleich, das Gleichgewicht, die Harmonie, das bedingungslose gute Gefühl. Das Yoga-Sutra sagt, wie wir auf den Familienalltag reagieren oder die Welt im Allgemeinen wahrnehmen, ob wir uns gut fühlen oder das heulende Elend sind, hängt immer auch davon ab, welches Guna uns gerade dominiert.

Tamas. Meine Tochter, das Chaos und ich

Meine Tochter erleidet regelmäßig einen schweren Tamas-Anfall, wenn sie ihr Zimmer aufräumen soll. Es ist ihr fast nicht möglich, einen Finger zu heben, so schwer fühlen sich offenbar ihr Körper und ihr Geist an. Wenn ich in meiner sogenannten Mitte bin, kann ich das Chaos betrachten, ohne wütend, genervt oder verärgert zu sein, dass sie sich nicht an Absprachen gehalten, sich nicht bemüht hat, zumindest einen Weg und nicht nur eine verminte Gasse in ihrem

Zimmer frei zu lassen. Wenn ich im sattvischen Zustand bin, sehe ich einen Raum, der unaufgeräumt ist, weil ein kleines Mädchen überfordert ist mit der Menge an Spielsachen, Büchern und Kleidern, und dass man ihr ab und an bei der Grundreinigung einfach helfen muss. Dann erinnere ich mich auch daran, dass meine Mutter ebenfalls oft mit großem Unverständnis auf meine in ihren Augen fehlende Ordnungsliebe reagiert hat, und werde noch milder. Und mir wird zudem bewusst, dass ich regelmäßig blitzschnell von Tamas erschlagen werde, wenn ich an anstehende größere Arbeiten in unserem Haushalt denke. Ich weiß in diesen Momenten, warum ich eine Haushaltshilfe habe und dass ich jetzt eben die Zimmerhilfe meiner Tochter sein muss.

Habe ich allerdings bereits einen Tamas-Überschuss in mir, dann geht es mir wie meinem Kind und der Anblick überfordert mich ebenfalls. Ich resigniere, sehe nicht, wie man aus der Rumpelkammer jemals wieder ein ordentliches Kinderzimmer zaubern soll, und verschiebe die notwendige Arbeit antriebslos auf irgendwann. Wenn ich im vernünftigen Rajas-Plus bin, mache ich mich an die Arbeit, tobt Rajas dagegen in mir, schimpfe ich beim Aufräumen lautstark vor mich hin, ab und an auch meine Tochter oder wer sonst noch im Weg steht, und werfe Dinge, die weggeworfen werden dürfen, heftiger als nötig in den Mülleimer.

Rajas. Wenn das Temperament mit uns durchgeht

Mein Sohn ist oft sehr rajasisch, also im Highspeed-Propeller-Modus unterwegs. Er ist ständig in Bewegung, läuft mit kleinen und größeren Autos und entsprechenden Geräuschen durchs Haus, kämpft mit Laserschwertern und Ritterkostüm gegen imaginäre Räuber, rennt Mackie Messer singend zwanzigmal um den Küchenblock, spielt mit allem, was rund ist und fliegt, Fußball, lässt sich auch durch laute »NEIN, NICHT HIER«-Rufe unsererseits nicht davon abhalten, klettert auf alles, auf jedes Klettergerüst sowieso, und wenn er auf der Schaukel sitzt, ruft er: »Mama, komm, Raketenstart.« Dann muss ich ihn anschubsen, ganz oft, sehr hoch hinauf. Er lacht vor Glück, es kann nicht wild genug sein. Sein gut gefülltes Rajas-Konto macht es ihm andererseits schwer, entspannter zu reagieren, wenn die Dinge nicht so laufen, wie er möchte. Dann bekommt er einen Tobsuchtsanfall, knallt mit den Türen, droht, uns zu verlassen oder uns zumindest nicht mehr zu seiner Geburtstagsparty einzuladen. (Meine Tochter, die auf der Tamas-Seite mehr Guthaben besitzt, wird dagegen eher mutlos und verzweifelt, ihr kommen die Tränen, wenn alles anders kommt als geplant.)

Je nachdem, auf welchem Guna-Level ich mich eingependelt habe, reagiere ich auf das Verhalten meines Sohnes. Bin ich eher tamasisch unterwegs, frage ich mich müde, warum wohl mein Yoga-Üben während der Schwangerschaft mit ihm gar nicht ausgleichend auf sein Gemüt gewirkt hat. Als Rajas-Mutter machen mich seine lauten Aktivitäten sprichwörtlich wahnsinnig und ich überlege, ob das Kind nicht ein Fall von ADHS, ADS oder beidem zusammen ist. Bin ich dagegen entspannt, gelassen und ausgeglichen, freue ich mich über meinen Sohn, seine Lebensfreude und seine tolle Energie und Ausdauer.

Wenn es mittags laut wird

Die Gunas beeinflussen im yogischen Verständnis natürlich auch unseren Geist. Ein unruhiger Geist bedeutet viel Rajas, ein unbeweglicher, dumpfer Geist dagegen hat viel Tamas. Ein Ziel der Yogis ist der sattvische Geist, der sich durch seine wache Ruhe auszeichnet und uns befähigt, gelassene Beobachter des Chaos zu werden, in dem wir als Teil einer Familie ja oft leben. Besonders mittags, wenn die Kinder hungrig nach Hause kommen und gleichzeitig vollgestopft sind mit den Eindrücken des Schultages. Meine Schwägerin, die mittags mit drei Kindern zu tun hat, sagt sehr richtig: »Kein Wunder, dass da viel rauswill, wenn man sechs Stunden sitzen musste und nicht viel reden durfte.« Die Energie, das Rajas, das sich über den Vormittag hin angestaut hat, entlädt sich dann spontan nach außen, hinein in die familiäre Mittagsrunde. Wenn man sich bewusst ist, woher die (energie)geladene Stimmung kommt, und zudem weiß, dass der Sturm auch wieder abflaut, kann man solche Momente mit einer Augen-zu-und-durch-Haltung überleben, ohne dabei die Nerven zu verlieren.

Rotsehen, Schwarzsehen, Klarsehen

Bin ich in einer eher tamasischen Grundstimmung, sehe ich nur die Nachteile meines Lebens auf dem Land und tue mir unglaublich leid. Habe ich zu viel Rajas, machen mich die vielen Fliegen im Haus, der Güllegeruch, die miese Nahverkehrssituation, die fehlende Infrastruktur und das oft noch konservative Frauen- und Familienbild wütend. Bin ich aber in einer sattvischen Verfassung, sehe ich, wie viel Glück ich habe, mietfrei in einem Haus mit Garten zu leben, mit zwei gesunden Kindern und einem Ehemann, der mit mir durch alle Höhen und Tiefen geht, einer Familie und Nachbarn, die selbstlos unterstützen und helfen, wenn Hilfe gebraucht wird. Natürlich ist das Familienleben, durch die sattvische Brille betrachtet, deutlich harmonischer und entspannter. Allerdings brauchen wir alle drei Spielarten der Gunas – und das, obwohl sowohl Tamas als auch Rajas den Alltag entschieden anstrengender machen können. Denn ohne Tamas kämen wir nie zur Ruhe und könnten nicht schlafen. Ginge uns Rajas verloren, würden wir morgens nicht aufstehen und auch sonst nie in die Gänge kommen. Wirklich problematisch wird es nur, wenn Tamas oder Rajas chronisch im Übermaß vorhanden ist oder zu wenig wirkt. Dann wird es Zeit, auszugleichen, zu harmonisieren, was unharmonisch wurde. Denn sonst laufen wir Gefahr, die Welt nur noch schwarz oder rot zu sehen, in der Depression zu versinken oder im Burnout zu verglühen.

Die Yogis sagen, dass wir die Gunas steuern können. Durch die Art, wie wir leben und unseren Körper, Atem und Geist bewegen, durch die Qualität unseres Schlafes, durch unsere Ernährung, die Musik, die wir hören, die Texte, die wir lesen, die Medien, die wir nutzen. Auch durch die Menschen, mit denen wir uns umgeben, und die Gespräche, die wir führen. All das kann unsere schlechte Laune verstärken, uns noch aufgedrehter oder gereizter machen oder eben ausgeglichen und gelassener. Oft ist uns nicht wirklich bewusst, welche Wirkungen unser Essen, Werbeanzeigen, laute Filme und andere Horrornachrichten auf uns und unsere Kinder haben können. Es kann sehr erhellend sein, uns und die Kinder einmal über ein paar Tage hinweg zu beobachten, wie sich, je nachdem was wir gegessen, gelesen, gehört, gesehen, getan und getrunken haben, unsere und ihre Laune und Stimmung verändern. Werden wir ruhiger, antriebsloser oder aufgedrehter?

Sattva. Wenn alles in Balance ist

Die Yogis empfehlen, das sattvische Guna, also die Harmonie, das Leichte, das Licht in uns, zu fördern und Sattva zur Basis zu machen, von der aus wir handeln oder auch ruhen. Sattva, das klingt nach satt sein, zufrieden sein, nichts mehr zu brauchen, weil alles ausreichend bedient und ausgeglichen wurde. Die Yogis sagen, dass es eigentlich ganz einfach ist, diese sattvische Grundstimmung zu kultivieren. Selbstloses Handeln hilft, das Beobachten der friedlichen Natur, eine ausgewogene Ernährung mit frischen und gesunden Lebensmitteln, ausreichend Bewegung und ausreichend Schlaf, Ruhepausen, um den Geist und die Gedanken zu beruhigen. Auch das Lesen friedvoller und schöner Texte, Mantren oder Gebete fördern Sattva.

Die Yogis sagen: Die Idee, dass in uns, dass in jedem natürlichen Wesen Eigenschaften sind, die unsere Sichtweise beeinflussen, die unser Fühlen, Denken und Handeln maßgeblich bestimmen, kann helfen, unser eigenes emotionales Auf und Ab besser einzuordnen. An Tagen zum Beispiel, an denen wir schon mit dem Aufwachen bemerken, dass wir auf die Welt und ihre Bewohner vermutlich nicht so leicht mit der gewünschten Gelassenheit und dem notwendigen Verständnis reagieren werden, kann uns das Wissen von den Gunas helfen, uns in unseren Reaktionen zurückzunehmen. Erst mal hinzufühlen und hinzuspüren, zu erkennen, dass nicht meine Kinder oder mein Mann anstrengend, sondern mein Nervenkostüm heute dünn ist, die Hormone (PMS!) verrücktspielen und der Geist dank einer Rajas-Überdosierung affenschnell durch meinen Kopf jagt. Dass nicht die Welt schlecht und gegen mich ist, sondern die Tamas-Fessel am Bein gerade jeden Fortschritt schwierig macht. Dann gelingt es mir leichter, den Mund zu halten, wenn ich eigentlich im scharfen, rajasischen Ton sagen möchte: »Lass deine Kamera nicht immer auf dem Küchenblock liegen!«, »Steh mir nicht im Weg rum!«, »Hör endlich auf, so laut zu spielen!«, »Kannst du dich nicht mal beeilen?«, »Ihr geht mir alle so was von auf die Nerven!«. Es gelingt mir dann besser, die Sonne nicht aus den Augen zu verlieren, wenn ich mutlos werde und alles, was ich aufgebaut habe, hinschmeißen und im Selbstmitleid und Selbstzweifel versinken möchte. Weil ich mir dann sage: »Ich habe Tamas. Alles halb so schlimm.«

Zum anderen hilft das Guna-Verständnis, das manchmal sonderbare Verhalten unserer Mitmenschen gelassener und mit Mitgefühl zu betrachten. Weil wir wissen, dass es nicht schön ist, wenn Rajas oder Tamas außer Rand und Band sind. Dann sollten wir auf jeden Fall vermeiden, noch Öl ins Feuer zu gießen. In der Bhagavad Gita, dem »Gesang des Erhabenen« und eine der wichtigsten Schriften des Hinduismus, heißt es sinngemäß: Wer weiß, wie die Gunas wirken, bleibt unverhaftet, also lediglich Beobachter. Wer das Spiel der Gunas nicht kennt, leidet unter den von den Gunas ausgeführten Handlungen. Diese Langsamen, die das alles nicht wissen, sollten einen, der das alles weiß, nicht in Aufregung bringen.

Antarayas. Wenn die Energie ausgeht

Es gibt eine Kampagne der Global-Footprint-Network-Organisation, die jährlich den »Welterschöpfungstag« berechnet. Gemeint ist damit der Tag, an dem die Menschen die natürlichen Ressourcen für das entsprechende Jahr aufgebraucht haben. Bei mir ist dieser Tag meistens der Freitag. Um spätestens 14 Uhr. Dann lege ich mich aufs Sofa und sage den Kindern: »Ich schlafe jetzt!« Nach einer halben Stunde wache ich wieder auf. Manchmal auch erst später. Dann kann es weitergehen.

Diese Erschöpfung ist aber nichts im Vergleich zu der mentalen und emotionalen Ausgelaugtheit, als mir alles über den Kopf zu wachsen drohte. Als ich feststellte, dass ich mir zu viel vorgenommen hatte und nicht mehr hinterherkam, ich alltägliche Dinge, die ich eigentlich erledigen wollte, nicht mal in Angriff nehmen konnte und, wenn doch, dann unvollendet liegen ließ. Als die Mahnungen eintrudelten, weil die Woche wieder zu kurz war, um zur Bank zu fahren und die Rechnungen zu überweisen, ich mich dem Onlinebanking aber trotzdem verweigerte, obwohl mir das vieles vereinfacht hätte. Als die Wäscheberge wuchsen, das Projekt »Keller entrümpeln« auch im dritten Jahr in Folge erfolgreich nicht angegangen wurde. Als ich die Hoffnung verlor, dass meine Beziehung noch zu retten ist, weil ich mir nicht mehr vorstellen konnte, wie das noch gehen soll. Als ich begann, Termine, Schlüssel und PIN-Nummern zu vergessen und mein Kind vor der Schule warten ließ. Weil ich gedacht hatte, alles ist möglich, und leider das Leben mit Kindern, Familie und Beruf völlig falsch eingeschätzt hatte.

Die Yogis hätten mir gesagt: »Das, was dir die Energie und die Kraft raubt, sind die Antarayas.« Antaraya ist das Sanskrit-Wort für Hindernis. Gemeint sind körperliche, mentale und emotionale Zustände in uns, die uns auf einer spirituellen Ebene vom Weg abbringen und daran hindern, den Geist so weit zu beruhigen, dass wir unser wahres Selbst erkennen können. Auf einer alltagsnäheren Ebene sorgen diese Zustände dafür, dass wir uns verzetteln, darüber schlecht gelaunt werden und unter Umständen sogar psychosomatisch erkranken.

Die Räuberbande

Insgesamt gibt es neun Hindernisse: die Krankheit, beziehungsweise das Unwohlsein (Vyadhi), die Trägheit (Styana), die Unentschiedenheit (Samsaya), die Hast oder Ungeduld (Pramada), die Faulheit oder Interessenlosigkeit (Alasya), die Zerstreutheit oder Abgelenktheit (Avirati), die Uneinsichtigkeit oder Neigung zur Fehldeutung (Bhrantidarsana), die fehlende Zielstrebigkeit (Alabdhabhumikatva), die Unbeständigkeit oder den Mangel an Beharrlichkeit (Anavasthitatva).

Als ich das erste Mal namentlich mit ihnen in Berührung kam, dachte ich mir, frei nach Xavier Naidoo: Dieser Weg wird kein leichter sein. Denn all diese Hindernisse kamen mir sehr vertraut vor. In meiner Ausbildung mussten wir die Antarayas nachspielen (!), was bei mir sofort zu einer massiven Abwehrreaktion, also zu Dvesa, führte. Die Antarayas haben ihre Wurzeln in den Kleshas.

Wie stark diese Blockaden unser Leben dauerhaft beeinflussen, hängt von ihrem Schweregrad ab und von der Art, wie wir mit ihnen umgehen. Denn künftiges Leid, sagt Patanjali bekanntlich, ist vermeidbar. Leider tragen Frau, Mann und Kinder jeder seinen eigenen Hindernisparcours mit sich herum, und kreuzen sich die Wege ungünstig, kann das gemeinsame oder auch individuelle Weiterkommen kraftraubend und der Platz eng werden. Aber es ist möglich und vor allem wichtig, eine gemeinsame Laufstrecke zu gestalten, frei von Schlaglöchern, Wassergräben, Stolpersteinen und Trübsal. Denn, und da ist das Yoga-Sutra sehr deutlich, nehmen wir unsere Hindernisse nicht ernst, wenn sie offensichtlich werden, oder vielleicht auch gar nicht bewusst wahr oder versuchen wir, sie zu unterdrücken, dann kann das nicht nur unseren Leidensdruck erhöhen, sondern zu Depression, Burnout und dem Zusammenbruch unseres ganzen physischen und psychischen Systems führen. Das Yoga-Sutra 1.31 sagt:

Ein Gefühl von innerer Enge, ein Gefühl von tiefer Niedergeschlagenheit, eine Störung des harmonischen Gleichgewichtes körperlicher Funktionen oder die Unmöglichkeit, den Atem ruhig zu führen, gehen einher mit einem Geist, der in Probleme verwickelt ist.[23]

1. Vyadhi: Ich fühle mich nicht wohl, aber passt schon

»Wie geht's?« Was antworten Sie darauf? Meine Antwort ist meistens: »Alles gut.« Genauso meistens stimmt das inzwischen sogar. Es kommt natürlich auch immer darauf an, wer mich nach meinem Befinden fragt. Aber ist wirklich immer alles gut, wenn wir, auch das ist eine so oft gehörte Antwort auf diese Floskel-Frage, antworten: »Passt schon. Muss ja!«? Steckt hinter dem »Muss ja passen!« nicht manchmal oder häufig ein latentes Gefühl von »Mir fehlt noch was zu meinem Wohlbefinden«? Aber weil wir uns an das Zwicken im Körper und das Quengeln der Seele gewöhnt haben oder zum einen nicht wissen, wie wir das ändern sollen, und zum anderen nicht glauben, dass es geht, muss es halt passen. Irgendwie.

So wie bei Maria, einer meiner Kursteilnehmerinnen, Lehrerin, Mutter von drei Kindern und Ehefrau eines Mannes, der beruflich viel unterwegs ist. Sie sagt: »Ich kann nicht mehr. Manchmal brülle ich zu Hause nur noch.« Sie hangelt sich von einer schweren Erkältung zum nächsten Magen-Darm-Infekt, und wenn sie mal zwei Wochen in dieser Hinsicht beschwerdefrei war, meldet sie sich wegen einer Verletzung im Handgelenk oder verspannten Schultern vom Yoga-Unterricht ab. Sie ist chronisch erschöpft, sieht aber keinen Weg, mehr Ruhe in ihr Leben zu bringen. »Gut ist das alles nicht. Aber was soll ich schon tun? Es muss irgendwie gehen.« Das Haus muss ja noch abbezahlt werden.

Die Yogis sagen, wir sollen dieses »Passt-eigentlich-doch-nicht«-Gefühl ernst nehmen, weil es uns Kraft und Energie raubt. Und weil es ein erstes Warnsignal ist. Denn aus diesem Unwohlsein kann sich eine richtige Krankheit entwickeln. Und die wiederum kann für das Familienleben zur Belastung werden. Darum zählen auch die tatsächlichen Krankheiten zu den neun Hindernissen. Natürlich, sagen die Yogis, müssen Krankheiten nicht zwangsläufig eine Belastung sein, es kommt immer darauf an, wie wir damit umgehen, wie wir sie annehmen können.

Einer meiner Kursteilnehmer leidet an Tinnitus. Er war bei Ärzten, Heilpraktikern, Wunderheilern, versucht es jetzt mit Yoga. Er erzählt, dass er langsam verzweifle und sein ganzes Familienleben bereits in Mitleidenschaft gezogen sei. »Mich strengt es wahnsinnig an, wenn die Kinder laut spielen, weil dann mein Ohr so richtig scheppert. Manchmal schreie ich sie an, dass sie endlich ruhig sein sollen. Danach habe ich ein schlechtes Gewissen.« Eine Bekannte, die ebenfalls seit Jahren vom Tinnitus geplagt ist, sagt dagegen: »Mir gelingt es weitgehend, diesen Dauerton zu ignorieren. Ich habe irgendwann akzeptiert, dass er da ist. Es blieb mir ja nichts anderes übrig.« Durch diese Einstellung habe sie für sich und ihre Familie sehr viel an Lebensqualität zurückgewonnen.

Eine gute Freundin erzählte während der letzten Erkältungswelle: »Mein Sohn hat fast ständig eine laufende Nase, krank fühlt er sich deshalb aber nicht. Muss mein Mann dagegen zweimal hintereinander niesen, glaubt er, das sei der Beginn einer tödlich verlaufenden Grippe, und zieht sich hör- und sichtbar leidend auf das Wohnzimmersofa zurück.« Immerhin hat er eine blühende Fantasie, was zeigt, dass sein Citta noch ordentlich funktioniert.

Krankheiten werden in der strengen Auslegung des Yoga-Sutra zwar nur dann als Hindernis akzeptiert, wenn es unsere eigenen Krankheiten sind, aber die Weisen, die das Wissen einst zusammengetragen haben, hatten in der Regel auch keine Familien und konnten sich ungestört von Grippewellen und Scharlachepidemien ihrer Erleuchtung widmen. Im Gegensatz zu asketischen Eremiten ist uns sogenannten »Householdern«, also Menschen mit Familienanschluss, ein entspannter Familienalltag ein Anliegen. Darum haben auch die Krankheiten der Kinder oder des Partners fast die gleiche hinderliche Wirkung auf uns wie unser eigenes Unwohlsein. Ich beobachte jeden im Kindergarten und in der Schule gemeldeten Magen-Darm-Infekt argwöhnisch, weil es bedeutet, dass mein Arbeitsalltag als Selbstständige dann außerplanmäßig funktionieren muss, wenn sich meine Kinder anstecken. Oder sich mein Mann frei nehmen muss, was, wenn seine Kollegen auch schon zu Hause Krankenpfleger spielen müssen, gar nicht so einfach ist.

Wirklich kräftezehrend, und das auf allen Ebenen, wird es aber dann, wenn das eigene Kind schwer krank ist.

Eine Bekannte hat ein Kind mit einer schweren chronischen Krankheit. Seine Lebenserwartung liegt bei 15 Jahren. Wenn alles gut geht. Sie sagt: »Die Sorge und die Pflege um Lina bestimmen unser ganzes Leben. Neulich waren wir wieder in der Notaufnahme des Krankenhauses und dachten, diesmal ist es wirklich vorbei. Ich habe nur noch geweint und konnte überhaupt keinen klaren Gedanken mehr fassen.« Nach fünf Tagen auf der Intensivstation durften sie dann wieder nach Hause. Warten, bis zum nächsten Ernstfall. »Wir sind immer angespannt, die Angst ist unterschwellig immer da«, sagt sie.

Wie geht man damit um? Wie beseitigt man solche Hindernisse? Der Yogi sagt, wenn sich die Anzeichen des Unwohlseins häufen, wir vermehrt das Gefühl haben, uns fehlt etwas, damit wirklich wieder alles passt, dann sollten wir unseren Lebenswandel genauer anschauen. Denn das, was uns fehlt, ist Lebenskraft. In der Yoga-Philosophie wird diese Lebenskraft Prana genannt. Prana ist in diesem Denken die Energie, die durch alles fließt, die uns die Augen schließen, die uns denken, die unser Herz schlagen lässt. Fließt Prana nicht mehr in unserem Körper, sterben wir. Fließt Prana unzureichend in unserem Körper oder wird es irgendwo blockiert, werden wir krank. Prana geht uns verloren oder wird geschwächt, wenn wir nicht mehr auf unser natürliches Bedürfnis nach ausreichend Bewegung, ausreichend Schlaf, ausreichenden Ruhepausen, herzlichen, ehrlichen sozialen Kontakten sowie regelmäßigen und ausgewogenen Mahlzeiten hören.

Ein Weg, mit Krankheiten umzugehen, ist, Vertrauen zu haben in diese Lebenskraft und ihr (Selbst-)Heilungspotenzial. Den Willen, den Heilungsprozess zu unterstützen, dafür Dinge und Gewohnheiten loszulassen, die ihm und mir schaden. Die Geduld, die notwendig ist, wenn neue Wege beschritten werden, nicht zu verlieren. Die Bereitschaft, sich von außen Hilfe zu holen, wenn man merkt, dass man allein nicht mehr weiterkommt. Die Akzeptanz, dass nicht alles in unserer Hand liegt, wenn die Krankheiten chronisch oder tödlich sind. Was, besonders wenn unsere Kinder davon betroffen sind, eine große Herausforderung ist. Und auch dann wäre es sinnvoll, sagen die Yogis, wenn man sich Hilfe von erfahrenen und kompetenten Menschen holt. Trost und Hoffnung kann auch der Glaube schenken.

2. Styana. Die geistige Trägheit

Ich konnte früher sehr stur sein. Was sicher nur an meinem Sternzeichen liegt. Stier. Das klingt ja schon fast nach stur. Heute, dank all der Yoga-Schulung, würde ich mich gern als ausdauernd bezeichnen. Das klingt freundlicher, offener, nicht so verbissen wie stur und unnachgiebig. Das war ich, als ich mich weigerte, meine Kinder gesetzlich krankenzuversichern, obwohl es mich finanziell entlastet hätte, weil ich wollte, dass beide die beste medizinische Behandlung und Medikamente bekämen, sollten sie einmal krank werden. Und ich glaubte (ein Versicherungsmensch hatte mir diesen Floh ins Ohr gesetzt), dass das nur mit der Privatversicherung der Fall sein würde. Nichts anderes konnte, nichts anderes wollte ich mir, dem Citta sei Dank, vorstellen.

Die Yogis sagen, diese Art der Sturheit ist geistige Trägheit. Ein geistig träger Mensch muss deshalb noch lange nicht intellektuell dumm sein (hoffe ich). Aber er wird sich schwerer tun, seine Meinung zu revidieren, andere Sichtweisen zuzulassen, sich auf unerwartete oder neue Situationen einzulassen. Weil er Angst vor dem Neuen und dem Ungewissen hat und weil die Konsequenz eines neuen Blickwinkels bedeuten kann, dass man alte Glaubenssätze, Verhaltensweisen und Muster über Bord werfen muss, die uns bisher aber ein Gefühl der Sicherheit und Vertrautheit gegeben haben.

Ein Mensch, dem die geistige Beweglichkeit abhandengekommen ist, neigt leichter zur Intoleranz. Über das Adjektiv intolerant schreibt der Duden: »unduldsam, keine andere Meinung oder Weltanschauung gelten lassend als die eigene«.[24] Eine mögliche Folge geistiger Trägheit ist ein sehr eingeschränktes und engstirniges Sichtfeld. Was wiederum dazu führen kann, dass Eltern ihrem Kind keine eigene Meinung, keinen eigenen Stil, keine eigenen Lebensmodelle, keine eigene Schullaufbahn und keine Entwicklung gemäß seinem Potenzial, seinen Fähigkeiten und Interessen lassen. Wer selbstsicher ist, lässt andere Meinungen zu. Wer geistig träge ist, tut sich damit schwerer.

Ich esse nur Nudeln! Die Sitzordnung muss stimmen!
Andersherum können vor allem kleine Kinder oft mit einer ausgeprägten geistigen Unbeweglichkeit gestraft sein. Die kleine Tochter von Freunden reagiert zuverlässig mit Tränen, wenn morgens eines ihrer Geschwister auf ihrem Stuhl sitzt und die Mutter nicht rechts neben ihr. Sich so früh am Tag auf eine andere Sitzordnung einzulassen überfordert ihren Geist komplett.

Vor der »Ich esse nur Nudeln«-Phase gab es eine Zeit, da aß meine Tochter abwechslungsreicher, allerdings nur, wenn die Abwechslung ihr in einer festen Reihenfolge präsentiert wurde. Montags musste es Pfannkuchen geben, dienstags Spaghetti mit Tomatensoße, mittwochs Reis mit Brokkoli, donnerstags Nudelsuppe, und freitags ging sie mittags zu den Großeltern, wo sie immer Pizzinis bekam. Wagte ich es, diese Abfolge zu unterbrechen, war ihr der Appetit verdorben. »Du weißt doch, dass ich heute Suppe mag«, sagte sie dann. Vorwurfsvoll. »Die Suppe kann ich doch morgen machen.« »Mama, hast du vergessen, dass ich morgen bei der Oma bin, da gibt es keine Suppe.« »Was ist denn so schlimm daran, heute keine Suppe zu bekommen?« »Ich habe mich den ganzen Tag darauf gefreut. Und was gibt es jetzt? Kartoffelbrei. Du weißt doch, dass ich Kartoffeln hasse.« Dann sagte sie noch, dass sie keinen Hunger mehr habe, und fing zu weinen an. Ab da kündigte ich ihr immer schon am Morgen an, wenn Abweichungen vom Speiseplan drohten, um ihr genügend Zeit zu geben, sich mental darauf vorzubereiten.

Ich weiß doch genau, was du jetzt sagen willst!
Die Unfähigkeit oder die Weigerung, sich von vertrauten Denkmustern, zementierten Meinungen und festgefahrenen Ansichten frei zu machen und doch einmal den Blick über den viel zitierten Tellerrand zu wagen, das Festhalten an einem »Das hat man schon immer so gemacht oder gedacht«, können nicht nur für viel Frust und Ärger sorgen, sondern auch einer friedlichen Konfliktlösung und Versöhnung im Weg stehen. Warum? »Weil ich doch weiß, was jetzt wieder kommt, was du jetzt sagen willst, ich sehe es an deinem Blick und deiner Körperhaltung. Und zuhören tust du mir sowieso nie. Es lohnt sich darum gar nicht erst, mit dir darüber zu diskutieren, es hat noch nie etwas gebracht, erzähl mir doch nichts, das sagst du dann jedes, wirklich jedes Mal. Du willst es doch gar nicht, du hängst doch so in deinem miesen Bild von mir fest. Denk mal darüber nach,

dann können wir vielleicht miteinander reden. Wobei, es wird sowieso nichts ändern. Du warst mental ja schon immer eher unflexibel.«

Mein Mann und ich haben übrigens sehr lange und ausdauernd auf diese Weise versucht, unsere Streitigkeiten zu lösen. Ging nicht gut. Und hätte wahrscheinlich im Desaster geendet, wäre nicht der Paartherapeut, bei dem wir schließlich Hilfe suchten, dazwischengegangen und hätte uns die Kunst des Zuhörens gelehrt. Und darüber dazu beigetragen, unser vorverurteilendes Denken in bewertungsfreie Bahnen zu lenken.

Wie geht man also damit um, wenn man spürt, dass man zu geistiger, vielleicht zusätzlich auch körperlicher Trägheit neigt, die, wie wir gesehen haben, unserem natürlichen Bedürfnis nach Bewegung im Weg steht?[25]

Die Yogis sagen: In Bewegung bleiben! Sich bewusst machen, dass die Veränderung – und dazu gehört auch der Tod – die einzige Konstante in unserem Leben ist und dass wir lernen müssen, damit umzugehen, denn ein Entkommen gibt es sowieso nicht. Dass wir uns den Ideen und Meinungen anderer öffnen sollten. Und wenn wir sie auch nicht mögen, dann doch wenigstens, zumindest solange diese Ideen nicht gewaltverherrlichend sind, versuchen zu akzeptieren, dass es auch andere Wege gibt. In der Bewegung bleiben heißt auch, sich für die Ideen, das Leben und die Leistungen anderer begeistern zu können. Neues, Ungewohntes auszuprobieren, Spontaneität zuzulassen. Einmal einfach ins Blaue fahren. Im Urlaub jeden Tag ein anderes Familienmitglied die Tagesplanung übernehmen beziehungsweise die Vorgabe machen lassen, was getan werden soll, und dann klaglos alles mitmachen. Weil uns das Impulse geben kann und dazu bringt, doch mal über den eigenen Horizont hinauszuschauen. Und zu fragen: Wie hat dieser Mensch das erreicht, was steckt hinter seinen Ideen? Wir sollten versuchen, lernfähig zu bleiben, und die Lust am Lernen nie verlieren. Lernen kann man übrigens auch aus seinen Fehlern, weshalb ein Scheitern niemals eine Niederlage ist. Es sei denn, wir wollen es so sehen.

3. Samsaya. Die Unentschiedenheit

Die Frage, ob ich meine Kinder auch nachmittags fremdbetreuen lassen soll oder nicht und, wenn ja, wie lange und wie oft, hat mich lange beschäftigt. Ich hatte Zweifel, ich hatte Duhkha, das Thema beanspruchte viel meiner Energie. Eine Freundin hat mir erzählt, dass sie oft nicht weiß, wie sie richtig reagieren soll, wenn ihr sechsjähriger Sohn eifersüchtig auf seinen Bruder reagiert und dann grundsätzlich das Gegenteil von dem macht, was sie zu ihm sagt, gegen die Tür tritt, die Mutter anbrüllt oder in die Totalverweigerung geht. Sie sagt: »Ich weiß nicht, ob ich schimpfen oder ihn in den Arm nehmen soll. Diese Unsicherheit von mir, wie ich mit diesen Situationen umgehen soll, macht mich wirklich fertig und bringt mich immer wieder aus meinem Gleichgewicht.«

Sich nicht entscheiden zu können hat viel mit Unsicherheit zu tun. Wir trauen unserem eigenen Urteil und Handeln nicht, wollen nichts falsch, aber alles richtig machen, fürchten deshalb vielleicht auch, mit den möglichen Konsequenzen einer Entscheidung nicht klarzukommen. Wollen uns darum alle Optionen offen halten und lieber nicht festlegen.

Die Unsicherheit entsteht auch dadurch, dass der Kopf das eine will und der Bauch das andere sagt und wir nicht wissen, welcher Stimme wir trauen sollen. Das Bauchgefühl sagt: »Die Kinderkrippe ist o.k.«, der Kopf hält dagegen: »Rabenmutter!« Dieser innere Konflikt führt zu einer Zerrissenheit und die Zerrissenheit macht eine klare Entscheidung schwierig. Was uns dann wiederum so verunsichert, dass wir bei der nächsten Gelegenheit oder in einer ähnlichen Situation erneut nicht wissen, welches die richtige Entscheidung wäre. Und unsere Unsicherheit verunsichert dann letztlich auch unsere Kinder. Wir müssen uns dazu ja nur mal vorstellen, wie wir selbst reagieren würden, wenn in stressigen Momenten oder unübersichtlichen Situationen die Leitwölfe diffuse Ansagen machten und unklare Anweisungen gäben.

Die Textilblindheit

Meinen armen Mann treibe ich regelmäßig in den Wahnsinn, wenn ich mich, kurz bevor wir zu einer Einladung aufbrechen, noch einmal umziehe. Und noch einmal. Und noch einmal. Weil ich mich nicht entscheiden kann, was ich anziehen soll, was jetzt zu meiner Stimmung passt und zu dem Event, zu dem wir eingeladen sind. »Ich habe nichts Passendes zum Anziehen, was kann ich denn dafür«, jammere ich dann und bin ernsthaft unglücklich. »Du hast Textilblindheit, dein Schrank ist voll mit Klamotten«, sagt er dann, ernsthaft genervt. »Ich bleibe hier. Fahr du doch alleine«, antworte ich. »Ich fahre gar nirgendwo mehr hin. Mir ist nicht mehr danach«, antwortet er. Meistens kommen wir dann doch noch los, natürlich schlecht gelaunt. Manchmal bleiben wir auch zu Hause. Weil wir uns nicht entscheiden konnten, ob wir jetzt noch fahren sollen oder ob es nicht sowieso schon zu spät ist. Noch entnervter reagiert er kurz bevor wir in den Urlaub fahren auf meine Unentschiedenheit. Mir geht es nämlich mit Reisen, die länger als einen Tag dauern, so wie vermutlich ein, zwei anderen Frauen auch. Ich weiß nie, was ich einpacken soll. Am liebsten den ganzen Kleiderschrank. Man kann ja nie wissen, wann man was für welchen unerwarteten Anlass braucht, ob man mit den zwei Kindern nicht doch ins nicht existierende Sieben-Sterne-Lokal des Campingplatzes geht oder ob der Winter plötzlich auf der Sonneninsel einbricht. Weil ich also sehr viel Platz brauche, packt mein Mann seine und die Sachen der Kinder extra in eine kleinere Tasche. Ich frage mich, wie er das schafft. Weil ich mir sicher bin, dass das nicht reicht, nehme ich heimlich noch Kinder-Zusatz-Klamotten (für Wintereinbrüche) mit. Wenn wir dann aus dem Sommerurlaub zurückkommen, schwöre ich mir jedes Mal, beim nächsten Mal die Hälfte des Gepäcks zu Hause zu lassen und die warme Herbstjacke, die Gummistiefel und die Wollmütze auch. Wenn nur mein Gedächtnis besser wäre … Und ich endlich darauf vertrauen würde, dass auf der Sonneninsel im August noch nie der Winter ausgebrochen ist.

Wie geht man also um mit seinen Unsicherheiten, den Zweifeln? Die Yogis empfehlen, dass wir unser Citta beruhigen, dieses Gebilde aus Gedanken und Gefühlen, aus Gewissen und Verstand, das wir auch Geist nennen. Wenn der Geist beruhigt ist, sagen die Yogis, werden Denken und Fühlen klar. Dann zieht uns nicht mehr das eine in diese und das andere in jene Richtung und wir können ruhig sehen, was die richtige Entscheidung ist. Den Geist können wir über unseren Atem beruhigen.

Eine Möglichkeit ist auch, nachzudenken oder zu reflektieren, woher unsere Zu- oder Abneigung für die eine oder andere Entscheidung kommt, wer wirklich verantwortlich ist für das schlechte Gewissen, das wir haben, wenn wir unser Kind in die Kinderkrippe geben. Wenn wir klare Regeln für unser Kind aufstellen und genauso klare Entscheidungen bezüglich seines Verhaltens treffen. Wovor haben wir Angst, was macht uns Sorge? Sind Angst und Sorge begründet? Die Antworten kommen nicht immer gleich, deshalb brauchen wir Geduld. Geduld, um diese Verbindung zu bemerken: Emotion – Gedanke – Handlung – Gefühl. Macht uns diese Kette unglücklich oder glücklich? Was macht sie überhaupt mit uns? Wir können uns auch von anderen Menschen inspirieren lassen: Wie gehen sie mit einer ähnlichen Situation um, wie haben sie ihre inneren Konflikte gemeistert oder besser in den Griff bekommen? Natürlich müssen wir auch immer berücksichtigen, dass deren Lösungen nicht eins zu eins auf unser Familienleben oder auf unser Problem anzuwenden sind. Weil wir immer eine eigene Geschichte mitbringen, die uns genauso fühlen und handeln lässt, wie wir es eben tun.

Übrigens habe ich für meine Textilblindheit kürzlich eine grandiose Lösung auf Youtube entdeckt. Eine junge Asiatin zeigt, wie man seine Kleidung so platzsparend in Socken (!) verpacken kann, dass für die Winterjacken ausreichend Platz im Koffer bleibt.

4. Pramada. Ich mach das noch schnell

Eines Nachmittags wollte ich meine Kinder von Schule und Kindergarten abholen. Ich war spät dran, weil der ganze bisherige Tag vollgepackt war mit Terminen und dann noch kurz vor der Abfahrt das Telefon klingelte, ich natürlich abnahm und den Anrufer leider nicht gleich charmant abwimmeln konnte. Als ich schließlich verspätet losfuhr, war ich mit den Gedanken noch beim Telefonat und schon bei den Yoga-Stunden, die ich abends halten wollte. Ich war mit meinem Bewusstsein also ganz woanders. Die Straßen waren zum Glück ziemlich leer, das Unterbewusstsein oder die Routine lenkte. Und lenkte. Am Ziel vorbei. Denn irgendwann, beim Kreisverteiler vor der Abfahrt zum Kindergarten fiel mir auf, das etwas nicht stimmte. Dass an dieser Stelle eigentlich schon meine Tochter mit im Auto sitzen müsste. Sie saß da aber nicht. Ich war in meinen Gedanken mit so vielen anderen Dingen beschäftigt gewesen, dass ich an ihrer Schule vorbeigefahren war. Erschrocken drehte ich um, fuhr natürlich zu schnell zurück – und da saß sie. Auf ihrem Schulranzen vor der Schultür. Wütend. Neben ihr die nette Dame von der Hausaufgabenbetreuung. Ebenfalls mit einem Gesichtsausdruck, der nicht mehr wirklich freundlich war. »Tut mir so leid, Entschuldigung, ich war mit dem Kopf ganz woanders und habe das Abbiegen vergessen.« Sie stieg wortlos ins Auto ein. Als wir fast am Kindergarten ihres Bruders angekommen waren, sagte sie: »Das war voll blöd von dir. Du könntest ja auch mal an mich denken.«

Die Yogis hätten mir gesagt: »Das kommt davon, wenn man immer in Hast und in Eile ist. Man übersieht das Wesentliche und das, was wichtig ist.« Das Übersehen geschieht oft, wenn wir dauerhaft zu viel auf einmal machen und darum ständig am Rotieren sind. Lange Zeit war ich sehr stolz darauf, die Kunst des Multitaskings zu beherrschen. Essen, schreiben, telefonieren, nebenbei ein Kind wickeln und den Boden staubsaugen – kein Problem für mich. Dachte ich. Also packte ich noch Buchprojekte, diverse Fort- und Weiterbildungen und vier Unterrichtsstunden pro Woche obendrauf. War zwar anstrengend, aber hat auch alles immer funktioniert. Irgendwie.

Man nimmt sich nicht die Zeit, sich intensiv, mit ganzem Herzen und der ungeteilten Aufmerksamkeit auf jeweils einen der Menschen oder eines der Projekte einzulassen, und so bleiben soziale Kontakte und Familie auf der Strecke. Oder vor der Tür der Schule. Die Yogis würden sagen: »Hast du dir schon mal überlegt, dass du dadurch all denen, die dich umgeben und all dem, was du tust, tatsächlich deine Geringschätzung zeigst?« Denn Geringschätzung und Gleichgültigkeit sind eng mit Hast und Eile verbunden.

Nicht nur, dass ein abgehetztes Leben ein verpasstes

Leben ist, es ist auch medizinisch erwiesen ein ungesundes, weil es keine Ruhepausen zulässt, die unser System bräuchte, um wieder Kraft und Energie tanken zu können. Durchatmen. In der Familie. Mit Freunden. In die Kraft dieser Herzensverbindungen eintauchen, die uns schützt, trägt, unterstützt, nährt. In guten und besonders in schlechten Zeiten. Nur: Woher nehmen, wenn wir nie Zeit haben, uns mit diesen wichtigen Menschen zu verbinden, mit ihnen zu lachen, zu feiern, zu weinen? Um ihre Geschichten zu hören, die unsere relativieren können, um auch ihnen helfen zu können, was uns das gute Gefühl gibt, sinnvoll zu sein. Außerdem: Wie sollen wir wissen, was unsere Kinder wirklich bedrückt, was sie begeistert, wie sie die Welt erleben, welche Freunde sie haben, wenn wir nie Zeit haben, ihnen zuzuhören, für sie körperlich, mental und emotional ganz und gar da zu sein?

Der Yogi würde fragen: »Was hält dich davon ab, dich intensiv auf sie einzulassen?« Die Yogis sagen, es liegt zum einen daran, dass wir uns verzettelt haben. Dass wir eine Idee für unser Leben hatten, auch ein Ziel, aber keinen wirklichen Plan, wie man dieses Ziel erreicht. Wir wollten Kinder, eine Familie, einen Beruf, ein Haus, ein Pferd, eine Yoga-Lehrerausbildung, Bio-Qualität auf allen Produkten, die wir konsumieren. Das rosarote Medienglück. Wir stürmten los und stellten fest, das wird schwierig. Und stürmten weiter. Versuchten immer hektischer, das angedachte Konstrukt aufrechtzuerhalten, auch wenn es immer anstrengender wurde, alle Stellen gleichmäßig abzustützen. Wenn es dann irgendwann zum Einsturz kommt, kann man auch von unterlassener Sorgfaltspflicht in der Planung sprechen.

Wenn wir in Eile sind, werden wir schnell ungeduldig, mit uns und mit anderen Menschen. Dann schimpfen wir über den Autofahrer vor uns, der nicht schnell genug fährt, drängeln und bedrängen dadurch andere. Gern auch unsere Kinder, wenn sie sich morgens nicht schnell genug anziehen, nicht schnell genug das Haus verlassen, nicht schnell genug nach Hause kommen, nicht schnell genug die Hausaufgaben machen und abends nicht schnell genug ins Bett gehen. Meine Tochter sagte einmal morgens zu uns: »Macht mir nicht immer so einen Druck. Ich weiß, dass ich nicht schnell bin. Aber ich bin einfach so. Lasst mich doch einfach.« Mein erster Lehrer sagte zu mir: »Wir müssen uns dem Rhythmus der Kinder anpassen. Nicht umgekehrt.« Es ist gut, immer wieder daran erinnert zu werden. Wir haben uns darauf geeinigt, dass wir Rücksicht auf ihr Tempo nehmen. Sie sagte, sie werde ihrerseits versuchen, etwas schneller zu werden. Meistens klappt es ganz gut.

Die Yogis sagen auch, dass diese Hast und Ungeduld etwas mit der Angst zu tun haben, irgendetwas im Leben zu verpassen, ohne zu bemerken, dass es das eigene Leben ist, das an uns vorbeirauscht, ohne dass wir es bewusst wahrgenommen haben. Die Yoga-Weisen sagen, dass unsere Hast nicht nur ein Ausdruck von Geringschätzung der Menschen ist, mit denen wir zu tun haben, sondern auch der Arbeit, die wir tätigen, oder der Lebensmittel, die wir essen, und der Menschen, die diese Speisen zubereitet haben. Eine Freundin sagt: »Ich gebe mir so viel Mühe mit dem Essen und damit, den Tisch schön zu decken. Doch meine Kinder nehmen das nie wahr. Sie sitzen da, schlingen alles in sich rein und schielen mit einem Auge immer auf ihre Smartphones. Das ist so frustrierend.«

Wenn wir zu vieles auf einmal machen, nehmen wir uns die Chance, Experten zu werden, tiefer einzutauchen in eine Materie, zum Beispiel in das Familienleben, das Leben unserer Kinder, unsere Hobbys und in unseren Beruf. Auf Dauer kann das unzufrieden machen, weil wir nie wirklich irgendwo ankommen, unter unseren Möglichkeiten bleiben und nur oberflächliches Wissen, aber kein tiefes Verständnis haben. Wer immer nur an der Oberfläche kratzt, wird nie Wasser finden. Und nur wer langsam geht, wird die Schlaglöcher auf der Straße rechtzeitig erkennen.

Wie können wir unser Leben entschleunigen? Die Yogis sagen, indem wir im Jetzt ankommen und alles, was wir jetzt machen, ganz bewusst wahrnehmen. Jetzt esse ich, jetzt fahre ich Auto, jetzt spiele ich mit meinen Kindern, jetzt rede ich mit meinem Partner, jetzt arbeite ich. Indem wir uns bemühen, unsere Lebensbereiche nicht zu vermischen, die Arbeit mit den Schuhen und den Jacken auszuziehen, wenn wir nach Hause kommen. Indem wir lernen, zufrieden zu sein, mit dem, was wir haben und das Mehrwollen erst angehen, wenn die Zeit dafür reif ist und wir einen guten Plan haben. Auch das Kultivieren von Mitgefühl ist hilfreich. Immer wieder hinspüren, was das Getriebensein mit mir macht, aber auch, wie sich die Hast und Ungeduld auf unsere Mitmenschen auswirken.

5. Alasya. Was ich heute kann besorgen, das verschiebe ich auf morgen

Ich bin sehr gut darin, Dinge, die ich nicht erledigen will oder nicht machen mag, vor mir herzuschieben. Termine beim Steuerberater ausmachen, Strafzettel wegen Falschparkens überweisen, die Schränke endlich aufräumen oder Wäsche zusammenlegen. Für die Stimmung ist das gar nicht gut. Für das Bankkonto unter Umständen auch nicht.

Die Yogis würden sagen: »Du bist faul!« Und das ist nicht gut. Denn diese Faulheit raubt Selbstbewusstsein und Lebensfreude. Wie soll man noch an sich glauben, wenn man das Gefühl hat, nichts auf die Reihe zu bekommen?

Die yogische Faulheit äußert sich als Interesselosigkeit

an anderen Menschen, dem Leben und der Welt und kann als Depression enden. Die yogische Faulheit entwickelt sich aber auch sehr häufig in der Pubertät. Wenn die Kinder das Interesse an den Eltern und/oder am Haushalt der Eltern verlieren. Eine Kollegin ärgert sich momentan immer mal wieder über ihre pubertierende Tochter. »Neulich kam ich von der Arbeit heim und sie hatte Freundinnen eingeladen. Die Mädchen hatten gekocht, aber nicht aufgeräumt. Die Küche war das Megachaos. Und meine Tochter lag in meinem Bett. Lesend und Salzstangen essend. Ich habe ihr gesagt, sie soll sofort mein Zimmer verlassen und die Küche aufräumen. Sie ist an mir vorbeigeschlurft und hat ›Mach ich morgen, keine Lust jetzt‹ genuschelt. So geht es die ganze Zeit. Das macht mich alle.«

Mein Lehrer Sriram sagt, dass Faulheit auch mit einem Zeitgefühl zu tun habe, das der Wirklichkeit nicht entspricht. Wir verschieben Dinge auf morgen, übermorgen, irgendwann, weil wir denken, wir haben ewig Zeit. Faulheit ist die mangelnde Bereitschaft, die Dinge, die anliegen, umgehend zu erledigen. Dadurch schieben wir immer etwas vor uns her, sind für die Dauer des Schiebens nie wirklich frei für etwas Neues. Das kann ein Gefühl des Getriebenseins in uns auslösen, das unter Umständen in Resignation endet. »Was du heute kannst besorgen, das verschiebe nicht auf morgen.« Wer kennt es nicht, dieses Sprichwort. Wenn die Yogis von Alasya, der Faulheit, sprechen, dann meinen sie genau das.

Wie geht man mit Faulheit um? Die Yogis sagen, wir müssen uns ein Ziel setzen. Wir müssen uns vorstellen, wie wir uns fühlen, wenn dieses Ziel erreicht ist. Wie es sich in mir anfühlt, wenn der Schrank endlich aufgeräumt ist. Dieses Gefühl dürfen wir genauso wenig aus den Augen verlieren wie unser Ziel. Wir brauchen Vertrauen in uns und unsere

Fähigkeit, dieses Ziel zu erreichen. Darum ist es sinnvoll, sich den Weg zum Ziel in machbare Etappen aufzuteilen. Schritt für Schritt voranzugehen, damit uns, gerade bei größeren Vorhaben, die Kraft nicht ausgeht. Ein mit moderner Hirnforschung vertrauter Yogi würde in Hinblick auf die pubertierenden Kinder vermutlich noch sagen: »Es sieht so aus, als ob sie faul sind. Ihre angebliche Faulheit kommt aber daher, dass in ihrem Gehirn gerade so viel abgeschaltet ist und umgebaut wird. Nur Geduld, das wird wieder besser.«

Ich weiß übrigens genau, dass man hierzu noch viel mehr schreiben könnte. Vielleicht ein andermal.

6. Avirati. Die Zerstreutheit

In meinem Haushalt gibt es Personen, die lassen manchmal (also oft) alles da stehen und liegen, wo es eben steht und liegt. Sie sagen zwar: »Ich räume es gleich auf«, vergessen es dann aber komischerweise auch sofort wieder. Und dann bleiben die Rucksäcke in den Ecken, die Schuhe vor der Badezimmertür, die angefangenen Spiele angefangen, die Stifte auf dem Boden, die geöffneten Briefumschläge auf den Küchenblöcken, wichtige Schlüssel nicht am Schlüsselbrett, sondern in der Hosentasche, was dann zu großen Suchaktionen führen kann, wenn man sie braucht, die Kleider vor dem Kleiderschank statt darin, die Lichter an, wenn sie aus sein sollten, die Türen auf, wenn sie geschlossen sein müssten, damit im Sommer keine Fliegen von außen rein- und im Winter keine Wärme rauskann. Manchmal warte ich, ob etwas passiert. Sich die Kleider, Briefumschläge, Schuhe, Rucksäcke, Stifte, Spiele wieder von allein dorthin bewegen, wo sie gut aufgehoben wären. Passiert allerdings meist nicht von allein. Erinnere ich die Personen höflich (anfangs) daran, dass da noch was im Weg liegt, sagen sie schuldbewusst: »Oh, vergessen. Mache ich gleich.« Nehmen zumindest das Umschlagpapier, oder einen Stift, oder einen Teil des Spiels schon in die Hand, die Absicht ist da – aber dann läutet es an der Tür, klingelt das Handy, läuft draußen das Nachbarskind vorbei, fliegt eine Fliege durch den Weg, schreit das andere Kind. Und dann wird das, was schon in die Hand genommen wurde, wieder liegen gelassen. Immerhin an einer anderen Stelle.

Die Zerstreutheit führt dazu, dass wir alles Mögliche anfangen, aber nichts zu Ende bringen, weil wir uns ständig ablenken lassen. Zum Beispiel bei den Hausaufgaben. Ablenkungsmöglichkeiten gibt es genug, unsere fünf Sinne reagieren schließlich auf Gerüche, Geräusche, auf das, was wir schmecken, auf das, was wir sehen, und das, was wir spüren, sei es durch eine äußere oder innere Berührung. Wer sich leicht ablenken lässt, ist auch schnell begeisterungsfähig, beginnt dann mit viel Enthusiasmus ein Projekt, bis ein neuer Reiz kommt, der ihn noch mehr fasziniert und dazu führt, das alte Vorhaben abzubrechen.

Eltern pubertierender Kinder können ein Lied davon singen. Wenn die Tochter oder der Sohn mit Liebeskummer zu Hause sitzt, weil der »Kick« verloren ging und in einer anderen Person wiedergefunden wurde.

Auch eine innere Unruhe, die entsteht, wenn uns ein Problem oder eine Sorge intensiv beschäftigt, lässt uns so orientierungslos werden, dass wir alles andere vernachlässigen. Unsere Gedanken kreisen nur noch um das eine Thema, sitzen im berühmten Gedankenkarussell fest und lassen uns nicht mal mehr schlafen. Die Tochter einer Bekannten hatte den Übertritt aufs Gymnasium knapp nicht geschafft. Vater und Mutter waren in heller Aufregung. Meine Bekannte war merklich unruhig und unkonzentriert. Sie sagte: »Bei uns dreht sich zu Hause alles nur noch um die Frage, wie wir Theresa doch noch aufs Gymnasium kriegen können. Unsere Söhne motzen, dass wir kein anderes Thema mehr haben. Mein Mann wacht jede Nacht um vier Uhr auf und kann dann nicht mehr einschlafen. Ich habe schon drei Kilo abgenommen, weil ich nichts mehr essen kann. Und Theresa ist völlig down. Aber es ist doch wichtig, dass sie es schafft. Auch für ihr Selbstbewusstsein. Ich träume inzwischen schon von dem Probeunterricht.« Drei Wochen später schrieb sie mir: »Sie hat es geschafft. Jetzt haben wir endlich wieder Zeit für andere Dinge. Unser Leben ist wieder normal.«

Wie geht man mit der Zerstreutheit um? Die Yogis sagen, dass da, wo der Geist ist, auch unsere Energie ist. Ein zerstreuter Geist bedeutet zerstreute Energie. Im yogischen Denken geht man davon aus, dass der Mensch krank wird, wenn die Energie, Prana, schwach wird. Die Yogis sagen, man muss seinen Verstand einschalten. Den Geist ausrichten können und wieder zum Lenker der Sinne machen, nicht umgekehrt. Den Monkey Mind beruhigen, dem Affen Zucker geben. Nur ist das oft gar nicht so einfach. Vor allem nicht, wenn unser Geist dafür nicht geschult ist. Eine ganz einfache Methode gibt es aber und das ist der Atem. Einatmen. Ausatmen. Und schon hat der Affe eine Aufgabe. Über den Atem kommen wir immer wieder im Jetzt an, bei den Aufgaben, die wir erledigen müssen. Die Yogis empfehlen, den Rückzug der Sinne zu üben, als Vorbereitung auf die Meditation. Umgekehrt können wir aber auch den Sinnen von außen ihre Nahrung entziehen. Indem wir, sehr hilfreich bei Hausaufgaben, eine Umgebung schaffen, die frei ist von Ablenkung, keine Handys, kein Internet, keine kleinen Geschwister, keine Spielsachen. Nur der Tisch und die Aufgaben. Ordnung schaffen, damit der Geist nicht unruhig werden kann. Manchmal, wenn der Geist nur um ein Thema kreist, kann es auch helfen, sich an etwas zu erinnern, das uns Freude bereitet, uns ablenkt. Das kann ein anderer

Mensch sein, ein Tier, ein Buch, eine schöne Reiseerinnerung oder die Aussicht auf den nächsten Urlaub.

7. Bhrantidarsana. Die Fehldeutung

Als ich gerade ein Jahr in der Yoga-Lehrerausbildung war, dachte ich mir, das Allgäu beziehungsweise die Gegend, in der ich jetzt wieder lebte, braucht unbedingt ein Yoga-Studio. So eins, wie es sie in München gibt. Ohne feste Kurse, ohne Zehner-Blöcke, jeder darf kommen, wann er mag. Das Allgäu, dachte ich mir, hat nur darauf gewartet. Eine Freundin von mir, noch dazu in der ganzen Region als Schauspielerin und Moderatorin eine Art Berühmtheit, war mit dabei. Ich dachte, das Allgäu wird Schlange stehen. Eine weitere Freundin von mir, die ich während der Ausbildung kennengelernt hatte und die ihre erste Ausbildung bei Patrick Broome, dem Yogi der deutschen Fußballnationalmannschaft, gemacht hatte, fand die Idee ebenfalls super. Ich dachte, wir werden einen sehr großen Raum suchen müssen. Das Allgäu wird uns lieben. Wir werden die Yoga-Szene auf den Kopf stellen.

Wir suchten einen Raum. Nahmen gleich den erstbesten. Weil er so schön war. Altes ehemaliges Klostergemäuer, viel Holz. Leider ein bisschen klein, auch nicht wirklich hoch. Aber eben schön. Ein bisschen abseits vom Schuss und guten Verkehrsbedingungen. Auch Platz zum Umziehen gab es nicht wirklich. Dafür eine Toilette, einen Herd und einen Friseur im Raum nebenan. Man kann ja nie wissen. Wir hatten eine Idee, aber keinen Plan. Wir hatten dafür einen Namen, ein Logo, eine provisorische Homepage, einen Eröffnungstermin. Aber keinen Business-Plan. Am Tag, als wir den Vertrag unterschrieben, erfuhr ich, dass ich wieder schwanger war.

Zur Eröffnung kamen viele Menschen, vielleicht auch,

weil es was zu essen und zu trinken gab. Zu den Stunden in der Woche darauf kamen eher wenige. Wie viele es werden würden, wussten wir im Voraus nie, wir hatten ja offene Stunden. Zwei Wochen nach der Eröffnung ging die Allgäuer Freundin auf die endlich bewilligte mehrwöchige Mutter-Kind-Kur. Ich ging drei Wochen nach der Eröffnung in einen lange geplanten Skiurlaub. Aber wir dachten, das Allgäu warte trotzdem auf uns. Nach vier Monaten stieg die Münchner Freundin aus. Sie hatte eingesehen, dass sie den Aufwand unter- und den Verdienst überschätzt hatte. Wir machten zu zweit weiter. Bemüht, aber nicht so erfolgreich wie erhofft.

Ich bekam meinen Sohn. Und machte weiter. Mein Mann hatte ja Elternzeit. Wir zwei Yoga-Lehrerinnen waren dauernd erschöpft. Wir hätten den Laden dichtmachen sollen, doch zumindest ich wollte die Wirklichkeit nicht sehen. Die so aussah: Das Allgäu wartete nicht auf zwei überforderte Mütter und wenig ausgebildete Yoga-Lehrerinnen am Rande des Nervenzusammenbruchs. Wie sollte das in den Stunden auch Ruhe ausstrahlen?

Die Yogis hätten mir gesagt: »Dein größtes Problem war die Selbstüberschätzung, die falsche Wahrnehmung der Situation.« Die entsteht, wenn wir den Bezug zur Wirklichkeit verlieren und uns etwas einbilden, was nicht der Realität entspricht. Wenn wir uns selbst oder auch andere in einem anderen Licht sehen, uns oder sie für viel bedeutender halten, als wir tatsächlich sind. Das gilt auch für Partner, auf die wir gern ein Bild projizieren, das unsere Wunschvorstellung bedienen soll, um vor der Wirklichkeit die Augen verschließen zu können. Das gilt natürlich auch umgekehrt, denn besonders in Streitsituationen stellen wir einen Menschen gern viel schlechter dar, als er ist.

Auch unsere Kinder nehmen wir oft als begabter wahr,

als sie sind. Sei es in der Schule, sei es im Sport. Sie werden gefördert, gefordert, jegliche Freizeit wird geopfert, und wenn's dann nicht klappt mit dem Durchbruch, den guten Noten, muss ein Schuldiger gesucht werden.

Als Folge falscher Einschätzung und Wahrnehmung der Wirklichkeit kann man ziemlich auf die Nase fallen oder seine Energie in etwas stecken, was zum Scheitern verurteilt ist oder auf die angedachte Weise nicht machbar ist.

Wie geht man mit der Selbstüberschätzung um? Die Yogis empfehlen, ehrlich zu sein. Mit uns und mit anderen. Einen unverfälschteren Blick auf uns bekommen wir über die Selbstreflexion, in der wir die Gründe und Motive für unsere Sichtweise hinterfragen – und das Ergebnis der inneren Befragung annehmen, auch wenn es dem Wunschbild nicht mehr entspricht. Das ist nicht immer einfach. Aber über diese Selbstreflexion können wir vielleicht auch erfahren, woran es uns mangelt, was uns fehlt, wovor wir Angst haben, wenn wir der Wirklichkeit ins Auge schauen (sollte es eine Wirklichkeit überhaupt geben). Die Yogis verbieten uns aber nie, Ideen oder Visionen zu haben. Wir sollten jedoch immer hinterfragen: Wem dient es? Unserem Ego oder anderen? Macht es uns und andere glücklicher oder unglücklicher? Kostet es unnötige Kraft oder ist die Energie gut investiert?

8. Alabdhabhumikatva.
Ich traue mir das nicht zu

Hätten wir nicht daran geglaubt, dass unsere Beziehung noch zu retten ist, hätten wir nicht ein gemeinsames Ziel, eine gemeinsame Vision gehabt, nämlich die, wieder eine funktionierende Familie zu werden, dann würden wir heute vermutlich immer noch in der Krise feststecken, krank, frustriert, deprimiert – denn den Mut, uns zu trennen, um dem

Elend ein Ende zu machen, hätten wir sicherlich auch nicht gehabt. Wir wären Opfer von etwas gewesen, das die Yogis Selbstunterschätzung nennen. Ein unguter Zustand, weil er uns irgendwann das Gefühl gibt, wir können gar nichts und schon gar nicht, irgendetwas selbstständig verändern. Wer sich selbst unterschätzt, traut sich nichts zu. Im Zeugnis der Tochter einer Freundin steht regelmäßig: »Anna lässt sich schnell entmutigen.« Wer sich entmutigen lässt, gibt viel zu schnell auf, blickt nur noch auf den Boden, statt nach vorn. Und verliert die Hoffnung und das Vertrauen in sich selbst. Wenn wir uns selbst unterschätzen, haben wir die Haltung: »Was kann ich schon bewirken? Ich bin doch nur ein kleines Rädchen.« Und vergessen dabei, dass das Ausfallen kleiner Rädchen zu großen Problemen für das Gesamtlaufwerk führen kann.

Wir waren zu einer Familienfeier bei Freunden eingeladen. Eine Mutter war dabei, die ihrem siebenjährigen Sohn ununterbrochen vor allen anderen erklärte, was er alles falsch mache. Er hielt in ihren Augen das Besteck nicht richtig, schenkte sich den Saft so bedenklich ein, dass sie es lieber für ihn übernahm, fing die Bälle zu ungeschickt, und wenn man ihn etwas fragte, antwortete grundsätzlich sie für ihn. Sie erzählte auch, dass sie ihn täglich in die Schule fahre, weil sie ihm, so wie den anderen Kindern übrigens auch, einfach noch nicht zutraue, den Weg allein zu laufen. Aber wenn schon die Mutter ihm nichts zutraut, wie soll der arme Kerl dann jemals selbst an sich glauben?

Die Selbstunterschätzung kann dazu führen, dass wir viel länger in Lebenssituationen ausharren, als wir müssten. Eine Freundin war seit Jahren unglücklich verheiratet. Ein entspanntes Familienleben fand schon lange nicht mehr statt. Wir fragten sie oft, warum sie das Drama denn nicht beende? Sie sagte: »Wegen der Kinder. Außerdem war ich noch nie alleine. Und er kümmert sich ja auch um alles. Den ganzen Papierkram traue ich mir nicht zu. Ich wüsste gar nicht, wie das gehen soll.« Wenn wir sie fragten, ob denn eine gemeinsame Therapie eine Option sei, auch wegen der Kinder, sagte sie: »Was soll das schon bringen. Erstens geht er nicht mit und ändern wird er sich nie.« »Hast du ihn denn schon mal gefragt?« »Nein, muss ich gar nicht. Ich kenne ihn ja.« Dann verließ er sie. Von einem Tag auf den anderen. Für eine andere Frau. Die Kinder ließ er natürlich ihr. Sie musste plötzlich all die Dinge tun, die sie sich bisher nie zugetraut hatte. Und stellte fest, dass sie dazu durchaus in der Lage ist. Heute sagt sie: »Hätte ich gewusst, was ich alles kann, ich hätte mich viel früher von ihm getrennt und uns allen viel Ärger erspart.«

Die Yogis sagen, wer verzagt und mutlos ist, sollte versuchen, sich klarzumachen, dass niemand perfekt und noch kein Meister vom Himmel gefallen ist. Dass nicht nur alles einen Sinn hat, sondern jeder Mensch auch eine Bedeutung. Wir sollten beginnen, uns Ziele zu setzen, unser Citta nutzen und uns vorstellen, wie es sich anfühlt, wenn wir mutig unseren Weg gehen. Die Yogis sagen: Lass dich inspirieren von Menschen, denen es ähnlich ging. Oder lass dich professionell unterstützen. Beginne einen Sport, übe regelmäßig und du wirst feststellen, wie viel Veränderungskraft in dir steckt. Bau Vertrauen in dich auf. Ich selbst hätte mir nie vorstellen können, dass ich heute beweglicher, gesünder und fitter bin als vor zwölf Jahren.

9. Anavasthitatva. Mangelnde Beharrlichkeit

Als ich vor Jahren Au-pair in Dublin war, lebte ich in einer Familie, in der die siebenjährige Tochter bei den Eltern den Ton angab und vor allem dem Vater auf der Nase herumtanzte. Sie warf das Essen zu Boden und er sagte: »Ach Lisa, mach das nicht.« Dann hob er das Essen auf und sie warf es wieder zu Boden. Seine Frau sagte zu ihm: »Du musst endlich strenger mit ihr sein.« Und verschwand in der Küche. Er sagte noch mal: »Ach Lisa. Dann bekommst du eben keine Nachspeise.« Und schob ihr dann, nachdem sie ihre aufgegessen hatte, auch noch seine zu. War das Kind endlich ins Bett gebracht, tauchte Lisa fünf Minuten später wieder im Wohnzimmer auf, wo die Eltern vor dem Fernseher saßen. Der Vater brachte sie zurück in ihr Zimmer. Das Mädchen kam wieder. So ging das einige Male, bis Lisa auf dem Sofa zwischen den Eltern saß und mit anschaute, was im Fernsehen lief. Wurden die Szenen gewaltsamer, hielt ihr der Vater die Hand vor die Augen und sagte: »Lisa, nicht hinschauen.« Sie schob die Hand beiseite. Die Mutter sagte: »Du musst strenger mit ihr sein.« Und verschwand in der Küche. Weil sie die Spannung nicht aushielt. Im Film und in ihrem Wohnzimmer. Er sagte: »Lisa, du musst jetzt wirklich ins Bett, du bist doch müde. Wenn du jetzt nicht gehst, dann hast du morgen Fernsehverbot.« Oft schlief er auf dem Sofa ein, während die Mutter in der Küche rauchte und das Kind weiterschaute.

Als ich meinen ersten abendlichen Babysitterdienst übernehmen musste, hatte ich überhaupt keine Lust, bis Mitternacht mit einem kleinen Kind auf dem Sofa zu sitzen. Ich erklärte Lisa: »Was hältst du davon, wenn wir das heute mal ganz anders machen? Ich komme alle fünf Minuten zu dir und schaue, ob bei dir alles in Ordnung ist. Dann kannst du dir den Weg sparen und in deinem gemütlichen, warmen Bett liegen bleiben. Ist das nicht super?« Vielleicht lag es daran, dass sie sowieso nicht vorhatte, neben dem fremden Au-pair-Mädchen ihren Abend zu verbringen. Vielleicht klangen die Sätze mit meinem deutschen Akzent auch bedrohlicher. Auf alle Fälle musste ich nur zweimal nach ihr sehen, dann war sie tief und fest eingeschlafen. Am nächsten

Morgen fragten mich Lisas Eltern, wie es denn gegangen sei, ob ich sehr lange gebraucht habe, um Lisa endgültig ins Bett zu bringen. Ich erzählte ihnen von meinem Erfolg. Lisas Mutter sagte zu ihrem Mann: »Das könntest du doch auch mal versuchen.« Er testete die Methode noch am gleichen Abend. Halbherzig. Er sagte zu seinem Kind: »Das hat ja gestern super geklappt. Wollen wir das heute auch so versuchen?« Lisa schüttelte den Kopf. Er seufzte. Die Mutter sagte: »Du musst konsequenter sein.« Und verschwand in der Küche. Lisa und ich hatten auch weiterhin nie Probleme mit dem Insbettgehen.

Die Yogis (aber nicht nur die) würden sagen: »Der arme Mann. Etwas mehr Beharrlichkeit hätte ihm gutgetan.« Bei einem Mangel an Beharrlichkeit fehlt uns die innere Kraft, konsequent zu bleiben. Stellt sich der erwünschte Erfolg nicht gleich ein, geben wir entweder auf oder versuchen mit einer anderen Methode unser Glück. Wirkt diese allerdings auch nicht umgehend, lassen wir sie wieder fallen oder ersetzen sie durch eine neue. Unter Umständen werden wir so nie unser Ziel erreichen, nie feststellen, dass es sich lohnt, beharrlich, hartnäckig, beständig und konsequent an einer Sache dranzubleiben. Wem die Durchsetzungskraft massiv fehlt, der hat eine niedrige Frustgrenze und ist nicht wirklich in der Lage, mit Fehlschlägen umzugehen.

Wir sollten darum, sagen die Yogis (und vermutlich jeder Pädagoge, Psychologe und Erziehungsberater auch) früh lernen, mit Misserfolgen umzugehen. Zum Beispiel, indem wir unseren Kindern, nicht nur wenn sie laufen lernen, immer wieder aufhelfen. Sie ermutigen, die Schritte noch mal zu versuchen, indem sie einen Fuß vor den anderen setzen, statt ihnen zu raten: »Lerne zu fliegen, wenn du laufen willst.« Und wenn das Kind nicht fliegen kann, zu sagen: »Lerne schwimmen, vielleicht klappt es dann.« Natürlich,

Schwimmen und Fliegen sind beides Fortbewegungsmethoden, aber keine sinnvollen, um laufen zu lernen. Wir sollten unseren Kindern darum auch vorleben, dass Scheitern kein Fehler ist und auch kein Grund, den Kopf in den Sand zu stecken. Doch dafür müssen wir selbst genügend Durchhaltekraft und Beständigkeit besitzen. Die Yogis empfehlen uns, uns einen langen Atem zuzulegen. Dranzubleiben an einer Sache und nicht gleich auf das Ergebnis zu schielen. Ganz nach dem Motto: Steter Tropfen höhlt den Stein.

Der bekannte Yoga-Lehrer Pattabhi Jois sagte: »Übe, der Rest kommt von allein.« Die Yogis empfehlen, geduldig und gelassen zu bleiben, die Leichtigkeit und auch den Humor nicht zu verlieren. Und falls uns das schwerfällt, darüber nachzudenken, was der Grund für die fehlende Beharrlichkeit und die Furcht vor Fehlschlägen sein könnte. Wenn wir anfangen, uns wirklich zuzuhören, sagen die Yogis, fangen wir an, uns zu verstehen und erhalten die Antworten, die wir suchen, von ganz allein aus uns heraus.

Patanjali sagt, das beste Mittel gegen diese energieraubenden Hindernisse ist ein ruhiger, ausgerichteter Geist. Er lässt uns erkennen, dass es Energieräuber in Form dieser individuellen Hindernisse sind, die uns im Weg stehen und auch, warum sie dort stehen. Ein klarer Geist bewahrt uns außerdem davor, dass wir unnötig Energie verschwenden. Die Yogis sind überzeugt, dass die Qualität unseres Citta die Qualität des Pranaflusses in uns bestimmt. Da, wo der Geist ist, sei auch die Energie, also Prana. Ist unser Geist zerstreut, kann demnach auch Prana nicht in konzentrierter Form in uns fließen. Was dazu führen kann, dass wir krank werden und leiden. Und das gilt es zu vermeiden. Die Yogis sagen, wie wir gesehen haben, dass das möglich ist. Ist das nicht eine ermutigende Perspektive?

Projekt lächelnde Familie

☀ Wir Mensch werden geboren, sind eine Weile auf der Erde und verabschieden uns dann wieder. Unser Leben lang versuchen wir, uns gut zu fühlen und glücklich zu sein. Von unserem ersten Atemzug an machen wir Erfahrungen, die unser Leben, die Art, wie wir es leben, und die Entscheidungen, die wir treffen, prägen. Manchmal sehen wir rot, manchmal schwarz, gelegentlich auch sehr klar. Patanjali nennt im Yoga-Sutra vier Gründe, die uns leiden lassen: die Vergänglichkeit, die Sehnsucht, unsere Prägungen und das Wechselspiel der drei Gunas. Wenn man es so sieht, sind wir Menschen das personifizierte Leid. Aber: Wir haben mit Purusha auch einen unvergänglichen Teil in uns, die Weite, können unseren Verstand einsetzen und nach den Wurzeln unserer Sehnsüchte suchen, können mit Yoga (aber auch ohne) alte, negative Muster durchbrechen und durch unsere Lebensweise dafür sorgen, dass wir innerlich ausgeglichen sind und in Harmonie mit unserer Umwelt leben. Alles kann gut werden – auch das sagt Patanjali.

Der Weckruf

Der Brief meiner Tochter war mein persönlicher Weckruf. Damals, als sie als kleines Baby mit viel zu wild schlagendem Herzen im Krankenhaus lag, hätte ich alles gegeben, damit sie leben kann. Sie lebte, aber war nicht mehr glücklich mit ihrem Leben, das doch eigentlich gerade erst begonnen hatte. Diese Erkenntnis brachte für einen Moment den Affen in meinem Kopf zum Schweigen. Diesen Affen, der die ganze Zeit schrie: »Mir geht's schlecht, mir geht's schlecht. Alles hat sich gegen mich verschworen. Ach übrigens, du musst mehr arbeiten, sonst geht es dir noch schlechter. Und mehr Fortbildungen machen. Damit du nichts verpasst. Da, nächstes Wochenende wäre gleich eine. Melde dich an. Und arbeite mehr, damit du dir das leisten kannst. Und damit das klar ist: Mir geht's schlecht.«

Als der Affe für einen Moment ruhig war, ging mein Herz auf. Und ich konnte sie in diesem selten klaren Augenblick wieder spüren, diese große bedingungslose Liebe, die mich, als ich meine Tochter das erste Mal in den Armen hielt, bis in jede Zelle geflutet hatte. Die ich jetzt in diesem Moment genauso auch für meinen Sohn spürte. Für meinen Mann. Für mich. Für alle. Liebe. Glückseligkeit. Ananda. Es klingt nach Eso-Tante. Es klingt kitschig. Aber so war es.

Ich verstand, was mit Herzensgüte gemeint ist. Ich verstand, was Mitgefühl bedeutet. Ich verstand es, weil ich sie empfinden konnte, die Sorgen meiner Tochter, ihre Ängste, ihre Wünsche und ihre Hoffnungen. Ich sah, dass sie nur eines wollte: glücklich sein, sich sicher sein, dass ihre Welt nicht in Gefahr ist.

Und ich kapierte für mich endlich, was gemeint ist, wenn Patanjali im Yoga-Sutra 1.2 schreibt:

Citta vritti nirodhah – Die Bewegungen des Geistes beruhigen.

Um den Zustand von Yoga, der diese Ruhe des Geistes ist, zu erreichen. Damit der Seher hervortreten kann. Dieser Seher, der auch Purusha genannt wird, ist der unsterbliche Teil in uns. Ich verstand für mich, dass dieser Teil, der so lange doch irgendwie abstrakt war, mein Herz ist. Nicht das physische, sondern das Herz, das in der spirituellen Sprache für die Güte, die Nächstenliebe, die Selbstakzeptanz, die Weisheit und den Großmut steht. Wenn der Affe in unserem Kopf, wenn unser Citta ruhig wird, dann fangen wir an, mit dem Herzen zu hören. Das ist der Zustand von Yoga. Yoga bedeutet, mit dem Herzen wahrzunehmen. Der große Yoga-Weise T.K.V. Desikachar sagte einmal: »Was ich durch Yoga entdeckt habe, war etwas, das Herz genannt wird.«[26]

Man muss nicht mal Yogi sein, um das zu verstehen. Auch Füchse wissen das schon lange. »Nur mit dem Herzen sieht man gut. Das Wesentliche ist für die Augen unsichtbar«, verriet der Fuchs dem kleinen Prinzen. Die Lieblingsstofftiere meiner Tochter sind, neben einem kleinen Bären, bis heute zwei kleine Füchse.

Wenn man mit dem Herzen hört oder sieht, dann nimmt man wahr, was wirklich ist. Wie die Menschen, die Natur wirklich sind. Das ist der »weiche Blick«, wie ihn meine Kollegin und Freundin Helga Baumgartner nennt. Der Blick, der ungefiltert ist (soweit uns das möglich ist) von den Wertungen, Meinungen, Vorbehalten, die unseren Blick auf Menschen und die Welt normalerweise färben. Der uns mitfühlen und mitfreuen lässt. Der uns darüber geduldig und gelassen werden lässt. Der die Schönheit, die Verletzlichkeit, die Einzigartigkeit und auch die verbindende Kontinuität in allem erkennt. Und die Kraft, die Hoffnung, die Liebe. Die Liebe, die so gar nichts mit den emojis zu tun hat und den Herzchen, die wir überall verteilen, wenn wir Nachrichten und Briefe schreiben.

Wenn wir mit dem Herzen sehen, können wir erkennen, was wichtig ist und was weniger. Wie eng verbunden wir tatsächlich alle miteinander sind. Welche Auswirkung unser ganz persönliches egozentrisches Handeln auf das Wohlergehen anderer hat. Wie bedeutsam unser Leben dadurch wird und welche Verantwortung wir haben. Nicht nur als Eltern. Durch dieses Bewusstwerden können sich unsere Prioritäten verschieben, sich unsere Ziele verändern, unser Handeln und unser Leben als Folge auch. Was wir tun, hat schließlich eine Wirkung. Unsere Absichten können weggehen vom »Ich will« zum »Ich will für andere«.

Ich wollte, dass meine Tochter wieder glücklich wird. Ich wollte, dass meine Familie endlich glücklich wird. Ich wollte raus aus meinem Jammertal. Ich wollte das gute Gefühl wiederfinden, weil ich erkannt hatte, dass mein Dauertief wie eine schwere Regenwolke über meiner Familie hing. Ich wollte Stabilität, Gelassenheit und mehr Freude in meinem Familienleben und auch für mich.

Mein Weg zu mehr Leichtigkeit

Patanjali nennt die Eigenschaften, die ich mir für mein Familienleben wünschte, Sthira und Sukha, das Stabile und das Leichte. Er beschreibt damit, welche Qualität ein Asana haben soll. Asana ist heute der Überbegriff für alle Körperhaltungen des Yoga. Ursprünglich bedeutet Asana aber »Sitz« und die innere Haltung, mit der wir diesen Sitz einnehmen, um meditieren zu können. Es ist eine sehr bewusste und präsente Haltung. Denn ohne die bewusste Präsenz im Hier und Jetzt können wir nicht wahrnehmen, was in diesem Augenblick gerade stattfindet – nicht um uns herum und noch weniger in uns. Sobald der Sitz unbequem wird, werden unsere Gedanken abgelenkt und mit der Meditation ist es vorbei. Ungemütlich kann die Haltung aus vielen

Gründen werden: Der Körper zwickt, die Nase juckt, der Geist hüpft affengleich vom anstehenden Kindergeburtstag zum unmöglichen Verhalten des Ehepartners zu der Frage, was wir mittags kochen sollen und wohin der nächste Urlaub geht. Dabei kommen natürlich Emotionen hoch, die uns aufwühlen. Wollen wir zurück in unseren meditativen Geisteszustand, müssen wir zum einen unseren Sitz so verändern, dass er wieder bequem und leicht wird und zum anderen unsere Gedanken beruhigen.

Auch in den Körperhaltungen des Yoga brauchen wir eine bewusste Präsenz sowie eine »spürende Achtsamkeit«, um feststellen zu können, ob die Haltung sowohl bequem als auch stabil ist. Ob sie zu uns passt oder nicht. Ob sie uns überfordert und unserem Körper schadet oder ihm und uns etwas Gutes tut. Hat das Asana die Qualitäten von Sthira und Sukha, kann unser Geist ruhig bleiben und der Atem gleichmäßig fließen. Wie eingangs schon erwähnt, nennt mein Lehrer Sriram diesen Sthira-Sukha-Zustand das »Lächeln des Körpers«. Patanjali verspricht, dass wir widerstandsfähig gegenüber externen und inneren Einflüssen werden, wenn unser Körper lächelt.

Wenn ein Mensch Asana auf die richtige Art und Weise übt, so hat das zur Folge, dass er auch durch extreme Einflüsse nicht aus dem Gleichgewicht gebracht wird.[27]

Während meiner Ausbildung erklärte uns ein Lehrer aus Indien diesen Vers des Yoga-Sutra folgendermaßen: »Die Haltung muss so sein, dass sich Gott in uns wohlfühlt.« Oder frei nach Teresa von Ávila, dass sich meine Seele auf diesem Planeten und mit mir wohlfühlt.

Vogelperspektive

Was wir tun, hat eine Wirkung. Der Brief meiner Tochter hatte mir nicht nur das Herz, sondern auch die Augen geöffnet. Und zwar für die Erkenntnis, dass ich trotz idealer Rahmenbedingungen mein Familienleben ordentlich in den Graben gefahren hatte. Dass es darum höchste Zeit war, mir einen Überblick darüber zu verschaffen, wie es so weit kommen konnte und wie ich und wir aus dem Schlamassel wieder heil rauskommen. Ich zumindest wollte das und meine Kinder und mein Mann hatten auch keine Einwände. Immerhin: Die Beschäftigung mit Yoga hatte meinen Geist schon so weit geschult, dass ich Zusammenhänge erkennen und mir ein relativ klares Bild von der Situation machen konnte. Dachte ich zumindest. Was ich sah, war Folgendes:

1. Ich habe Duhkha, oder auf Deutsch: Mir geht es richtig schlecht. Ich leide. Dieses Leiden kann ich körperlich wahrnehmen: an meinen flatternden, gereizten Nerven, der Unruhe im Kopf und dem Gefühl, dass mir selbiger platzt (was ich gern vermeiden würde), dem Kloß im Hals, dem erhöhten Herzschlag und Puls, dem Gefühl, keine Luft mehr zu bekommen, weil alles so eng wird, und den Schmerzen im Bauch, den feuchten Händen und der Müdigkeit wegen der schlafarmen Nächte. Ich kann es an der Wut wahrnehmen, der Trauer, dem Ärger, dem Frustgefühl, der aggressiven Ungeduld gegenüber meinen Mitmenschen, dem schlechten Gewissen, der Angst und dem Gefühl der Hilflosigkeit.

2. Es gibt einen Zusammenhang zwischen meinen Emotionen, Gedanken und Handlungen. Diese Handlungen können zu einem Gefühl der Enge führen, zu Stress, die

wiederum Emotionen auslösen, die zu neuen Gedanken und Handlungen führen. Sowohl bei mir als auch bei anderen. Meine Angst zum Beispiel, etwas zu verpassen und/oder zu verarmen, führte mich zu den Gedanken, deutlich mehr arbeiten zu müssen, was ich dann ja auch tat. Das führte dazu, dass ich wenig Zeit für meine Familie hatte und mein Mann und ich uns viel stritten. Meiner Tochter machte das Angst und ließ sie denken, dass sie mir nicht wichtig sei.

3. Ich will mich eigentlich gut fühlen, die Wahl der Mittel führt aber oft zum Gegenteil. Meine Kinder und mein Mann wollen sich auch gut fühlen. Sie wählen dazu oft andere Mittel als ich. Was ich nicht verstehen kann. Meine sind schließlich die einzig richtigen. Was sie nicht so sehen. Sie denken, ihre sind richtig. Deshalb streiten wir. Denn jeder will recht haben. Statt zu streiten, wäre es aber sinnvoller, statt dem Trennenden das Verbindende zu suchen. Das Verbindende wäre der Wunsch, sich gut zu fühlen, in Frieden und Harmonie zu leben. Dieser verbindende Wunsch sollte die Ausgangslage für die Frage sein: »Wie kommen wir gemeinsam zu einem uns alle zufrieden machenden Ergebnis?« Und dann sollten sich alle zu Wort kommen lassen und sich vorurteilsfrei gegenseitig ihre Meinungen und Ansichten anhören und diese in die Lösungspläne miteinbeziehen.
Angebrachter als Rechthaberei wäre es auch, mich selbst zu fragen: »Was sind denn die wahren Motive für meine streitlustige Stimmung und Haltung? Fühle ich mich ungerecht behandelt? Habe ich zu wenig Zeit, weil ich meinen Tag oder mein Leben zu vollgepackt habe? Wurden gemeinsam vereinbarte Regeln missachtet? Fühle ich mich nicht ernst genommen? Habe ich zu wenig

geschlafen? Zwinge ich gerade einem anderen mein Lebensmodell und meine Meinung auf, weil ich denke, im Besitz der absoluten Wahrheit zu sein? Habe ich das Gefühl, zu kurz zu kommen? Spielen meine Hormone verrückt? Ist etwas richtig, nur weil man es immer schon so macht? Wie würde ich mich fühlen, würde man mich so behandeln?«

4. Meine Familie ist nur Auslöser, aber nicht Verursacher meiner miesen Laune und meines Stresses. Die Ursache liegt ganz allein in mir. Oder, um Osho zu zitieren: Wenn du leidest, ist es wegen dir, wenn du fröhlich bist, ist es wegen dir, wenn du dich glücklich fühlst, ist es wegen dir. Niemand ist dafür verantwortlich, wie du dich fühlst, nur du, du allein. Du bist die Hölle und zugleich der Himmel.«[28]

5. Unsere Kinder leiden, weil wir, ihre Eltern, mies gelaunt sind und Stress haben. Sie sind aber zu klein, um mit ihren Gefühlen bewusst umgehen zu können. Weil sie sich verbal meist nicht so gut ausdrücken können, zeigen sie ihre Hilflosigkeit und ihren Wunsch, sich gut zu fühlen, über ihr Verhalten. Was, solange wir unbewusst reagieren, wiederum zu einer gestressten Reaktion bei meinem Mann und mir führen kann. Solange wir unbewusst reagieren. Sind wir dagegen bei klarem Verstand und uns bewusst, warum unsere Kinder gerade so komisch oder anstrengend sind, können wir anders handeln.

6. Ich bin fremdgesteuert von Kräften, die Kleshas, Samskaras, Gunas und Antarayas heißen. Das ist beunruhigend und beruhigend zugleich. Beunruhigend, weil sie mein Leben ungebeten durcheinanderbringen. Be-

ruhigend, weil ich nichts dafür kann, dass sie da sind, ich also nicht verkehrt bin, nur manchmal unangemessen reagiere. Was ein Unterschied ist und mir Stunden der Selbstzerfleischung und des Selbstmitleids ersparen kann. Beruhigend ist auch, dass es Methoden gibt, diese Kräfte in Schach zu halten. Jeder bei halbwegs klarem Bewusstsein und mit entsprechendem Willen kann das. Man muss dafür nur die für sich passenden Methoden finden und anwenden. Ärgern darf ich mich also nur dann, wenn ich nicht mal versuche, mit diesen Kräften umzugehen. Dann bin ich tatsächlich selbst schuld, wenn alles so ungut bleibt, wie es ist. Denn: Was wir tun, hat eine Wirkung. Das ist Karma.

7. Mein Mann und meine Kinder sind ebenfalls fremdgesteuert. Das kann zu einem gefährlichen Kräftemessen führen. Blauhelm-Truppen, Friedenspläne und bindende Resolutionen sind dann unter Umständen durchaus sinnvoll, sollen weitere Kollateralschäden vermieden werden. Mein Mann und ich meldeten uns, als uns das bewusst wurde, umgehend für die Paartherapie an. Und heirateten zwei Jahre später. Was die zwei besten Entscheidungen (nach den Kindern) waren, die wir bisher gemeinsam getroffen haben.

8. Ich habe einen Monkey Mind, also einen Affen im Kopf. Mein Mann und meine Kinder haben auch jeweils einen. Das führt dazu, dass wir eine Affenhorde in der Familie haben, die manchmal einen Affenzirkus veranstaltet. Immer noch besser, als einen Vogel zu haben. Aber vielleicht haben wir den trotzdem. Damit der Zirkus nicht ausartet und sein Programm unerwünscht verlängert, müssen wir einen Dompteur in die Affenmanege schi-

cken. Auch das kann übrigens jeder. Alles, was wir dafür tun müssen, ist: Atmen.

9. Mir fehlen sowohl Leichtigkeit als auch Stabilität in meinem Leben. Denn: Ich habe in meinem neuen Leben nie wirklich Wurzeln geschlagen. Weder als Mutter in meiner eigenen Familie noch habe ich mich mit dem Leben auf dem Land angefreundet und die Beziehung zu meinem Partner habe ich (und er auch) schleifen lassen. Manchmal auch fast schon aufgegeben. Ich habe vergessen, das Schöne zu sehen. Das Angenehme. Die guten Seiten des Landlebens. Die Freude, die Kraft, die Liebe, die Verrücktheit, die Unberechenbarkeit und die Spontanität, die Kinder, die eine Beziehung, die eine Familie und auch das Dorfleben geben und schenken können.

10. Ich habe trotz der Ausbildung in einem Philosophiesystem, das die Gelassenheit im Mittelpunkt hat, offenbar keine Ahnung, was das eigentlich ist, wie sie sich anfühlt und wie man sie lebt. Eine befreundete Psychotherapeutin sagte einmal: »Alles, was man benennen kann, kann man auch leben.« Ich konnte sagen, was Stress ist, aber nicht, wie sich Entspannung anfühlt. Kein Wunder, dass es mir nicht gut ging.

11. Aber: Es gibt Hoffnung. Heyam duhkham anagatam. Künftiges Leid lässt sich vermeiden. Man muss nur erkennen, dass man leidet und warum.
Alles kann gut werden, auch für mich, denn es gibt einen Weg aus der Krise, aus der Dunkelheit ins Licht, von Duhkha zu Sukha. Der Weg heißt Yoga. Denn Yoga bietet die Mittel und Methoden, die aus mir und

meiner Familie eine lächelnde Familie werden lassen können.

12. Die Voraussetzung ist: Ich muss es wirklich wollen und ich brauche ein Ziel. Das Ziel ist das Lächeln meiner Familie.

13. Ich muss mich auf meinen Weg machen. Und zwar jetzt.

Acht Schritte zur Zufriedenheit

Schritt 1. Jetzt geht's los

Was wir tun, hat eine Wirkung. Und wenn wir nichts tun, verändert sich leider nichts. Oder nicht auf die Weise, wie wir das gern hätten. Jedes Jahr, wenn wir aus dem Italienurlaub zurückkommen, nehme ich mir vor, endlich Italienisch zu lernen. Damit ich endlich zu mehr in der Lage bin, als »Si«, »No« und »Prego« zu sagen und verständnislos zu lächeln. Aber es fehlt dann immer dieser letzte Entschluss, der wirkliche Wille, zu sagen: Ich melde mich für einen Kurs an. Und zwar JETZT. Auf Sanskrit heißt dieses Jetzt »Atha«. Atha bedeutet, dass jetzt etwas Neues beginnt. Das erste Wort des Yoga-Sutra (YS 1.1.) lautet darum: Atha.

Atha yoga anusasanam – Jetzt kommt eine Einführung in Yoga, die auf Erfahrung beruht.

Atha, jetzt, sagen die Yogis, ist eine Aufforderung, das Startsignal und gleichzeitig die feste Absicht, all das, was jetzt begonnen wird, auch zu einem Ende zu bringen – und zwar ohne Ablenkung. Wenn wir etwas zu Ende bringen möchten, brauchen wir auch ein Ziel.

Und wenn wir uns doch ablenken lassen, was leicht möglich ist, oder zwischendurch eine Pause machen, dann ist das Atha immer wieder unser Weckruf und unser Signal, jetzt weiterzumachen, fortzufahren mit dem, was wir uns vorgenommen haben, weiterzugehen auf dem Weg, den wir eingeschlagen haben.

Das »Jetzt« ist auch die Aufforderung, nicht länger Zeiten hinterherzuhängen, die der Vergangenheit angehören, und sich nicht über eine Zukunft Gedanken zu machen, die wir sowieso nicht kennen, für die wir aber Impulse setzen können. Und zwar jetzt, in dem einzigen Moment, in dem unser Leben wirklich stattfindet. Wir verpassen unser Leben, wenn wir nicht präsent sind.

T.K.V. Desikachar sagte: »Yoga ist die Fähigkeit, permanent präsent zu bleiben.«[29]

Schritt 2. Ruhe im Kopf. Auch jetzt.

Was wir tun, hat eine Wirkung. Patanjali sagt, wir müssen für Ruhe sorgen. Im Kopf und in den Emotionen. Und zwar jetzt. Denn die Unruhe, das spürbare Leid, findet, wie schon gesagt, nur in diesem Augenblick statt. Nicht gestern, nicht morgen. Die Ursache dafür kann gestern gewesen sein oder auch in der Zukunft stattfinden. Doch bewusst körperlich, mental und emotional nehmen wir das Leid, den Stress, das Unwohlsein nur jetzt wahr. Das ist ein großer und wichtiger Unterschied. Auch um diesen Unterschied zu bemerken, müssen wir ruhig werden. Sonst, sagen die Yogis, wird das nichts mit dem Yoga-Weg.

Die Vorstellung, frei von Gedanken und Emotionen durch die Welt zu laufen, fand ich zu Beginn meines Yoga-Weges übrigens wenig ansprechend. Ich wollte ja kein

Zombie sein. Allerdings hatten die Yogis das mit der Gedankenlosigkeit auch nie so gemeint. Zudem sucht sich das, was unterdrückt wird, meist auf andere Weise Gehör. Emotionen und Gedanken sind ein Teil von uns, und alles, was ist, hat seinen Sinn. Negative Gedanken und Emotionen zeigen uns zum Beispiel, dass etwas in unserem Leben nicht stimmt, in welcher Dimension, ob als Mücke oder Elefant, auch immer.

Die Yogis sprechen darum auch von einer dynamischen Stille, denn tatsächlicher Stillstand ist nicht im Sinne der Natur und darum auch nicht des Yoga. Die Gedanken, die Gefühle, die Emotionen sind in der dynamischen Stille immer noch da, aber sie schlagen in dem Moment keine Wellen. Stellen wir uns einmal einen spiegelglatten See vor. Unter der Wasseroberfläche werden wir immer noch Bewegungen wahrnehmen. Aber sie beeinflussen die Oberfläche nicht. Was passiert, wenn alles ruhig wird, erzählt folgende Weisheitsgeschichte:

> ☼ *Ein einsamer Mönch, der gerade aus einem Brunnen Wasser schöpfte, bekam von einer Gruppe Menschen Besuch. Sie sagten zu ihm:* »*Erzähl uns vom Sinn der Stille.*« *Der Mönch antwortete:* »*Blickt in den Brunnen. Was könnt ihr sehen?*« *Die Menschen blickten in den Brunnen, dessen Wasseroberfläche noch sehr bewegt war. Sie antworteten:* »*Wir sehen nichts.*« *Nach einer Weile, als sich das Wasser etwas beruhigt hatte, sagte der Mönch:* »*Blickt noch mal in den Brunnen. Was seht ihr jetzt?*« *Die Menschen blickten in den Brunnen und antworteten:* »*Jetzt sehen wir uns.*« *Nach einer Weile, die Wasseroberfläche war jetzt ganz ruhig, sagte der Mönch:* »*Blickt noch einmal in den Brunnen. Was seht ihr jetzt?*« *Die Menschen blickten hinein und antworteten:* »*Jetzt sehen wir den Grund.*« *Da lächelte der*

Mönch und sagte: »Das ist der Sinn der Stille. Sie lässt uns den Grund aller Dinge sehen.«[30]

Autor unbekannt

Schritt 3. Den Verstand einschalten

Wenn wir den Grund aller Dinge sehen, dann lösen sich alle individuellen Hindernisse auf. Weil wir dann klar sehen, urteilen und bewusst handeln können. Die Yogis sagen, wir brauchen einen klaren Verstand, um überhaupt bemerken zu können, dass es uns schlecht geht, dass wir abrutschen in unser Jammertal, sei es akut oder schleichend, dass Duhkha im Anmarsch ist oder wir es schon haben. Die Yogis nennen das Viveka, die Unterscheidungskraft.

Ein ruhiger Geist ist fähig loszulassen, was ihn beunruhigt, verwirrt oder aufregt. Weil ein ruhiger Geist erkannt hat, warum er wann wie tickt, reagiert, denkt und arbeitet. Weil er all seine Emotionen, Gefühle, Gedanken bewusst wahrnimmt, sich aber von ihnen nicht tyrannisieren, mitreißen, gefangen halten oder überwältigen lässt. Sie auch nicht unterdrückt, denn Unterdrückung führt selten zu einer friedlichen Lösung des Problems. Im Gegenteil. Ein ruhiger Geist ist in der Lage, wahrzunehmen – ohne zu bewerten oder zu beurteilen. Und darüber erfährt er Freiheit im Fühlen, Denken und Handeln.

Viveka und das Hamsterrad

Vor Kurzem musste ich zu einer Gerichtsverhandlung, es ging um viel Geld, das mir mein ehemaliger Arbeitgeber noch schuldete. Am Morgen des Gerichtstermins war ich angespannt, fühlte mich unwohl und unruhig, weil ich ungern vor einem Richter stehe, nicht wusste, was auf mich zukommt und aufgrund der krawalligen Schreiben der Gegenseite üble

Beschimpfungen bei der direkten Begegnung befürchtete. Ich hatte, wenn man so will, schweres Duhkha. Als Folge davon war ich angespannt, nervös, konfus und ziemlich gereizt. Ich fand, dass mir mein Mann im Weg stand, seine Kinder (von denen er sagte, sie seien auch meine) schon am frühen Morgen sehr anstrengend und laut waren und unser Haus im Übrigen viel zu klein für so viele Menschen um diese Uhrzeit und dringend mal jemand aufräumen sollte.

Früher hätte ich meine durch die Unsicherheit bedingte Gereiztheit und schlechte Laune vermutlich ungebremst an meiner Familie und zuallererst an meinem Mann ausgelassen. Nach dem Motto: Einer muss ja Schuld haben. Und warum da nicht gleich den Naheliegenden nehmen? Die Folge wäre wahrscheinlich ein unschöner Streit geworden, der die verzweifelten »Hört bitte auf zu streiten«-Rufe der Kinder mal eben großzügig übergangen hätte. Es wäre ein mieser Start in den Tag gewesen, der das Fühlen, Denken und Handeln aller Beteiligten für diesen und vermutlich auch weitere Tag(e) nachhaltig geprägt oder beeinflusst hätte. Vieles, was im Verlauf dieses Tages noch geschah, wäre unter dem Eindruck des morgendlichen Streits betrachtet worden. Und wer weiß, wie viele Menschen und andere Wesen dadurch noch in Mitleidenschaft gezogen worden wären.

Weil ich an diesem Tag aber Viveka hatte, also in der Lage war, mich selbst zu beobachten, und den Zusammenhang zwischen der Ursache und der Wirkung, die sie auf meine Gefühle und Gedanken hatte, herstellen konnte, gelang es mir, trotz der inneren Unruhe im Handeln ruhig zu bleiben. Ich erklärte meiner Familie, dass ich gereizt sei, weil ich Angst vor dem habe, was da auf mich zukomme, dass ich darum unentspannter reagiere als sonst und dass sie es bitte nicht persönlich nehmen sollten. Ich habe das Problem, nicht sie. Sie gingen verständnisvoll mit mir um, niemand stritt, keiner fühlte sich ungerecht behandelt. Ich konnte ohne schlechtes Gewissen zu der Verhandlung fahren, die dann auch noch positiv für mich endete.

Solange der Affe in meinem Kopf aber in ADHS-Manier durch meine Gehirnwindungen tobte und mich die Gefühle überrannten, war ich nicht wirklich in der Lage gewesen, diese Unterscheidungskraft zu entwickeln und meinen Verstand einsetzen zu können. Oder haben Sie schon mal einen klaren Gedanken gefasst, wenn Sie vor Wut gekocht haben? Wenn die Liebe Ihnen den Verstand geraubt oder die Angst Sie gelähmt hat?

Die Yogis sagen, solange wir dieses Zusammen- und Wechselspiel aus Emotion und Reaktion nicht erkennen, tönt der Monkey Mind laut aus allen Rummelplatz-Lautsprechern: »Welcome to the Hamsterrad. Steigen Sie ein, bleiben Sie sitzen. Denn die wilde Fahrt nimmt ihren Lauf.« Mein Lehrer Eberhard Bärr sagt: »Man muss seinen Intellekt einsetzen, um sich vom Leid zu befreien. Sonst leidet man intelligent.« Zombies sind noch nie durch großartige intellektuelle Leistungen aufgefallen.

Schritt 4. Dem Affen Zucker geben

Bevor ich mit Yoga in Berührung kam, hatte ich mir nie großartig Gedanken über meine Gedanken oder meinen Geist oder irgendeinen Zusammenhang zwischen Gedanken und Gefühlen gemacht. Als ich das erste Mal versuchte zu meditieren, ist mir bewusst geworden, was für ein Lärm und wie viel Bewegung in meinem Kopf und in mir eigentlich die ganze Zeit stattfinden, besonders dann, wenn Ruhe erwünscht ist. Da war nicht nur ein Affe, sondern eine ganze Horde, die laut kreischend durch den Gedankendschungel jagte. Wie sollte ich das jemals befrieden können?

Die Yogis sagen: »Das ist eigentlich ganz einfach. Du

musst dem Affen Zucker geben. Und der beste Zucker, den er bekommen kann – wir wollen ihm ja keine Gewalt antun –, ist der Atem.« Denn der Atem und unser Geist hängen eng zusammen. Wir halten die Luft an, wenn es spannend wird oder wir uns sehr anstrengen. Uns stockt der Atem, wenn wir etwas Schreckliches sehen oder uns erschrecken. Uns geht die Luft aus, wenn wir physisch und psychisch nicht mehr können. Im Alltag atmen wir selten ruhig und gleichmäßig, so wie wir es als tiefenentspannte Babys noch konnten. Je flacher wir aber atmen, desto weniger Sauerstoff gelangt ins Blut und desto müder und unklarer wird unser Geist und auch der Körper.

Praktischerweise haben wir den Atem immer dabei. Alles, was wir tun müssen, ist, ihn zu beobachten. Schon hat der Affe in unserem Kopf eine Aufgabe und er wird ruhig. Und dann sehen wir klar. Natürlich gelingt das meistens nicht mit drei kurzen Schnaufern. Ein bisschen Ausdauer müssen wir mitbringen. Aber das Ziel, der ruhige Affe, lohnt sich. Die ganze Familie profitiert davon.

Übung: Einatmen. Ausatmen. So lange, bis Sie merken, dass Ihre Gedanken und Gefühle ruhiger werden.

Schritt 5. Machen wir uns Gedanken ...

Als der Affe in meinem Kopf ruhiger und mein Herz spürbarer wurde, begann ich mir Gedanken zu machen. Diesmal nicht um meine Karriere, auch nicht über meinen Yoga-Weg oder wie ich mein Konto füllen könnte. Sondern darüber, was ich wirklich brauche, um zufrieden zu sein. Was ich wirklich brauche im Leben. Was sich meine Kinder wirklich wünschen. Was Kinder wirklich brauchen. Wie ich als Mutter sein möchte, was eigentlich die Aufgabe von Eltern ist und was Gelassenheit bedeutet.

... über Kinder und wie sie sich entwickeln sollen
Es ist eigentlich paradox. Erst wünschen wir uns unbedingt Kinder, stellen dafür manchmal die Welt auf den Kopf und alle Hebel in Bewegung – und sind sie dann auf und in unsere Welt gekommen, fragen wir uns ab und an (und gelegentlich auch öfter): »Was haben wir da getan?«

Ich weiß, wovon ich spreche. Meine beiden Kinder sind Wunschkinder und trotzdem genieße ich durchaus die Momente, wenn sie außer Haus sind. Gelegentlich würde ich sie auch am liebsten einmal quer durchs Universum oder in ein Wurmloch schicken. Dann zum Beispiel, wenn sie ihre Spielsachen im ganzen Haus verteilt haben, sie aber nicht mehr aufräumen möchten. Beide übrigens mit der Begründung: »Ich war das nicht. Das hat mein Bruder/meine Schwester liegen lassen. In echt!« Oder wenn sie mit ihren schmutzigen Händchen lustige Abdrücke auf den frisch geputzten Fenstern hinterlassen haben. Wenn sie sich lautstark und türeschlagend wegen – meiner Meinung nach – Banalitäten streiten und dann abwechselnd heulend zu mir kommen, um zu sagen, wie gemein der andere doch ist. Oder wenn ich in meinem Arbeitszimmer ein wichtiges Telefongespräch führen muss und beide vorab gebeten habe, dass sie mich jetzt nicht stören sollen, es dauere auch wirklich nicht lange, worauf sie äußerst verständnisvoll genickt haben: »Kein Problem, Mama, wir kommen schon klar« – und dann im Zwei-Minuten-Takt vor mir stehen, mich mit großen Augen anschauen und sagen: »Mama, ich muss dich was fragen.« »Wenn ich fertig bin, bin gleich bei euch, ich telefoniere noch.« »Mama, ich kapier da was bei der Hausaufgabe nicht.« »Ich bin gleich bei dir, einen Augenblick noch.«

Jetzt schon genervter. »Ich habe doch gesagt, dass ich telefoniere.« Dazu wilde Handzeichen meinerseits, Finger auf die Lippen, angedeutetes Hinausschieben. Die Tür hinter ihr schließen, weitertelefonieren. Die Tür öffnet sich wieder, der Sohn schiebt erst die Hand, dann den Kopf, schließlich seinen ganzen kleinen Körper in mein Zimmer. Langsam. Auf Zehenspitzen. Er weiß ja, es ist inzwischen gefährliches Terrain, das er betritt. Ein kurzer Blick, Mama hat sich noch nicht in einen Drachen verwandelt. Er wagt es: »Mama, sie versteht die Hausaufgabe nicht. Du musst jetzt kommen.« Er zieht an meinem Arm. Heldenhaft. Für seine Schwester macht er so einiges. Ich wäre jetzt gern ein Drachen, der Feuer spucken kann. Oder zumindest Rauch. Er merkt das auch und läuft schnell aus dem Zimmer. Ich entschuldige mich bei meinem Gesprächspartner, er sagt: »Vielleicht probieren wir es noch mal, wenn Sie mehr Zeit haben.« Gute Idee. Wir beenden das Gespräch. Ich gehe zu meinen Kindern. Sie spielen friedlich. Ich funkle sie fürchterlich an. »Was war denn jetzt so dringend mit den Hausaufgaben?« »Ach so, das habe ich jetzt schon kapiert. Ich habe nur meine eigene Schrift nicht lesen können. Du hättest ruhig weitertelefonieren können.«

Tatsächlich ist das eine völlig harmlose Geschichte. Aber genauso tatsächlich bringen Kinder unser Leben völlig durcheinander. Weil sie uns zu Pausen zwingen und zu einer Geschwindigkeit im Leben, die unserem Takt nicht mehr entspricht. Mein erster Lehrer sagte einmal zu mir: »Wir müssen uns dem Rhythmus unserer Kinder anpassen. Nicht umgekehrt.« Was für viele von uns, mich eingeschlossen, schwierig wird, wenn durch den langsameren Rhythmus der Kinder unser straff getakteter Zeitplan durcheinandergerät, unsere Karriere gebremst wird, wir das Meeting nicht einhalten können, zu spät zur Arbeit kommen, nicht mehr so ohne Weiteres nächtelang um die Häuser ziehen oder in kostengünstigere spontane Urlaube fahren können, sondern ab der Schulzeit nur noch zu den teuren Hauptsaisonwochen.

Aber warum bekommen wir dann überhaupt Kinder? Ist es, wie Khalil Gibran sagt, die Sehnsucht des Lebens nach sich selbst? Ist es, weil man es halt so macht, es zum guten Ton gehört, das gesellschaftliche Ansehen steigert und die Karriere fördert? Ein Accessoire, ein Statussymbol, das unser Leben besser, schöner, leichter machen soll? Oder war es ein »Unfall«? Wie gehen wir mit unseren Kindern um und warum? Und was wollen sie eigentlich?

Kinder wollen, so wie jedes Wesen, glücklich sein, sagen die Yogis. Die ansonsten in ihren Schriften recht wenig über Kinder schreiben. Aber: Um glücklich und zufrieden zu sein, brauchen Kinder das Gleiche wie wir Erwachsenen. Liebe, Nahrung, Kleidung, Wärme, soziale Kontakte, geistigen Input, Schlaf, keinen Stress, Sicherheiten, Vertrauen ins Leben, in sich und in uns.

Kinder kommen, sagen die Buddhisten und auch die Yogis, mit ihrem eigenen Bewusstsein auf die Welt. Und mit Augen, die vor Lebensfreude leuchten. Jedes Kind, sagt man, hat ein ganz individuelles Potenzial in sich, das nur darauf wartet, sich entwickeln zu dürfen. Kinder sind begeisterungsfähig, neugierig, lebenslustig, eigenwillig, eigensinnig, dem Leben zugewandt, hoffnungsvoll. Zumindest, solange man sie so sein lässt und sie sich unter günstigen Bedingungen entwickeln dürfen.

In Indien wird Krishna, die Inkarnation des Gottes Vishnu, auch als Göttliches Kind verehrt. Krishna war ein freches und ein verspieltes Kind. Eines Tages blickte ihm seine Mutter in den Mund und sah darin das ganze Universum, die gesamte Schöpfung mit all ihren Möglichkeiten der Entwicklung und Entfaltung. Ein Kind, ein Mensch ist immer ein Ausdruck dieses Potenzials. Wie es die Möglichkeiten, die in ihm schlummern, entfalten kann, daran haben die Menschen, die dieses Kind auf seinem Weg begleiten, einen großen Einfluss.

> ☀ *Es war einmal ein König. In seiner Stadt herrschte große Armut. Die Menschen in der Stadt waren verbittert und unzufrieden und sie fürchteten ihren Herrscher. Eines Tages ließ der König alle Bewohner am Stadtplatz versammeln, um ihnen etwas Wichtiges mitzuteilen. Gespannt und ängstlich richteten die Menschen ihre Blicke auf den König und waren neugierig auf die wichtige Mitteilung. Der König sprach: »Ich habe heimlich ein Königskind gegen eines eurer Kinder getauscht. Behandelt es gut. Sollte ich erfahren, dass meinem Kind Schlechtes widerfährt, werde ich den Schuldigen zur Rechenschaft ziehen!« Dann kehrte der König auf sein Schloss zurück. Die Stadtbewohner fürchteten die Strafe, weil niemand wusste, welches das Königskind war. Deshalb begannen die Menschen, alle Kinder in der Stadt so zu behandeln, als wäre jedes einzelne das Königskind.*
> *Es vergingen viele Jahre. Die Kinder wurden zu Erwachsenen und bekamen selber Kinder. Der mittlerweile alte König beobachtete mit Genugtuung die Entwicklung in seiner Stadt. Aus der früheren armen und schmutzigen Stadt wurde eine prachtvolle, weit über die Landesgrenzen bekannte Stadt. Es gab Krankenhäuser, Schulen, eine große Bibliothek … Die Bewohner waren zufrieden und glücklich.*
> *Und warum? Weil alle Bewohner die Kinder in der Stadt mit viel Liebe und gut erzogen haben. Da niemand*

wusste, welches Kind das Königskind war, wurde jedes in der Stadt so behandelt, als wäre es vom König.[31]
Autor unbekannt

Oft glauben wir, mit Frühförderungen und anderen Optimierungsangeboten die Karriere- und Überlebenschancen unserer Kinder in einer schnellen Welt zu verbessern. Vielleicht bin ich eine schlechte Mutter, weil ich meine Kinder nicht jeden Nachmittag in ein Sport-, Musik- oder Sprachförderungsprogramm stecke oder in den Yoga-Unterricht, damit das Kind auch mal zur Ruhe kommt, sondern sie zu Hause spielen und sich auch mal langweilen lasse. Vielleicht bin ich auch bequem und habe zu wenig Zeit, sie von Veranstaltung zu Veranstaltung zu fahren. Meine Tochter voltigiert, mehr will sie selbst nicht. Mein Sohn möchte vielleicht in den Fußballverein. Aber erst möchte er sich entscheiden, ob er Manuel Neuer oder ein Feldspieler ist, lieber für Deutschland oder Frankreich spielt, weil ihm die Trikotfarbe so gut gefällt. In der Überlegungsphase schaukelt er, fährt Rad, spielt mit Vater, Großvater, der Schwester, mir und wer ihm sonst noch über den Weg läuft in unserem Garten Fußball. Manchmal auch allein für sich. Er wirkt dabei sehr zufrieden.

Wenn unser Leben festgefahren, stressig und freudlos geworden ist, empfehlen Therapeuten und andere Ratgeber oft, dass wir uns auf die Suche nach unserem inneren Kind machen sollen. Denn dieses innere Kind steht für die Freiheit, die Unbekümmertheit, die Leichtigkeit, das Wilde, Kreative, die Streiche und kleinen Regelverstöße, die eine glückliche Kindheit ausmachen. Aber: Zu welchem inneren Kind sollen unsere Kinder später zurück, wenn sie nie Kind sein durften?

Erinnern wir uns an das Astrid-Lindgren-Universum:

Wen haben wir mehr ins Herz geschlossen? Die wilde, unangepasste Pippi Langstrumpf und den unglaublichen Lausbuben Michel von Lönneberga oder das brave, ängstliche Geschwisterpaar Annika und Tommy? Ich möchte übrigens nicht mal im Fasching Annika sein. Und trotzdem: Bei der Wahl zwischen Pippi oder Annika, Michel oder Tommy würden vermutlich viele von uns Annika und Tommy als unsere Kinder wählen. Was ich an manchen Tagen auch sehr gut nachvollziehen kann. Warum? Weil sie pflegeleicht sind. Keine Schwierigkeiten machen. Und uns, und nur uns allein, keinen zusätzlichen Stress produzieren. Aber als Dauerzustand fände ich das bedenklich. Würde aber zu akzeptieren versuchen, meine Kinder Tommy und Annika sein zu lassen (nicht nur im Fasching), wenn das der Weg ist, den sie von sich aus gehen möchten.

Wenn wir Kinder haben, lohnt es sich, das Sutra 2.22 im Gedächtnis zu behalten, in dem es heißt, dass alles, was ist, seinen Sinn hat.

Nichts in dieser Welt kann als überflüssig oder bedeutungslos betrachtet werden, denn alles kann für irgendjemanden zu irgendeinem Zeitpunkt von Nutzen sein.

Auch wenn das nicht immer gleich ersichtlich ist. Für die Münchner Abendzeitung führte ich einmal ein Interview mit dem langjährigen Direktor eines großen Museums. Er erzählte, dass er, als seine Eltern an einem Tag außer Haus waren, das Radiogerät der Familie auseinandergenommen hat, weil er wissen wollte, wer der Mann ist, dessen Stimme aus dem Gerät sprach. Er war damals noch keine sechs Jahre alt. Er konnte das Gerät zwar auseinander-, aber nicht mehr zusammenbauen. Er habe darum furchtbare Angst vor dem Donnerwetter der Eltern gehabt, doch die hätten sehr souverän reagiert. Der Vater habe gesagt: »Neugierig ist er ja. Vielleicht wird ja mal was aus dem Bub.« Das sage ich mir jetzt auch immer, wenn meine Kinder mit Gegenständen unseres Haushalts, wie Lampen, Gläsern, Stiften und Scheren experimentieren. Vielleicht wird ja mal was aus ihnen. Ich bin mir da tatsächlich ganz sicher. Denn sie sind ja jetzt schon was. Nämlich etwas ganz Einzigartiges. Und manchmal auch Eigenartiges.

✳ ✳ ✳

Was wünsche ich mir also für meine Kinder? Dass sie Menschen sind, die mit ihrem Leben zufrieden sind und es gern leben, die genügend Ressourcen und mentale Kraft und Stabilität haben, in Krisen zurechtzukommen, und die anderen Menschen, Lebewesen und ihrer Umwelt zu Land, zu Wasser, zu Luft nicht in bewusster Absicht Schaden zufügen.

Kinder sind die Sehnsucht des Lebens nach sich selbst, sagt Khalil Gibran. Sie sind die Hoffnung, dass es immer weitergeht. Sie sind die personifizierte Liebe des Lebens. Im Idealfall sind sie das auch für uns Eltern.

Der Dalai Lama sagt, dass wir alles, was wir uns für oder von unseren Kindern wünschen, ihnen auch vorleben müssen. Unsere Tochter hatte einmal am Abend eines Tages, an dem der Ton zwischen allen sowieso schon sehr angespannt und gereizt war, ziemlich pampig auf eine Frage geantwortet. Wir fragten sie, was denn das gerade war. Sie sah uns an, zuckte mit den Schultern und sagte: »Motzende Eltern, motzende Kinder.«

Wenn wir freundliche Kinder möchten, sollten wir freundliche Eltern sein.

*Wenn Kinder mit Kritik leben,
lernen sie zu verurteilen.*

*Wenn Kinder mit Feindseligkeit leben,
lernen sie zu kämpfen.*

*Wenn Kinder mit Angst leben,
lernen sie, ängstlich zu sein.*

*Wenn Kinder mit Mitleid leben,
lernen sie, mit sich selbst Mitleid zu haben.*

*Wenn Kinder mit Spott leben,
lernen sie, scheu zu sein.*

*Wenn Kinder mit Eifersucht leben,
lernen sie, was Neid ist.*

*Wenn Kinder mit Scham leben,
lernen sie, sich schuldig zu fühlen.*

*Wenn Kinder mit Toleranz leben,
lernen sie, geduldig zu sein.*

*Wenn Kinder mit Ermutigung leben,
lernen sie, zuversichtlich zu sein.*

*Wenn Kinder mit Lob leben,
lernen sie, anzuerkennen.*

*Wenn Kinder mit Beständigkeit leben,
lernen sie, sich selbst zu mögen.*

*Wenn Kinder mit Bejahung leben,
lernen sie, Liebe in der Welt zu finden.*

*Wenn Kinder mit Anerkennung leben,
lernen sie, ein Ziel zu haben.*

*Wenn Kinder mit Teilen leben,
lernen sie, großzügig zu sein.*

*Wenn Kinder mit Ehrlichkeit und Fairness leben,
lernen sie, was Wahrheit und Gerechtigkeit sind.*

*Wenn Kinder mit Sicherheit leben,
lernen sie, an sich zu glauben und an die,
die um sie sind.*

*Wenn Kinder mit Freundlichkeit leben,
lernen sie, dass die Welt ein schöner Ort zum Leben ist.*

*Wenn Sie mit Gelassenheit leben,
wird Ihr Kind mit einem Seelenfrieden leben.*

Womit leben Ihre Kinder?

Dorothy Law Nolte [32]

… über Eltern und wie sie erziehen könnten

Sollte ich jemals zuvor schon einmal gelebt haben, dann sicher nicht als Mutter. Meine Tochter und auch mein Sohn sind Wunschkinder. Trotzdem: Mit dem, was heute von Müttern oft ganz selbstverständlich erwartet wird, tat und tue ich mich immer wieder schwer. Ich mag keine Hausarbeit, koche nicht gern, finde öffentliche Spielplätze grauenhaft, meide Hallenbäder, bin bei der Hausaufgabenbetreuung ungeduldig, mache um Mutter-Kind-Veranstaltungen einen großen Bogen und frage mich bei Elternabenden nach spätestens zehn Minuten entnervt, wann der Spuk endlich vorbei ist. Ach ja, und fliegen, das tue ich auch nicht gern, schon gar nicht als Helikopter um meine Kinder. Bin ich deshalb eine schlechte Mutter?

Ein Bekannter von meinem Mann und mir sagt: »Ich habe keine Ahnung, was einen guten Vater ausmacht. Meiner ist ja gegangen, als ich drei Jahre alt war und mein Stiefvater war Alkoholiker. Mir fehlt ein Vorbild.« Eine frühere Kollegin wollte gar keine Kinder haben. Ihre Begründung: »Meine Kindheit war so schrecklich. Ich hatte Angst, so zu werden wie meine Mutter.« Und Eva-Maria, eine meiner Kursteilnehmerinnen und alleinerziehende Mutter zweier pubertierender Teenager, sagt: »Ich traue es mich fast nicht zu sagen. Aber ich genieße die Wochenenden, an denen sie bei ihrem Vater sind. Das ist Freiheit pur.« Ein weiterer Freund hat neulich gestanden: »Ich habe bei meinem ersten Kind fast zwei Jahre gebraucht, um mich an die Vaterrolle zu gewöhnen. Hätte ich gewusst, wie heftig das alles wird, ich wäre vermutlich nie Vater geworden.« Er hat es dann trotzdem noch mal gewagt, vor Kurzem kam seine zweite Tochter zur Welt. Er sagt: »An manchen Tagen komme ich mir inzwischen vor wie der Direktor eines Affenzirkus. Früher bin ich in die Berge gegangen und zu Snowboard-Wettbewerben gefahren. Schon krass, wie sich das Leben ändert.« Seine eigenen Interessen und Hobbys habe er erst mal abgeschrieben. Auch wenn es ihm schwerfällt. »In ein paar Jahren bin ich wieder dran.« Hofft er zumindest.

Aus biologischer Sicht ist es keine große Leistung und auch keine große Kunst, Eltern zu sein. Den Akt der tatsächlichen Zeugung muss uns niemand erklären. Schwieriger wird es, eine bewusste Mutter, ein bewusster Vater, gute Eltern zu sein, was auch immer das ist. Warum sonst gibt es so viele Ratgeber, Erziehungskonzepte, Familienberatungsstellen, Mutter-Kind- oder Eltern-Kind-Kuren, warum sonst so viel Stress, Überforderung und Helicoptering mit dem Nachwuchs und in der Familie?

Sucht man Antwort bei den Göttern, bekommt man leider auch keine befriedigende Antwort:

❋ *Als Shiva, einer der drei Hauptgottheiten des hinduistischen Götteruniversums, von einer Hunderte von Jahren andauernden, tiefen Meditation zurück zu seiner Frau, der Göttin Parvati kam, versperrte ein Knabe den Weg zu dem Ort, an dem seine Mutter ein Bad nahm. Shiva begehrte Durchlass, aber der Knabe gewährte ihm keinen. Die Argumentation muss hitzig geworden sein, nachgeben wollte keiner. Aus Wut und im Affekt – Shiva ist für sein aufbrausendes Temperament gefürchtet – schlug der Gott dem Knaben den Kopf ab. In diesem Moment kam Parvati von ihrem Bad zurück und sah entsetzt, was Shiva angerichtet hatte. Sie schimpfte ihren Mann und fragte ihn: »Du hast deinen eigenen Sohn getötet. Hast du ihn denn nicht erkannt?« Aber wie das so ist, wenn man keine Zeit für seine Kinder hat, kann es schon mal passieren, dass man sich nicht mehr erkennt. Shiva versprach reumütig, das Kind wiederzubeleben, und beauftragte seine Leute, dem ersten Wesen, das ihm über den Weg lief, den Kopf abzuschlagen und ihn auf den Körper des toten Sohnes zu setzen. Es war schließlich ein Elefant, der seinen Kopf lassen musste. Und so entstand Ganesha, einer der beliebtesten indischen Götter.*[33]

Ganesha steht übrigens für den Neuanfang und für die Überwindung von Hindernissen. Die Geschichte zeigt symbolisch und natürlich sehr überzogen, was im Extremfall passieren kann, wenn man zu wenig Zeit mit den Kindern oder als Familie verbringt beziehungsweise sich auf vielen Ebenen aus den Augen verliert. Selbst wenn man so sinnvollen Aufgaben wie der Meditation nachgeht.

Tatsächlich aber wird die Elternrolle in den alten Yoga-Schriften nicht wirklich thematisiert. Es gibt keine spezifischen Anleitungen, keinen 12-Punkte-Plan »How to become a better parent«. Denn die Schriften sagen im Prinzip ja immer: Kümmere dich erst mal um dich selbst. Und wenn du dann verstanden hast, was dich stresst, was dich handeln lässt und um was es eigentlich geht im Leben, dann wird dein Umgang mit deinen Kindern automatisch einfacher, bewusster, friedvoller und liebevoller. Unter Umständen freier und anders, als es in manchen Erziehungsratgebern steht. Zumindest ging es mir so, als ich anfing, mich nicht nur theoretisch mit Yoga zu beschäftigen, sondern versuchte, das Wissen mit dem Herzen, mit dem weichen Blick und mit Geduld mit mir selbst in die Praxis umzusetzen. Es ist schließlich noch keine Meisterin-Mutter und kein Meister-Vater vom Himmel gefallen.

Im Umgang mit den Kindern und auch mit anderen Menschen und Lebewesen besonders geholfen hat mir der für die Yoga-Philosophie zentrale Gedanke von Ahimsa. Das ist der Sanskrit-Begriff für die Abwesenheit von Gewalt, und zwar im Denken, im Sprechen und im Handeln. Natürlich machen mich meine Kinder an manchen Tagen wahnsinnig und ich würde sie zum Abkühlen am liebsten unter eine eiskalte Dusche stellen. Allerdings: Die Würde des Menschen ist unantastbar. So steht es auch im Grundgesetz. Und, das habe ich inzwischen festgestellt: Meine Kinder (und mein Mann und andere Menschen) machen mich nur dann wahnsinnig, wenn ich sowieso im Stress bin, zu wenig geschlafen habe und nichts läuft, wie es laufen soll. Wenn mein Geist und meine Emotionen heftigen Wellengang haben. Ist die See ruhig, finde ich zwar manches an ihrem Verhalten auch nicht so toll, kann ihnen das dann aber in einem ruhigen Ton mitteilen oder darüber hinwegsehen.

Die Kunst ist es, im Sturm die Idee von Ahimsa beizubehalten. Die Yogis sagen, das ist machbar. Wir sollten immer dann, wenn wir nicht wissen, wie wir uns verhalten sollen oder was unsere Handlung bewirken könnte, versuchen, uns in unser Gegenüber hineinzuversetzen, uns zu fragen: »Wie würde ich mich fühlen, wenn so über mich gedacht wird, wenn auf diese Weise mit mir geredet und wenn ich in dieser Art behandelt würde?« Patanjali verspricht, dass sich um Menschen, die Ahimsa konsequent befolgen, eine Insel der Friedfertigkeit bildet.[34] Klingt das nicht nach einem guten innerfamiliären Friedensplan?

※ ※ ※

In der Yoga-Philosophie genauso wie im Buddhismus gibt es außerdem die Idee vom Dharma. Dharma ist eine höhere Ordnung und Gesetzmäßigkeit, die Regeln, Rituale, Sitten, moralische und ethische Richtlinien umfasst, welche dazu beitragen, die Welt und das Leben in dieser Welt harmonisch, friedlich und sozial verträglich zu halten. Neben dem großen Dharma hat jeder Mensch ein persönliches Dharma, ein Svadharma, das auch als persönliche Aufgabe, die es zu erfüllen gilt, zu verstehen ist. Die Dharma-Idee kann ebenfalls dazu beitragen, Leid und Chaos zu vermeiden und ein friedvolleres Leben zu führen. Meine Lehrerin Helga Simon-Wagenbach sagte mir einmal: »Wenn du Kinder hast, ist dein Svadharma, Mutter zu sein. Deine Aufgabe ist es, als Mutter dafür zu sorgen, dass deine Kinder zu selbstsicheren, bewussten, friedlichen und zufriedenen Menschen heranwachsen können, dass du ihnen den Rahmen gibst, innerhalb dessen sie sich entfalten, ihr Potenzial entwickeln und ausleben und in die Welt bringen können.« Sie sagte auch, dass mein Svadharma sich wieder verändert, wenn die Kinder größer und selbstständiger sind und dass diese Fürsorgepflicht nicht nur für die Mutter, sondern auch für den Vater gilt.

Die Aufgabe von Eltern ist in diesem Verständnis nicht der perfekte Haushalt, das größte Auto, die Dauerbespaßung und Rund-um-die-Uhr-Betreuung oder die Erfüllung irgendeines von außen vorgegebenen Klischees einer perfekten Mutter und eines perfekten Vaters, sondern dem Nachwuchs emotionale Wärme zu geben, ihn ausgewogen und ausreichend zu ernähren, für ein sauberes Zuhause zu sorgen und auf seine Hygiene zu achten, dafür zu sorgen, dass er andere Menschen, Lebewesen und die Natur mit Höflichkeit, Freundlichkeit und Respekt behandelt und nachts gut schlafen kann. Dass er weiß, dass er uns absolut vertrauen kann und erfährt, dass wir ihm vertrauen, auch viel zutrauen und er sich darum selbst vertrauen kann. Dass er erfährt, dass Fehlermachen und Scheitern erlaubt und normal sind, dass es Verhaltensweisen gibt, die fragwürdig sind, er, der Nachwuchs, als Person und Wesen in seiner Essenz aber einzigartig, perfekt, liebenswert und wunderbar ist, dies aber kein Grund ist, eingebildet zu sein.

❋ ❋ ❋

Auch der Ishvara-Pranidhana-Gedanke ist eine schöne Idee, wie das Eltern-Kind-Verhältnis verstanden und gelebt werden kann. Ishvara ist ein höheres Prinzip, ein Gott, kann aber übertragen auch ein Lehrer, Arzt, Therapeut oder Guru sein. Und dieser Gott, Lehrer, oder wer auch immer es ist, will nur das Beste für uns. Pranidhana ist die Hingabe, die mit dem tiefen Vertrauen verbunden ist, dass Ishvara, wer immer das in diesem Moment auch sein mag, nur das Beste für den, der sich ihm anvertraut, möchte. Ein Guru, Lehrer, Arzt und hoffentlich auch Gott würden darum in diesem Verständnis nie auf das eigene Wohl spekulierend unterweisen oder behandeln, sondern ihr Handeln auf das Wohl ihres Schützlings, Patienten oder Schülers ausrichten. Der wegweisende Yoga-Gelehrte Sri T. Krishnamacharya sagte über das Unterrichten: »Unterrichte das, was in dir ist. Aber nicht so, wie es zu dir, sondern zu deinem Gegenüber passt.« Sein Sohn T.K.V. Desikachar nannte sein Lehrer-Schüler-Verständnis »liebevolles Wohlwollen und Umsorgen«. Diese zwei dem Individuum zugewandten, sehr achtsamen Ansätze lassen sich gut auf die Eltern-Kind-Beziehung übertragen.

Für unsere Kinder haben wir Eltern lange Zeit die Ishvara-Rolle, denn sie vertrauen uns in der Regel erst mal blind. Das gibt uns Eltern viel Macht und Möglichkeit zur Manipulation. Doch unsere Aufgabe, diesem Ishvara-Pranidhana-Gedanken folgend, sollte es sein, ihr Leben mitfühlend und auf eine Weise zu begleiten, die ihre Bedürfnisse wahrnimmt, ihre individuellen Fähigkeiten und Möglichkeiten fördert, ihre momentanen Grenzen akzeptiert und sie annimmt, so wie sie sind. Als ihre Ishvaras sollten wir ihre Basis sein, der Hafen, in dem sie sich sicher und angenommen fühlen, ihre Begleiter, Förderer, aber nicht ihre Besitzer.

※ ※ ※

Mitgefühl, auf Sanskrit Karuna, ist eine weitere innere Haltung, die mir im Umgang mit meinen Kindern hilft. Über das Mitfühlen kann ich zumindest manchmal erahnen, erspüren, was sie gerade bewegt und was sie darum wirklich brauchen. Ob der Grund für die Tränen oder die Wut Müdigkeit ist, ob sie sich von uns ungerecht behandelt oder vernachlässigt gefühlt haben oder es Streit mit den Freunden gab. Ob sie dann getröstet, ermuntert, in Ruhe gelassen oder einfach nur in den Arm genommen werden möchten. Dafür müssen wir unsere Kinder beobachten, ohne sie auszuspionieren oder zu bewachen, ihnen zuhören und versuchen, zwischen die Zeilen des Gesagten zu hören, zu verstehen, was wirklich gemeint ist. Daraus kann aus dem Nebeneinander ein zugeneigtes Miteinander werden.

※ ※ ※

Eltern kann man in der yogischen Sichtweise auch als die zwei Polaritäten betrachten, die für den Hatha-Yoga typisch sind. Die männliche Ha-Seite und den weiblichen Tha-Part. Die vorantreibende und die beruhigende Kraft. Vater, Mutter, Yang, Yin, Sonne, Mond. Was nicht bedeutet, dass nur der Vater den aktiven Part übernimmt und die Mutter alleinig die Trösterin ist. Denn in beiden Teilen ist alles enthalten. Im Hatha-Yoga geht es darum, diese beiden Energien zu vereinigen, denn erst wenn sie zusammenwirken, eine Einheit sind, können sie ihre ganze heilsame Kraft entfalten. Jeder von uns hat vermutlich schon erlebt, wie hilflos und verwirrt Kinder reagieren, wenn die Mama »Hü« und der Papa »Hott« sagt. Und darum sollten wir uns, selbst wenn die Einheit als Paar nicht mehr möglich ist, um eine elterliche Einheit bemühen. Zum Wohl der Kinder.

※ ※ ※

Kommen wir noch mal zurück zu Ganesha, dem Elefanten-Gott, der seinen Kopf verlor, weil, so kann man es sehen, sein Vater zu lange und intensiv seinen eigenen Interessen nachging. Ganesha kann auch als Symbol für den Neuanfang im Leben stehen, der beginnt, wenn man Kinder bekommt. Der uns hilft, weg vom Egotrip und hin zum Wir-Bewusstsein zu gelangen. Vorausgesetzt wir möchten das und sehen es als Möglichkeit, unser Leben gelassener zu machen.

Das Wunderbare an diesen Ansätzen ist auch, dass sie kein Geld kosten. Was für mich, die ich jahrelang so davon getrieben war, Geld zu verdienen, um meinen Kinder weiß Gott was finanziell ermöglichen zu können, eine unglaublich befreiende Erkenntnis war. Dass meine Kinder nicht das tollste Spielzeug und die besten Markenklamotten brauchen, sondern mich und meine Aufmerksamkeit für sie. Sie brauchen mich als ihre Mutter, die sie in ihrer Gesamtheit zu erkennen versucht und sie als eigenständige Wesen akzeptiert. Als Wesen, die anfangs Starthilfe brauchen, um später selbstständig und auf ihre Weise ihrem Leben und der Welt hoffentlich mehr Gutes als Schlechtes zufügen. Machen wir es ihnen vor. Ganz im Sinne von Karl Valentin, der sagte: »Wir brauchen unsere Kinder nicht zu erziehen, sie machen uns sowieso alles nach.«

Von den Kindern

Eure Kinder sind nicht eure Kinder.
Sie sind die Söhne und Töchter der Sehnsucht des Lebens nach sich selber.
Sie kommen durch euch, aber nicht von euch, und obwohl sie mit euch sind, gehören sie euch doch nicht.
Ihr dürft ihnen eure Liebe geben, aber nicht eure Gedanken, denn sie haben ihre eigenen Gedanken.
Ihr dürft ihren Körpern ein Haus geben, aber nicht ihren Seelen, denn ihre Seelen wohnen im Haus von morgen, das ihr nicht besuchen könnt, nicht einmal in euren Träumen.
Ihr dürft euch bemühen, wie sie zu sein, aber versucht nicht, sie euch ähnlich zu machen.
Denn das Leben läuft nicht rückwärts, noch verweilt es im Gestern.
Ihr seid die Bogen, von denen eure Kinder als lebende Pfeile ausgeschickt werden.
Der Schütze sieht das Ziel auf dem Pfad der Unendlichkeit, und er spannt euch mit seiner Macht, damit seine Pfeile schnell und weit fliegen.
Lasst euren Bogen von der Hand des Schützen auf Freude gerichtet sein; denn so wie er den Pfeil liebt, der fliegt, so liebt er auch den Bogen, der fest ist.[35]

Khalil Gibran

... über die Gelassenheit

Tatsächlich hatte ich mir noch nie wirklich Gedanken gemacht, was Gelassenheit eigentlich bedeutet. Und das, obwohl die Regale in den Buchläden voll sind mit Ratgebern für ein Leben mit mehr Gelassenheit. Hätte ich erklären müssen, was Gelassenheit ist, wäre ich vermutlich in Erklärungsnot gekommen.

Meine Tochter und ihre Freunde, unsere Nachbarskinder, verabschieden sich manchmal mit den Worten: »Wir gehen jetzt chillen.« Dann liegen sie unter dem großen Ahornbaum, der unsere Gärten verbindet. Und machen nichts. Das sieht sehr entspannt aus. Bis auf Schule, Hausaufgaben, Zimmeraufräumen und ein paar Sportkurse steht ja auch noch relativ wenig auf ihrer Agenda. Ab und an sagt mein Kind auch zu mir: »Jetzt chill mal, Mama!« Es will mir damit sagen, dass ich in seinen Augen zu viel Lärm um nichts mache. Gelassenheit, hätte ich früher gesagt, ist die Kunst, immer entspannt und ruhig zu bleiben. Also (für mich) eine Utopie. Viel zu lange war sie nicht mehr Teil meines Alltags.

Denn die Gelassenheit geht uns meistens spätestens dann verloren, wenn wir Kinder haben, wenn wir, wie die Yoga-Schriften es nennen, im Lebensabschnitt des »Householders« sind, der Geld verdienen, einen Haushalt führen und Kinder großziehen muss. Wenn wir raus aus der Höhle müssen, in der wir bisher weitgehend selbstbestimmt alles machen konnten, was wir wollten – ohne dass jemand rief: »Ich will aber nicht mit zum Wandern«, »Warum ist mein T-Shirt noch nicht gewaschen?«, »Kannst du mich jetzt endlich zum Voltigieren fahren?«, »Mama, sag meinem doofen Bruder, dass er nicht in mein Zimmer darf!«, »Mama, meine Schwester lässt mich nicht mitspielen. Die ist immer so gemein!«, »Mama, du nervst mit deiner Fragerei!«, »Papa, du bist so peinlich, echt!«, »Wann gibt es endlich was zu essen???«. Was dann selbstverständlich eklig schmeckt. Oder achtlos heruntergeschlungen wird.

Die Gelassenheit endet also, wenn wir Verantwortung übernehmen müssen und aus der Sorglosigkeit, die unsere Kindheit hoffentlich ausgemacht hat, in einen Zustand des Sorgens und Kümmerns rutschen. Des Sorgens um und für den Nachwuchs, das Bankkonto, den Kredit, die Beziehung, die Arbeitsstelle und die Gesundheit. Der kluge Eberhard Bärr sagte einmal: »Kummer kommt von kümmern.«

Der Begriff Gelassenheit stammt vom mittelhochdeutschen Gelazenheit ab, was so viel wie Gottergebenheit bedeutet. Gottergebenheit wiederum hat mit Vertrauen zu tun. Gott hat in unserer heutigen Zeit aber oft ausgedient, wurde durch Ikonen ersetzt oder wird für blutig-grausame Machtspiele instrumentalisiert. Wem also vertrauen? Wem sich hingeben? Und wie dann bitte schön gelassen bleiben?

Im Yoga-Sutra wird die Gottergebenheit Ishavara Pranidhana genannt: Dieser Sanskrit-Begriff beschreibt auch die Idee, zu akzeptieren, dass nicht alles in unserer Hand liegt. Dass wir den Pfeil zwar abschießen, aber dann seine Flugbahn nicht mehr verändern können. Wir können uns wünschen, dass der Pfeil ins Schwarze trifft, wir können es hoffen. Aber eine Garantie gibt es nicht. Aber ganz egal, wo der Pfeil landet, wir akzeptieren es. Ohne zu klagen. Weil wir wissen, dass wir sowieso nichts mehr verändern können und darum das Ergebnis annehmen und versuchen, das Beste daraus zu machen. Vielleicht landet der nächste Pfeil ja im angedachten Ziel. Vielleicht auch nicht. Das bedeutet nicht, dass uns das Ergebnis egal ist, es hat nur die gleiche Gültigkeit wie ein Schuss ins Schwarze.

Gelassenheit ist darum auch das Gegenteil von Perfektionismus. Sind wir gelassen, vertrauen wir, dass alles, was passiert, seine Richtigkeit und seinen Sinn hat. Sind wir zwanghaft perfektionistisch, fällt uns das eher schwer. Der Yogi sagt: »Wer gelassen ist, ist frei von Gier und Angst. Er ruht in seinem wahren Selbst. Wem die Gelassenheit fehlt, der handelt aus einer egozentrischen Sicht auf die Welt.« Ein Mensch, der gelassen ist, hat nicht das Bedürfnis, über alles die Kontrolle haben zu müssen. Er kann erwartungsfrei handeln. Das ist zum einen die Idee von Karma-Yoga, zum anderen von dem, was Patanjali Vairagya nennt: die Kunst des Loslassens von Erwartungen.

Wer gelassen ist, weiß, dass er nicht der Nabel der Welt ist, hat aber kein Problem, das zu akzeptieren, und betrachtet auch mit größtem Gleichmut all die Menschen um sich herum, die fest überzeugt sind, der Mittelpunkt der Welt zu sein. So wie manchmal Kinder das von sich zu denken scheinen. Gelassenheit ist die innere Freiheit. Kaivalya. Das Ziel von Yoga.

... und wie hängen Gelassenheit und Glück zusammen?

Gelassenheit macht glücklich, sagen die Yogis. Was mich freut, denn eine glückliche Familie ist eine lächelnde Familie. Wenn wir also alle erst mal glücklich sind, dann bleiben wir gelassen bis zum Ende unserer Tage. Happy End. Ziel erreicht. OM. Oder?

Doch leider sind die Yogis manchmal fürchterliche Spielverderber. Sie sagen nämlich auch: Glück macht nicht dauerhaft gelassen. Denn Glück ist flüchtig, zumindest, solange wir es im Außen suchen. Wie wahr diese Aussage leider ist, erleben wir, wenn wir Kinder bekommen. Meist gleich am ersten Tag. Erst ist da im Normalfall dieses unbeschreibliche Glücksgefühl. Alles ging gut, das Baby ist da, ein neuer Mensch mit enorm viel Potenzial und Hoffnung ist auf die Welt gekommen, Mutter und Kind sind wohlauf. Hurra.

Doch dann klappt es mit dem Stillen nicht, das Neugeborene weint alle eineinhalb Stunden vor Hunger, die Zimmernachbarin im Krankenhaus schnarcht und ihr Baby brüllt genau in den eineinhalb Stunden lautstark, in denen das eigene Kind schläft. Glückseligkeit und Freude ade. Ein großes Hallo an Frust, Ärger und ein Gefühl der Überforderung.

Natürlich bedeutet die notorische Flüchtigkeit des Glücks nicht, künftig die Finger von allem zu lassen, was uns mittels externer Hilfsmitteln glücklich und zufrieden macht, und stattdessen wie die Asketen in der Höhle zu sitzen, um auf was auch immer zu warten. Denn das macht uns unter Umständen auch wieder schlecht gelaunt. Eine zufriedene und glückliche Grundstimmung, wie auch immer wir sie erhalten, ist dem miesepetrigen Stimmungstief in jedem Fall immer vorzuziehen. Allerdings sollten wir nicht in eine Krise stürzen, sobald das Glück und die Zufriedenheit, die wir durch Schokolade, einen Blumenstrauß, einen kinderfreien Abend und eine Gehaltserhöhung bekommen haben, verflogen sind.

Die Yogis sagen, wenn wir wirklich bedingungslos und anhaltend glücklich leben möchten, muss dieser Zustand aus uns selbst heraus entstehen. Denn dann wird aus Glück, das, was der Yogi Ananda nennt: Glückseligkeit.

Das Schöne ist, sagen die Yogis, dass diese Glückseligkeit schon immer da ist. Sie kommt mit uns auf die Welt. Sie ist, sagen die Schriften, unsere wahre Wesensnatur. Sie ist die Natur des Atman, von Purusha, die für die Yogis den konstanten Teil unserer gespaltenen Persönlichkeit ausmachen. Sie ist des Pudels Kern. Sie ist immer da. Wir sehen, wissen und fühlen es nur meist nicht mehr.

Schritt 6: Das Weite suchen und das Glück finden

Vermutlich kann nicht jeder etwas mit der spirituellen Dimension unseres Daseins anfangen. Die Yogis sagen, das sei nicht so schlimm. Sie sagen, dir kann trotzdem geholfen werden. Such einfach das Weite.

Das würde ich manchmal auch gern tun, wenn es im Haus sehr laut wird, weil das Mittagessen noch nicht gekocht ist, der Sohn und die Tochter aber »Wir haben Hunger« rufend am Tisch sitzen, sich die zudem noch zu erledigende Arbeit stapelt wie der Wäscheberg im Keller und die unaufgeräumten Spielsachen der Kinder im Wohnzimmer. Wenn ich den Faden längst verloren habe und dazu die Geduld und die Kontrolle über all das ihren unmittelbar bevorstehenden Abschied angekündigt haben, wenn der Fight-Impuls dem Fluchtreflex großzügig den Vortritt überlassen hat, dann möchte ich, yogische Grundausbildung hin oder her, nur noch das Weite suchen.

Die Yogis sagen dann aber nicht etwa: »Das kannst du doch nicht machen, die Verantwortung für die Kinder, die Familie, wer soll das denn dann alles stemmen?«, sondern: »Recht so. Nur los. Such das Weite. Und wenn du es gefunden hast, dann wird dein Leben gelassener, werden deine Nerven stabiler und alle wieder glücklich sein.« Natürlich meinen die Yogis das nicht so, wie man es vielleicht verstehen könnte: Weglaufen ist keine gute Option. Die Weite, von der sie sprechen, ist etwas, das als Raum und Gefühl in uns – wo auch sonst? – zu finden ist und auf Sanskrit »Sukha« heißt. Und genau dieses Sukha ist ein wichtiger Bestandteil meines angestrebten Ziels, meines Projekts »Lächelnde Familie«.

Sukha, das wir im Zusammenhang mit der Qualität der Asanas bereits kennengelernt haben, ist also der Sanskrit-Begriff für »der weite Raum«, steht aber auch für das Leichte, das Angenehme, das Glück und die Freude. »Sukha«, sagen die Yogis, »ist unser natürlicher Wesenszustand, von dem wir uns entfernt haben.« Sukha ist außerdem das Gegenteil von Duhkha.

Ich bin ein Kopfmensch und mit der Idee einer Weite oder gar eines weiten Raums in mir hatte ich zunächst so meine Schwierigkeiten. Wo bitte, sollte der denn sein? Ich kannte den Bauchraum, den Brustraum, den Halsbereich und die oft erschreckende Leere, die man bei manchen Menschen zwischen deren beiden Ohren vorfindet (und die so gar nichts mit der im Yoga angestrebten Ruhe im Kopf zu tun hat).

Die Weite, die wir suchen, sagen die Yogis, sollen wir uns als Gefühl vorstellen, das entstehen kann, wenn wir am Meeresstrand sitzen und den Wellen zusehen. Oder auf dem Gipfel eines Berges in die Ferne blicken. In solchen Momenten fühlen wir uns ruhig, gelassen, zufrieden, innerlich weit, weil zutiefst entspannt. Denn wir beobachten etwas Natürliches. Und das gibt uns ein gutes, angenehmes Gefühl, das auch durch die Freiheit entsteht, nicht mehr reagieren zu müssen. Doch sobald wir anfangen, die Wellen oder die Berggipfel vor uns ordnen zu wollen, verlieren wir dieses Gefühl der Weite. Die Yogis sagen, es wird friedlich, wenn sich der Geist ergibt und vor dem Herzen verneigt.

Sukha, die Leichtigkeit und das gute Gefühl, hat darum auch immer mit Loslassen zu tun. Loslassen führt zu Gelassenheit. Wenn wir also das Weite in uns suchen, dann werden wir Gelassenheit finden. Und unter Umständen auch unsere spirituelle Glückseligkeit. Ziel ist, dieses Sukha-Gefühl zu einem dauerhaften Zustand werden zu lassen. Die Gelassenheit als ständiger Begleiter. Und genau das wollte ich, weil mir die emotionalen Auf und Abs und die gereizten Nerven auf Dauer zu anstrengend waren. Ich wollte den gelassenen Grundton als Dauerbegleiter in meinem Leben.

Schritt 7: Jeder ist seines Glückes Schmied

Alles, was wir tun, hat eine Wirkung, sagt das Karma. Jeder ist seines Glückes Schmied, sagt ein Sprichwort. Den Frieden, den du im Außen suchst, musst du in dir suchen, sagt der Dalai Lama. Denn jeder von uns geht ganz individuell mit anstrengenden, schmerzvollen, traurigen, katastrophalen und sonderbaren Situationen um. Wir klagen darum ja auch: »Ich kann nicht mehr. Alles wächst mir über den Kopf. Ich ertrage das nicht mehr.« Während es unseren Familienmitgliedern vielleicht mit der gleichen Lebenssituation ganz anders geht.

Mein Mann zum Beispiel hat ein Problem mit den Fliegen, die im Sommer unser Haus von außen und innen belagern. Weil es wirklich sehr viele Fliegen sind, hat er in jedem Zimmer Fliegenklatschen verteilt. »Diese Scheißfliegen machen mich wahnsinnig«, höre ich ihn in den Sommermonaten ziemlich oft rufen. Neulich dachte ich, jetzt ist er es doch tatsächlich auch geworden. Ich wachte nachts auf, weil er mit der Fliegenklatsche auf meine Bettdecke einschlug. »Spinnst du, was machst du denn da?«, herrschte ich ihn an. »Auf dir saß eine Fliege, ich dachte, sie stört dich.« »Hat sie nicht. Weil ich geschlafen habe. Jetzt bin ich wach.« Ich sagte ihm dann noch, dass ich ihn für völlig irre hielt und auf meiner Seite des Bettes künftig keine Kriegshandlungen mehr stattfinden dürften. Neutrale Zone. Schweiz. Gute Nacht.

Ein Mann, der es gewohnt ist, dass seine Frau den Haushalt schmeißt, die Kinder versorgt, halbtags arbeitet und ihm abends die Erbsen auf den Teller legt, wird diesen Service vermutlich als Selbstverständlichkeit sehen und erst mal nicht verstehen, wenn sie sagt: »Ich kann nicht mehr.« Denn ihr Problem ist nicht seins.

Manche Menschen reagieren auf kollektive Leidsituationen wie Tsunamis, Terrorangriffe, Flugzeugunglücke mit Wut, Angst, Trauer oder Hass, einige mit Unverständnis oder Gleichgültigkeit, andere mit Mitgefühl und Vergebung. Eltern, die ein schwerkrankes Kind haben oder ein Kind verloren haben, werden diesen Verlust in einer ganz anderen Weise schmerzhaft spüren als wir, die wir von diesem Verlust oder von dieser Krankheit nur gehört haben. Wir können uns hineinversetzen, mitfühlen, vielleicht erahnen, was diese Menschen jetzt bewegt und erschüttert. Aber nicht in der Dimension und dem persönlichen Empfinden, wie es die tatsächlichen Eltern erleben. Darum muss jeder für sich einen Lösungsansatz finden, den Frieden in sich, sein eigenes Glück. Darum, sagen die Yogis, fang bei dir an. Der Yoga kann dir nur die Mittel und Methoden zeigen.

Schritt 8: Die Wahl der Mittel

Was wir tun, hat eine Wirkung. Weil aber nur wir ganz alleine wissen, welche Wirkung wir erziehen möchten und wohin unsere Entwicklungsreise gehen soll, sagt der Yogi: »Hier ist der Start, dort ist dein Ziel. Wie du dorthin kommst, darfst du für dich entscheiden. Das ist deine Freiheit. Reflektiere, und zwar immer wieder, was wirklich für dich gut ist, welche Möglichkeiten du hast und wohin dich deine Entscheidungen bringen könnte. Dann wähle die Mittel und Methoden, die zu dir passen und niemandem schaden wollen, teile dir deinen Weg gut ein und versuche, unterwegs weder die Freude noch den Bodenkontakt noch das Ziel aus den Augen zu verlieren. Umwege können Abkürzungen sein, Abkürzungen sich als Sackgasse erweisen. Wenn du in einer gelandet bist, bleib in Bewegung, dreh um und geh weiter. Und, ganz wichtig: Komme gut und mit einem Lächeln an.«

Als Methoden, Mittel und Ideen aus dem großen Repertoire, die der Yoga auf dem Weg zu mehr Gelassenheit, Leichtigkeit und Glück zu bieten hat, haben sich folgende immer wieder gut bewährt.

Love it. Leave it. Or change it. OM.

Eine Freundin, ebenfalls Yoga-Lehrerin, der ich regelmäßig mein Leid klagte, antwortete nicht etwa, wie man das von guten Freundinnen in diesen Momenten erwartet hätte, mit: »Du Arme. Dein Leben ist wirklich fürchterlich. Dein Mann ist ein Egoist und deine Kinder sind es irgendwie auch. Und die Verhältnisse, in denen du lebst, sind wirklich nicht zumutbar.« Sie sagte lieber: »Wenn du deine Welt verändern willst, musst du dich verändern.« Oder manchmal auch einfach nur: »Love it. Leave it. Or change it.«

Blieb in meinem Fall nur die Veränderung. Denn: Die Lebenssituation, in der ich mich befand, liebte ich ganz klar nicht. Aber den Ort, an dem ich lebe, und die Menschen, mit denen ich mein Leben teile, möchte ich zwar manchmal, aber nie wirklich für immer verlassen.

Also ändern. Anfangen zu akzeptieren, dass ich nicht mehr in München, sondern in einem Dorf auf dem Land wohne. Es muss ja nicht gleich Liebe sein. Aber anfangen zu sehen, dass es sehr liebenswerte, hilfsbereite, freundliche, tolerante Menschen gibt, die hier in unmittelbarer und mittelbarer Umgebung leben, war ein erster Schritt. Die guten Seiten schätzen lernen, die das Landleben bringt. Die günstigeren Preise sehen. Das Haus mit Garten. Den Platz für frei laufende Kaninchen. Beste Kinderfremdbetreuung, weil es Krippenplätze gibt, die Großeltern nebenan wohnen und gern übernehmen. Joggingstrecken, die direkt vor der Haustür beginnen. Die Berge, die in der Nähe sind. Und im Winter, ganz wichtig, keine Fliegen. Es war ein erstes Ankommen. Und ein Feststellen, dass es schwer okay ist, da, wo ich mit meinem Leben gelandet war.

Also weiter ändern, wenn es schon mal gut lief. Die finanzielle Lage einmal genauer betrachten. Sie könnte besser sein, aber auch schlechter. Immerhin. Könnte einigermaßen gehen, wenn ich Abos streiche, Mitgliedschaften kündige, die Stammkunden-Karte vom teuren Bio-Supermarkt abgebe, auf günstigere Bio- und regionale Produkte aus herkömmlichen Geschäften und Wochenmärkte setze, die Kinder bei ihrem Vater gesetzlich krankenversichere. Könnte so gut gehen, dass ich es wagen kann, dem hauptberuflichen Journalismus den Rücken zu kehren, vielleicht für immer, vielleicht auch nicht, und nur noch mit Yoga Geld zu verdienen. Viel weniger als früher, natürlich. Dafür mit viel weniger Stress und Zeitaufwand. Und dadurch viel mehr Raum für die Kinder, den Mann und das Leben gewinne. Ich wagte es. Beendete das letzte feste regelmäßige Schreibprojekt, kümmerte mich nicht mehr um neue freie Schreibjobs, schraubte zum Kontoausgleich auch keine Kugelschreiber zusammen. Und habe es nie bereut.

Weiter ändern, wenn wir schon dabei sind. Das Beziehungschaos anschauen lassen. Patanjali sagt, man soll sich Hilfe holen, wenn man es allein nicht mehr schafft.[36] Darum gibt es Yoga-Lehrer, darum gibt es Ärzte, darum Therapeuten. Wir gingen zum Paartherapeuten, der sagte, dass es überhaupt nicht hoffnungslos sei mit uns. Der uns half, uns zu entwirren, uns zu entmauern, uns wieder gegenseitig zuzuhören und aussprechen zu lassen. Wir wollten uns beinahe trennen und heirateten stattdessen. Happy End. Auch für die Kinder. Vor allem für unsere Tochter, die immer gesagt hatte, ihr sei es egal, ob wir heirateten oder nicht. Und dann später zugab, sie sei jetzt froh, weil sie das einzige Kind in der Klasse war, dessen Eltern unverheiratet waren. Auf dem Land ist es dann doch eher traditionell.

Der Yoga-Gelehrte Sri Krishnamacharya sagte einmal, Yoga bedeute, negative Muster durch positive zu ersetzen. Nicht immer ist das gleich oder so einfach möglich. Aber wir können bei unseren Gedanken anfangen, bei unseren

Verhaltensmustern. Dadurch, dass ich anfing, in meinem Leben Veränderungen vorzunehmen, hatte ich schließlich akzeptiert, dass das ganze Leben eine einzige Veränderung ist. Alles kommt, alles ist da, alles geht. Theoretisch war mir das natürlich schon bewusst. Aber praktisch hatte ich mich dagegen gestemmt. Und wie wir von Patanjali wissen, verursacht diese Weigerung meist schweres Duhkha. Die Kraft der Veränderung wirkt erdrückend, wenn wir uns dagegen sträuben, sie wirkt befreiend und beruhigend, wenn wir uns auf sie einlassen.

Alles kommt, alles ist da, alles geht. Das Wissen um die Kraft der Veränderung, das Wissen vom permanenten Wandel kann uns helfen, Kindergeburtstage und Hallenbadbesuche zu überleben, Familienfeiern zu ertragen, finanzielle Krisensituationen durchzustehen, nicht zu verzweifeln, wenn es aussichtslos scheint. Veränderung findet immer statt, bis zum letzten Atemzug. Und dann kommt der Tod, als letzter großer Wandel unseres Daseins.

Alles kommt, alles ist da, alles vergeht. Alles ist OM. Das OM symbolisiert diesen konstanten Wandel. Während der Geburt meines Sohnes hatte ich bei jeder Wehe das OM gechantet. Zum einen, weil es meine Kiefermuskulatur entspannte, zum anderen, als Erinnerung daran, dass die immer heftiger werdenden Wehen auch wieder enden werden. Vermutlich hat mich das Kreissaalpersonal für völlig bekloppt gehalten, was mir damals aber völlig egal war, schließlich hatte ich die Wehen, nicht sie.

Vertrauen

Was wir tun, hat eine Wirkung. Aber nicht immer zeigt sich diese Wirkung sofort. Dann wird man ungeduldig, verliert auch mal den Mut. Es ist ja nicht so, dass wir bei unserem Paartherapeuten auf der Couch saßen und ab da war alles

Liebe, Friede, Glück. Im Gegenteil. Es krachte anfangs immer noch so ordentlich, dass ich nicht mehr an ein gutes Ende glaubte und nicht nur einmal dachte, sagte, heulte: »Das hat doch alles keinen Sinn.« Natürlich hat alles einen Sinn, sagt das Yoga-Sutra. »Du musst Vertrauen haben«, empfahl mir meine Lehrerin Helga Simon-Wagenbach. Vertrauen in die Kraft und Intelligenz des Lebens. Vertrauen, dass sich alles so fügt, wie es sich fügen soll. Sie gab mir ein Mantra, das das Vertrauen stärken sollte. Ich chantete es morgens, beim Joggen, wenn Kursteilnehmer absagten, wenn die Steuernachzahlungen kamen, wenn wir stritten, und ich chantete es abends. Laut, leise, mental, verzweifelt, wütend. Vertrauensvoll.

Es ist das Vertrauen, das uns die Kraft gibt, Widerstände erfolgreich zu überwinden und weiterzugehen, ohne die Richtung aus den Augen zu verlieren.[37]

Shraddha ist das Sanskrit-Wort für ein Vertrauen, das Glaube, Liebe und Hoffnung in einem meint. Es ist die absolute Hingabe an das, was das Yoga-Sutra Ishvara nennt. Also die Hingabe an ein höheres Prinzip, an dessen wohlwollende Absichten wir fest glauben. Auch wenn Glauben bedeutet, nichts zu wissen. Es ist das Vertrauen, das uns hilft, die Hoffnung auf das berühmte Happy End nicht zu verlieren.

Ohne Vertrauen könnten wir im Übrigen gar nicht leben. Es gäbe uns nicht. Oder vielleicht nur als Bodenkriecher. Denn ohne Vertrauen hätten wir, als wir laufen lernten, nie den Mut gehabt, nach den ersten Stürzen wieder aufzustehen. Um den nächsten Schritt zu machen. Immer wieder. So lange, bis wir laufen konnten. Genauso ist es, wenn wir später als Erwachsene beginnen, erste Schritte in eine neue Richtung zu machen, oder versuchen, alte, nicht mehr passende Muster durch neue zu ersetzen. Das funktioniert nicht immer gleich, und selten läuft es sofort rund. Denn die alten Muster sind stark. Die Angst vor Verletzungen oder dem Scheitern groß. Manchmal so groß, dass wir gar nicht erst den ersten Schritt machen und in unserem Jammertal hängen bleiben. Selbstverständlich ohne zu lächeln. Dann ist Vertrauen wichtig. Vertrauen in den neuen Weg, die neuen Verhaltensmuster, das Ziel, in das Gute in anderen Menschen, in andere Menschen und ganz besonders in uns selbst.

T.K.V. Desikachar sagte einmal: »Shraddha ist wie die Mutter, die ihre Kinder liebevoll führt.«[38] Und tatsächlich ist Vertrauen in der Familie enorm wichtig, weil Vertrauen das Gegenteil von Kontrolle ist und dem Gegenüber Eigenverantwortung zutraut und Freiheit zugesteht. Wir sollten unseren Kindern vertrauen und sie sollten uns vertrauen können. Wir sollten unseren Partnern vertrauen können und sie uns ebenfalls. Vertrauen ist die Basis für ein entspanntes Familienleben. Natürlich ist es schwierig, Vertrauen zu entwickeln, wenn es massiv missbraucht wurde, ob von anderen Menschen oder den eigenen Kindern. Oder wenn der Erfolg zu lange auf sich warten lässt. Dann ist es unter Umständen sinnvoll, sich professionelle Hilfe zu holen.

Vertrauen können wir entwickeln. Indem wir lernen, wieder mehr auf das Bauchgefühl und unsere Intuition zu hören und unsere Körpersignale wahrzunehmen. Indem wir ausdauernd an einer Sache dranbleiben und auch schon erste Erfolge und Veränderungen bemerken. Indem wir ehrlich sind, zu uns und zu anderen, uns mit vertrauensvollen Menschen umgeben, Versprechen halten, die wir gegeben haben. Indem wir unsere Kinder ihren Weg immer wieder in ihrem Tempo gehen und sie ihre Erfahrungen machen lassen und nur dann helfend oder unterstützen eingreifen, wenn es überlebenswichtig, sinnvoll oder von ihnen gewünscht ist. Selbstverständlich muss man sein Kind gut kennen, auch sein Alter berücksichtigen, um einschätzen zu können, wie viel Freiraum und Eigenständigkeit in Ordnung und machbar für das Kind sind. Und ebenso selbstverständlich muss all das auch zu dem Lebenskonzept der jeweiligen Familie passen.

Ohne das Vertrauen wäre ich heute keine verheiratete Frau. Dafür vermutlich alleinerziehend, dauergestresst und in Zweit- und Drittjobs Kugelschreiber zusammenschraubend. Ohne das Vertrauen hätte ich das Lächeln verloren. Dank Shraddha hat meine Familie wieder zu lächeln begonnen. Zumindest immer öfter.

Üben, üben, üben – und geduldig sein

Die Yogis sagen, du musst natürlich etwas dafür tun, wenn du dauerhaft in der Weite bleiben und mit dem Herzen sehen möchtest. Es ist Arbeit, ein Prozess, der nie wirklich abgeschlossen sein wird. Denn das ganze Leben ist immer in Bewegung. Die Kunst ist, gelassen zu bleiben, die Weite des Herzens nicht zu verlieren, auf dem inneren Berggipfel oder an dem inneren Meeresstrand sitzen bleiben zu können, auch wenn die Tiefs kommen, die das Leben mit sich bringt. Das Lächeln nicht zu verlieren. Wenn die unvorhergesehenen Veränderungen die festen Pläne durcheinanderbringen, auf der angedachten Fahrstrecke eine Vollsperrung ist. Wenn die Schwiegereltern auf Traditionen beharren, die Söhne und Töchter im Duhkha versinken und der Partner im Rajas-Fieber überreagiert. Wenn die Buchabgabe näher rückt, die Kinder sechs Wochen Ferien haben, der Ehemann allerdings nicht und alle verfügbaren Babysitter im Urlaub sind. Die Yogis sagen, es ist Arbeit, sich von der Verzweiflung nicht mitreißen zu lassen, auch nicht von der Wut oder dem Gefühl der Hilflosigkeit. Und es ist Arbeit, in der Trauer nicht dauerhaft unterzugehen, auch da das Licht am Ende des Tunnels nicht aus den Augen zu verlieren. Wenn wir gelassen und entspannter leben möchten, müssen wir etwas dafür tun. Denn in den allerseltensten Fällen ist der Meister vom Himmel gefallen. Die Yogis sagen auch: Übe in guten Zeiten, damit du in den schlechten etwas hast, worauf du zurückgreifen kannst.

Und sie sagen: Habe Geduld. Beginne mit kleinen, passenden Schritten. Statt den Berg unkontrolliert zu sprengen, lieber erst mal den ersten Stein abtragen, es sei denn, wir haben eine Aufräumtruppe und bei der unkontrollierten Sprengung kommen keine anderen Lebewesen zu Schaden.

Die Yogis empfehlen uns, Geduld (Vairagya) zu entwickeln, auch wenn es schwerfällt. Tief greifende Veränderungen geschehen, abgesehen vom Wetter, nicht über Nacht. Das zu akzeptieren kann eine große Herausforderung sein in einer Welt, in der alles schnell gehen muss. Überprüfen Sie doch einfach mal, wie oft das Wort »schnell« in Ihrem täglichen Wortschatz vorkommt. Wie oft Sie schon ganz am Anfang des Tages zu Ihren Kindern sagen (so wie ich das fast täglich mache): »Los, beeilt euch. Macht mal schneller. Schnell jetzt, der Bus wartet.« Wichtig ist auch, dass wir unser Ziel nicht aus den Augen verlieren. Natürlich kann man schon mal vom Weg abkommen oder einen Umweg nehmen, aber auf der Strecke liegen bleiben sollte man dabei nicht. Verfolgen wir auf diese Weise unser Ziel, dann werden wir, so verspricht es uns Patanjali mit einem Zustand der Gelassenheit belohnt.

Schließlich können wir einen Zustand von Gelassenheit erreichen, der sowohl frei ist von Verlangen, das aufgrund unserer Sinneswahrnehmungen entstanden ist, als auch frei von Verlangen, das von Bedürfnissen nach außerordentlichen Erfahrungen geweckt worden ist.[39]

Was wir dafür tun müssen, sagen die Yogis, ist, dieses Gefühl der Weite und den Blick des Herzens zu kultivieren. So, als ob wir eine neue Sprache lernen. Am Anfang verstehen wir vielleicht nur Bahnhof. Dann, wenn wir anfangen, die Vokabeln zu lernen, verstehen wir erste Satzfetzen und können erste Worte sagen. Bitte, danke, ich heiße. Wenn wir weiter unsere Vokabeln und auch die Grammatik lernen, werden aus den Satzfetzen, die wir verstehen, und den Worten, die wir sagen können, Sätze. Wir werden sicherer, fangen an, Vertrauen in unsere Kenntnisse der neuen Sprache zu bekommen, trauen uns, nicht nur die Bestellung im Restaurant aufzugeben, sondern auch zu fragen, was denn der freundliche Kellner empfehlen könnte. Üben wir weiter unsere Vokabeln, nehmen auch neue dazu, bleiben wir an der Grammatik dran, dann werden wir irgendwann ganz sicher und fließend in der Sprache, die dann nicht mehr neu, sondern vertraut ist. Leben wir dazu vielleicht auch noch dauerhaft indem Land, in dem diese neue Spreche gesprochen wird, dann wird sie uns irgendwann so vertraut, dass wir sogar in ihr träumen. Leben wir nicht in dem Land dieser Sprache, dann können wir sie dennoch weiter kultivieren und pflegen, indem wir in dieser Sprache Bücher lesen, Filme anschauen, Radio hören, sodass sie etwas ganz Einfaches und Natürliches für uns wird, eine Sprache, in die wir mühelos wechseln können, wenn wir sie brauchen.

Wenn wir im Yoga von geduldigem Üben sprechen, dann meinen wir damit etwas, was Patanjali Abhyasa und Vairagya nennt und uns als Methode vorschlägt, unseren Geist in die dynamische Stille zu führen. Abhyasa bedeutet Üben. Es sagt, dass wir, wenn wir etwas erreichen möchten, das kann das Erlernen einer neuen Sprache, Sportart oder eben die Veränderung von Lebensweisen und Denkmustern sein, dafür auch etwas tun müssen, also dranbleiben müssen an der Sache, die wir in Angriff genommen haben, Üben, das Interesse aufrechterhalten und den Willen und die Freude daran nicht verlieren. Vairagya beschreibt, welche Qualität diese Beharrlichkeit haben soll, wenn wir unser Ziel erreichen möchten. Nämlich eine, die frei ist von zu großen Erwartungen, die annimmt, was kommt, und darauf vertraut, dass das Ziel erreicht wird, aber unter Umständen nicht zu dem Zeitpunkt, den ich mir dafür im Terminkalender eingetragen habe. Vairagya ist Sukha. Abyhasa ist Sthira. Man braucht beides, um vorwärtszukommen.

Bhavanas. Vokabeln des Herzens

Die Sprache des Herzens, die so wichtig ist für ein harmonisches Miteinander und Familienleben, können wir über Herzensgüte, Mitgefühl, Mitfreude und Gleichmut lernen. Ihre Sanskrit-Namen lauten: Maitri, Karuna, Mudita, Upeksasha. Patanjali bezeichnet sie als Bhavanas und empfiehlt sie im YS 1.33 als Methode, um unsere persönlichen Hindernisse, die Antarayas, zu überwinden. Weil sie uns helfen, und das nicht nur bei der Überwindung von Hindernissen, unseren Geist auszurichten und unseren Gefühlen eine positive Richtung zu geben:

> *Sich freuen, wenn andere Glück haben; ihnen zur Seite stehen, wenn sie leiden; sich für ihre guten Seiten begeistern und ihre schlechten betrachten, ohne sie zu verurteilen: Dadurch werden Fühlen und Denken klar.*

Was uns Patanjali als Bhavanas vorstellt, benennen die Buddhisten mit demselben Wort, übersetzen es aber als die »vier himmlischen Verweilzustände«. Andere sagen, es sind die vier Qualitäten, die uns zutiefst menschlich werden lassen. Das Sanskrit-Wort Bhavana bedeutet zum einen, dass man etwas entwickelt, in sich hervorbringt und dann pflegt und kultiviert, damit es in seiner ganzen Pracht, Schönheit und Wirkungskraft erblühen kann. Bhavana ist gleichzeitig die innere Einstellung, mit der wir durch den Tag und unser Leben gehen. Wir können selbst und frei wählen, mit welcher inneren Haltung wir uns und unserer Mitwelt begegnen möchten. Wollen wir hartherzig, rücksichtslos, missgünstig oder gleichgültig sein? Oder doch eher liebevoll, mitfühlend, mitfreuend und gleichmütig? Was wir tun, hat eine Wirkung, sagt das Karma-Gesetz. »So wie man in den Wald hineinruft, schallt es heraus«, sagt ein Sprichwort. »Jede Handlung hinterlässt einen Abdruck auf unserer Psyche«, sagt einer meiner Lehrer. Diese vier himmlischen Verweilzustände ermutigen uns, die Welt und ihre Bewohner mit einem »weichen Blick« zu betrachten. Sie zu kultivieren kann dazu beitragen, dass sich unser Ego vor dem Herzen verneigt und wir unseren inneren Frieden finden. Und damit auch dem äußeren Frieden ein bisschen unter die Arme greifen.

Maitri. All you need is love

Als ich den Brief meiner Tochter las, hatte sie mich wieder heiß erwischt, diese bedingungslose, grenzenlose Liebe und Herzensgüte, die die Buddhisten Metta und die Yogis Maitri nennen. Sie hatte mich nicht kalt erwischt, weil ich sie auch schon davor immer wieder mal so deutlich gespürt hatte. Als meine Kinder zur Welt kamen und ich sie das erste Mal in den Armen hielt. Wenn ich sie beobachte, wie sie sich durch ihr Leben bewegen. Wenn ich sie schlafend in ihren Betten liegen sehe (nicht nur, weil ich froh bin, dass sie endlich schlafen und ebenso endlich Ruhe ist). Manchmal auch, wenn ich von der Geburt eines Kindes erfahre. Oder meine vielen Kaninchen versorge. Oder einfach nur die Schönheit der Natur bemerke. Es gibt viele Momente, in denen sich

Maitri zeigen kann. Maitri, sagen die Yogis (und die Buddhisten), ist Herzensgüte, ehrliche Freundlichkeit und bedingungslose Liebe, die wir anderen Menschen schenken – auch uns selbst. Denn wie sollen wir anderen Menschen mit ehrlicher Herzensgüte begegnen können, wenn uns das mit uns selbst nicht gelingt? Maitri ist eine Liebe und Freundlichkeit, die nichts fordert. Sie sagt nicht: »Ich liebe dich nur, wenn du mich auch liebst.« Sie erwartet nichts. Sie ist einfach da und gibt. Maitri macht uns darum auch nicht von anderen Personen abhängig. Maitri ist eine unabhängige Liebe und kann darum auch nicht enttäuscht werden. Zur enttäuschten Liebe wird sie dann, wenn unser Ego wieder mit ins Spiel kommt. Doch dann haben wir es nicht mehr mit Maitri, sondern mit einer Form von Raga zu tun.

Bedingungslose Liebe als Möglichkeit zu akzeptieren fällt uns allerdings oft gar nicht so leicht. Weil wir sie eben mit der erwartungserfüllten Liebe verwechseln. Und dann Angst haben, enttäuscht oder verletzt zu werden, eben doch der Verlierer in der Geschichte zu sein. Und solange es uns noch schwerfällt, das eine vom anderen zu unterscheiden, ist es manchmal in der Tat sogar zunächst ganz sinnvoll und notwendig, sein Herz zu schützen, damit Heilung überhaupt erst stattfinden und die Unterscheidungskraft entstehen kann. Weil das Herz aber versteinern könnte, wenn es dauerhaft geschlossen bleibt, lohnt es sich, den Boden zu bereiten, die Samen zu setzen, sie auch regelmäßig zu gießen, damit die Herzensgüte wachsen kann.

Sogenannte *random acts of kindness*, erwartungsfreie Freundlichkeitsgesten, können helfen, das Gefühl von Maitri in uns zu entwickeln. Lächeln Sie mindestens einmal pro Tag eine Ihnen unbekannte Person an, einfach so. Bringen Sie Ihrem Partner eine Blume mit. Einfach so. Lesen Sie Ihren Kindern zwei statt einer Gutenachtgeschichte vor.

Halten Sie einem fremden Menschen die Türe auf. Lassen Sie einen Kunden mit weniger Einkäufen an der Kasse vor. Kümmern Sie sich um die verwaisten Kaninchen Ihrer Kinder. Besuchen Sie Menschen ohne Angehörige im Krankenhaus oder Altenheim. Räumen Sie ab und an die Schuhe, Jacken, Kameras, Steuererklärungen, die Ihr Partner großzügig in allen Zimmern verteilt hat auf – ohne zu klagen oder auf Dank zu hoffen. Machen Sie Komplimente. Überlassen Sie einer anderen Person die freie Parklücke. Schenken Sie sich selbst täglich ein Lächeln, und vergessen Sie nicht, sich regelmäßig zu loben.

Möge ich friedvoll, glücklich und gelöst sein –
in Körper und Geist.
Möge ich frei sein von Verletzung und Kränkung.
Möge ich frei sein von Wut, Verstrickung, Furcht und
Ängstlichkeit.
Möge ich lernen, mich selbst mit den Augen der Liebe und des
Verstehens zu betrachten.
Möge ich fähig sein, die Samen der Freude und des Glücks in
mir zu erkennen und zu berühren.
Möge ich lernen, die Quellen von Ärger, Verlangen und
Täuschung in mir festzustellen und zu erkennen.
Möge ich erkennen, wie ich die Samen der Freude täglich in mir
nähren kann.
Möge ich fähig sein, frisch, gefestigt und frei zu leben.
Möge ich frei sein von Anhaftung und Ablehnung – nicht aber
gleichgültig.[40]

Thich Nhat Hanh

Übung: Wählen Sie sich eine Zeile aus, von der Sie spontan angesprochen werden. Versuchen Sie, täglich darüber zu reflektieren oder zu meditieren.

Karuna. Mitgefühl, bitte

»Die Grundlage des Weltfriedens ist das Mitgefühl«, sagt der Dalai Lama.[41] Und was für die große Welt gilt, hat auch für den kleinen Familienkosmos Gültigkeit. Die Yogis und die Buddhisten nennen dieses Mitgefühl Karuna und meinen damit die Fähigkeit, sich in einen anderen Menschen hineinzuversetzen, Empathie entwickeln zu können. Sich vorstellen zu können, wie es einem anderen Menschen gerade geht und was er brauchen könnte, damit es ihm weiterhin gut oder wieder besser geht. Mitgefühl bedeutet, Verbindung zu einem anderen Wesen aufzunehmen, um ihm helfen zu können. Karuna ist das »hilfsbereite Mitempfinden«,[42] der Wunsch, den anderen zu verstehen mit seinen Sorgen, Nöten, seinen Beweggründen, damit wir ihm helfen können, wieder zufriedener, gesünder oder glücklicher zu sein.

Unser Sohn ist morgens eher schlechter gelaunt. Haben wir alle schlecht geschlafen oder sind uns andere Läuse über die Leber gelaufen, dann haben wir oft kollektiv genervt auf sein Gequengel reagiert. Woraufhin er, verständlicherweise, nur noch schlechter gelaunt war. Bombenstimmung statt »Morgenstund hat Gold im Mund«. Irgendwann machten wir uns dann doch Gedanken, was der Grund für das regelmäßige Stimmungstief sein könnte. Weil wir merkten, dass ihn dieser ungute Zustand selbst auch belastete, er mit seinen knapp fünf Jahren aber keinen Weg heraus fand und wir uns für ihn wünschten, dass es ihm gut geht. Wenn wir ihn fragten, was denn los sei, schimpfte er: »Nix. Lasst mich einfach.«

Wir überlegten, ob es an schlechten Träumen liegt, er nicht in den Kindergarten mag, zu wenig geschlafen hat, ihm irgendetwas wehtut. Bis wir auf die Idee kamen, dass ihn morgens direkt nach dem Aufstehen der Hunger schon sehr stark plagen könnte und sein Frühstück vielleicht nicht schnell genug auf dem Tisch steht. Wir fragten ihn, als die ersten Anzeichen der schlechten Laune in seinem Gesicht wieder sichtbar wurden: »Hast du Hunger?« Er schluchzte fast: »Ja. Das dauert immer so lange, bis mein Kakao fertig ist.« Seitdem wir das wissen, steht sein warmer Kakao schon auf dem Tisch, wenn er morgens in die Küche kommt. Die Stimmung ist seitdem deutlich goldiger.

Mitgefühl heißt auch, die Gefühle der anderen zu respektieren und zu achten. Mitgefühl lässt uns das Richtige sagen und uns den Umständen entsprechend angemessen verhalten. Dem Kind, das akuten Liebeskummer hat, sagen wir dann nicht: »Dieser Idiot war sowieso nicht der Richtige für dich«, oder: »Andere Mütter haben auch schöne Töchter.« Sondern hören zu, nehmen in den Arm und halten uns einfach mal mit gut gemeinten, aber tatsächlich unpassenden Worten zurück.

Wer mitfühlt, macht sich nicht lustig über andere, schon gar nicht im Beisein von anderen. Wer mitfühlt, stellt seinen Partner und die Kinder nicht bloß. Weil er mitfühlen kann, wie schmerzhaft und entwürdigend das ist. Wer ehrlich mitfühlt, sieht die andere Person mit dem weichen Blick.

Oft verwechseln wir Mitgefühl mit Mitleid. Aber es ist nicht das Gleiche. Wer zu sehr mitleidet, läuft Gefahr, ebenfalls von Emotionen überrannt zu werden und nicht mehr klar sehen und reagieren zu können. Geteiltes Leid wird dann zu doppeltem Leid und verbessert die Situation, in der die andere Person steckt, nicht wirklich. Oder, um Epikur zu zitieren: »Wir wollen Mitgefühl für unsere Freunde zeigen, nicht durch Klagen, sondern durch Fürsorge.«[43]

Mitgefühl zu entwickeln trägt dazu bei, Verständnis für uns und andere zu haben. Was wir auf intellektueller und emotionaler Ebene verstehen und nachvollziehen können, das bereitet uns weniger Kummer, Angst und Sorgen, es macht uns weniger wütend, gereizt, genervt und ruhelos, dafür friedlicher, nachsichtiger und damit auch gelassener.

Mudita. Sich freuen, wenn andere Glück haben

Das klingt so schön einfach. Sich mitfreuen, wenn andere Glück haben. Aber wie das so ist mit den Yogis oder dem Leben, die Einfachheit ist eine große Herausforderung. Wie ist das mit der Mitfreude, wenn das Glück der anderen das eigene Wohlbefinden bedroht? Können wir uns wirklich mitfreuen, wenn das Nachbarskind den umkämpften Platz in der Ferienfreizeitgruppe bekommen hat und wir uns um eine alternative Kinderbetreuung kümmern müssen, weil wir keinen Urlaub mehr haben und keine Großeltern, Tanten, Onkel oder Freunde, die für zwei Wochen ganztägig einspringen können? Wenn der gegnerische Fußballverein das Spiel gewinnt? Die geschäftliche Konkurrenz mehr Kunden hat? Der Sohn oder die Tochter einen Partner präsentiert, den wir zutiefst unsympathisch finden oder auf den wir vielleicht sogar heimlich eifersüchtig sind, weil wir jetzt für unser Kind nicht mehr das Wichtigste im Leben sind? Dann kann aus der Mitfreude ganz schnell Neid und

Missgunst werden, die Laune kann sinken, die Stimmung und das Lächeln im Gesicht ins Säuerliche kippen, die Gelassenheit im Duhkha-Tal verschwinden. Irgendwie auch nachvollziehbar. Wie soll man ausgerechnet im Moment der Niederlage Freude über das Glück der anderen verspüren? Unserem Seelenfrieden würde es aber guttun.

Mitfreude ist auch die Begeisterungsfähigkeit für die Arbeit von Menschen, die Gutes und Positives bewirken, die sich für Dinge, Aktionen oder Projekte einsetzen und engagieren, welche das Leben friedlicher, fröhlicher und angenehmer machen.

Mitfreude kann uns helfen, leichter über Niederlagen und Enttäuschungen hinwegzukommen, den Blick wieder anzuheben und nach vorne zu blicken. Wir können lernen, Mudita zu entwickeln. Wir müssen dafür nur unseren Verstand nutzen, unser Citta und seine Vorstellungskraft einsetzen. Uns ganz intensiv vorstellen, wie wir uns fühlen würden, hätten wir gewonnen, oder den Feriengruppenplatz bekommen, wären die vielen Kunden bei uns und wir gerade frisch verliebt. Dann kann Mudita entstehen.

Der Kern der Mitfreude ist die Freude. Und wie wir gesehen haben, sehnen sich alle Wesen nach diesem guten Gefühl. Mitfreude ist darum ein ganz natürlicher Zustand unseres Menschseins. Der einfachste Weg, sich mitzufreuen, ist übrigens, einem anderen Menschen eine Freude zu machen. Probieren Sie es aus.

Upeksa. Auf Distanz gehen und höflich bleiben

Wenn das mit der Mitfreude nicht gelingt, auch das Mitgefühl nur homöopathisch spürbar ist und aus Herzensgüte ein genervtes »Ach du meine Güte« wird, dann hilft, sagen die Yogis, noch etwas: Abstand halten und loslassen. Ganz nach dem Motto: »Nicht mein Zirkus. Nicht mein Affe.«

Upeksa ist die große Freiheit, die Probleme anderer nicht zu den eigenen zu machen, sich nicht in die Dramen anderer hineinziehen zu lassen. Wenn die Kinder kommen und sagen: »Mama, mein Bruder hat mir mein Buch weggenommen.« Oder: »Mama, meine Schwester hat mich gezwickt.« Dann könnten wir beide Seiten – wenn sie verstandesmäßig dazu schon in der Lage sind – zunächst mal fragen, wie sie sich umgekehrt fühlen würden. Danach sollten wir sie aber auffordern, selbst zu einer Lösung ihres Streits zu kommen, und uns nicht einmischen. Natürlich immer nur, sofern die Kinder altersmäßig dazu bereit sind.

Upeksa ist auch das Loslassen des starken Bedürfnisses, den Kindern jedes vergessene Heft, jede Brotzeitdose, jeden Sportschuh in die Schule hinterherzutragen. Ihr Zirkus, ihr Affe. Die Welt geht nicht unter und uns wachsen keine schwarzen Rabenflügel, wenn das Heft oder die Sporthose mal fehlt. Vielleicht wird das vergessliche Kind dann weniger vergesslich, vielleicht werden wir beim nächsten Mal als Eltern achtsamer und überprüfen rechtzeitig, ob das Kind alles dabeihat. Vielleicht geht das Kind dann eben mal ohne Hausaufgaben in den Unterricht, wenn das »Aus-dem-Fenster-Blicken« und »Haare-um-den-Finger-Wickeln« wiederholt der Grund sind, warum der vereinbarte Zeitrahmen für die Hausaufgaben überschritten wird.

Wenn wir Upeksa üben, geben wir anderen die Möglichkeit, Lösungen für ihre Probleme zu finden, Erfahrungen zu machen und auch die Erkenntnis zu gewinnen, alleine gut zurechtzukommen, selbstständig zu sein oder etwas an den eigenen Gewohnheiten oder Verhaltensmustern verändern zu müssen. Und das wiederum macht selbstsicher, macht

Mut, fördert die Achtsamkeit, das eigenständige Denken und das Vertrauen in die eigenen Fähigkeiten.

Upeksa hilft uns, von Menschen, deren Verhalten uns nicht gefällt, einen verständnisvollen Abstand zu halten. Zum Beispiel pubertierenden Kindern. Oder Verwandten, Kollegen, Partnern und Freunden. Wir gehen auf eine emotionale (manchmal auch physische) Distanz, ohne gleichgültig oder lieblos zu werden. Die emotionale Distanz hilft uns, dass wir uns nicht ärgern, wütend werden, zu sehr mitleiden, uns mehr Gedanken über eine Person machen, als es vielleicht gut ist. Weil sonst deren Problem zu unserem wird, obwohl es das ursprünglich nie war. Upeksa bedeutet, sich zu distanzieren, das Weite zu suchen, wenn die Dramen anderer zu einer Fessel für uns werden könnten. In der Weite finden wir bekanntlich die Gelassenheit.

Upeksa ist die Fähigkeit, unsere Kinder und unserem Partner ihr eigenes Leben leben zu lassen, nicht beleidigt zu sein, wenn sie unsere gut gemeinten Ratschläge nicht befolgen. Upeksa ist die Erkenntnis, die Welt nicht retten zu können, wenn sie nicht gerettet werden will, ohne deshalb von oben herab auf die Rettungsunwilligen zu blicken.

Upeksa ermöglicht es uns auch, zu verzeihen und zu vergeben, nicht nachtragend zu sein. Zum Familienfrieden trägt es enorm bei, wenn man in der Lage ist, seine Wut, seinen Ärger und seinen Groll auch wieder loszulassen, wenn alles erst einmal ausgesprochen ist, und zwar in einer Weise, die keinen nachhaltigen Schaden bei anderen Personen angerichtet hat. Was auch zur Folge hat, dass man nichts Belastendes mehr mit sich herumträgt.

❋ *Zwei Mönche begaben sich auf Wanderschaft. Eines Tages kamen sie an einen Fluss, an dessen Ufer eine junge Frau in einem wunderschönen Kleid und mit zarten Schuhen stand. Offenkundig wollte sie über den Fluss, doch da das Wasser sehr tief war, konnte sie den Fluss nicht durchqueren, ohne ihre Kleidung zu gefährden. Sogleich ging einer der beiden Mönche auf die Frau zu, nahm sie auf seine Schultern und durchquerte mit ihr das Wasser. Auf der anderen Flussseite setzte er sie wieder ab. Nachdem auch der andere Mönch das andere Ufer erreicht hatte, wanderten die beiden weiter, gingen weitere Stunden nebeneinanderher und wechselten kein Wort. Nach vier Stunden platzte es dann aus dem einen Mönch heraus: Warum hast du das getan? Du weißt, wir dürfen keinen Körperkontakt mit Frauen haben. Wie konntest du das nur tun?« Der Mönch, der die Frau über den Fluss getragen hatte, hörte sich die Vorwürfe des anderen geduldig an und antwortete: »Ich habe die Frau vor vier Stunden am Fluss abgesetzt – warum trägst du sie immer noch mit dir herum?«*[44]

Sei gut zu deiner Welt. Und zu dir

☀ Patanjali empfiehlt uns, an unseren Umgangsformen zu arbeiten, wenn wir mehr Frieden und Gelassenheit in unser Leben bringen möchten. Tatsächlich spricht er von Disziplin, einem Wort, das bei vielen Menschen erst mal zu Ablehnung führt. Disziplin. Das klingt so streng und nach Zwang. Was die Begriffe Yama (das gute Benehmen gegenüber unserer Mit- und Umwelt) und Nyama (der achtsame Umgang mit uns selbst), die Patanjali verwendet, aber tatsächlich meinen, ist ein unbedingtes Dranbleibenwollen an etwas, was unserem und dem Wohl anderer dient. Yama und Nyama sind die ersten zwei Glieder des sogenannten achtfachen Pfades, den Patanjali im Yoga-Sutra 2.29 als Weg nennt, um unser Denken, Handeln und Fühlen in Einklang zu bringen, also um unser Citta zu beruhigen. Die sechs weiteren Glieder sind: Asana, Pranayama, Pratyahara, Dharana, Dhyana und Samadhi.

Yama. Mein Umgang mit der Welt

Zum guten Benehmen im Umgang mit unserer Umwelt und unseren Mitmenschen zählt Patanjali Ahimsa (Abwesenheit von Gewalt), Satya (Aufrichtigkeit), Asteya (nicht stehlen), Brahmacharya (das Göttliche in allem erkennen) und Aparigraha (Anspruchslosigkeit oder: leben, ohne zu horten). Die fünf Yamas dienen dazu, durch den friedlichen Umgang mit anderen Menschen, allen Wesen und der Natur selbst innerlich friedvoller, ruhiger und mitfühlender zu werden.

Ahimsa. Frei von Gewalt

In der Nähe eines Menschen, der Meisterschaft in Ahimsa (Gewaltlosigkeit) erlangt hat, wird Feindseligkeit nicht gedeihen.[45]

Ahimsa ist die Abwesenheit von Gewalt in Gedanken, Worten und Taten. Und darum eine der größten Herausforderungen in unserem täglichen (Familien-)Leben. Ahimsa ist das Gandhi-Prinzip. Ahimsa ist die Jesus-Botschaft, sich lieber auf beide Wangen schlagen zu lassen, statt den »Auge um Auge, Zahn um Zahn«-Rachefeldzug anzutreten. Doch dann treibt uns das Kind auf die Palme, der Partner hat nicht bemerkt, dass wir eine neue Frisur haben, der Autofahrer vor uns ist ein Idiot, der Drängler hinter uns sowieso, die oder der Vorgesetzte lässt auf der Arbeit ihrer oder seiner Cholerik freien Lauf, irgendwo in der näheren Welt bombt ein Vollpfosten Menschen in die Luft, die Waschmaschine ist defekt und die Schublade mit den Kochtöpfen klemmt. Früher habe ich manchmal vor Zorn gegen die Schublade getreten, wenn die der Tropfen war, der das Fass zum Überlaufen brachte. Sie hat es immer gut überstanden, mir hat allerdings der Fuß wehgetan. Ahimsa, die Abwesenheit von Gewalt, gilt auch für den eigenen Körper. Und die eigene Psyche. Denn die ist immer als Erstes betroffen. Jeden negativen, wütenden, verachtenden, hasserfüllten Gedanken spüren erst mal nur wir selbst. Erst wenn wir zu Worten oder Taten übergehen, werden auch andere Opfer unserer Gewalt. Gewalt, sei sie ausgedacht, ausgesprochen oder ausgeführt, hinterlässt immer einen Eindruck in uns. Einer meiner Lehrer empfahl, jedem verletzenden Gedanken einen friedlichen, heilsamen Gedanken hinterherzuschicken. Jedem bösen Wort ein ehrlich entschuldigendes, versöhnliches folgen zu lassen. Jeder gewaltsamen Tat oder Handlung eine gute, wiedergutmachende anzuschließen. Sofern das dann noch bei der Person oder den Personen, der oder denen man Gewalt angetan hat, möglich ist.

Viel besser wäre es natürlich, es gar nicht erst so weit kommen zu lassen. Die Yogis legen uns darum dringend ans Herz, erst mal kurz innezuhalten und zu überlegen, was für eine Wirkung unsere Worte oder Taten auf ein anderes Lebewesen und sein Umfeld haben könnte.

Sich in die Empfindungen eines anderen hineinzuversetzen bedeutet, den eigenen Standpunkt hinsichtlich der geplanten Handlung zu hinterfragen: Wenn nicht Täter, ist man Mittäter oder schaut man schadenfroh zu? Welche Emotionen geben den Impuls für die eigene Handlung? Welche Folgen wird sie haben?[46]

Die Fähigkeit, sich in andere hineinzuversetzen kann uns, und das ist für das Zusammenleben mit anderen so wichtig, davor bewahren, Menschen mit unseren Worten und Taten zu verletzen oder zu beleidigen. Es kann in angespannten Situationen vor Eskalation bewahren und unter Umständen dazu führen, dass wir den Mund halten, andere Worte wählen, eine Handlung oder Reaktion noch mal überdenken. Mir hilft dieses Sutra immer wieder dabei.

Ahimsa bedeutet allerdings nicht, die wütenden oder verletzenden Gedanken, die wir haben, zu unterdrücken. Damit würden wir nur uns selbst Gewalt antun. Ahmisa ist die Kunst und auch die Fähigkeit, seinem Ärger so Luft zu machen, dass er niemandem Schaden zufügt und zu einem konstruktiven statt destruktiven Ergebnis führt. Falls Sie sich fragen, wie das im Rausch der durchgehenden Emotionen bitte schön gehen soll: Versuchen Sie, immer präsent, im Hier und Jetzt zu sein, damit Sie bemerken, was sich gerade in Ihnen abspielt. Der beste Weg, im Jetzt anzukommen, ist, wir erinnern uns, der Atem. Ausatmen, einatmen. Bis die Emotionen wieder ruhiger sind, der Geist wieder klarer ist, und wenn es ganz schwierig wird, dann ruhig auch mal eine Nacht drüber schlafen. Wenn der Ärger oder die Wut massiv und aus gutem Grund ist, ist sie auch am nächsten Tag noch da. Falls nicht, ist es gut, dass Sie Ihre Wut verschlafen haben, ohne ein Fass aufzumachen. Und haben Sie Geduld. Üben Sie, Möglichkeiten ergeben sich täglich. Und wenn es nicht gleich funktioniert, dann versuchen Sie, nicht wütend auf sich zu sein. Sie würden sich nur Gewalt antun.

Und das tun wir ja sowieso schon oft und ausdauernd genug. Durch die Art, wie wir über uns denken, durch dieses ständige »Da habe ich wieder einen Fehler gemacht. Wie dumm von mir. So blöd kann ja nur ich sein. Ich bin zu dick. Ich bin hässlich. Ich bin eine schlechte Mutter. Ein mieser Vater. Ich bin nichts wert. Ich bin ein Versager«. Schon Kinder reden sich ein, zu dumm, zu unbegabt, zu schlecht für alles Mögliche und dazu auch noch zu dick zu sein. Wir fügen uns Gewalt zu durch die Speisen, die wir essen oder eben nicht, durch die Getränke, die wir trinken, durch ungute oder fehlende Bewegung.

Wir fügen uns auch Gewalt zu durch die Medien, die wir konsumieren: die Filme, die wir anschauen, und die Bücher, die wir lesen. Durch das Arbeitspensum, das wir uns aufbürden, und das vollgepackte Freizeitprogramm, mit dem wir unseren anstrengenden Arbeitstag kompensieren möchten.

Um Menschen, die sich konsequent an das Gebot von Ahimsa halten, entsteht ein friedliches Umfeld. Der Frieden, den ich im Außen suche, beginnt in mir. Alles, was wir tun, hat eine Wirkung.

Satya. Immer bei der Wahrheit bleiben

*Wer stets ehrlich in seinen Aussagen ist,
wird auch die richtigen Entscheidungen für sein eigenes Handeln finden.*[47]

Meine Tochter hat seit ihren Babytagen einen Stoffbären, der lange so real für sie war, dass sie weinte, wenn andere Kinder behaupteten, ihr kleiner Bär sei nur ein Stofftier. »Mama, der ist doch echt, oder?«, fragte sie dann. Die Wahrheit wäre gewesen zu sagen: Nein, er ist nur aus Stoff und da, wo du sein Herz vermutest, raschelt irgendein Füllzeug. Aber das hätte ihre Kinderseele verletzt. Also sagte ich ihr: »Für dich ist er ganz echt. Die anderen können das nur nicht sehen.« Dann war sie beruhigt.

Die Yogis sagen: Bleib bei der Wahrheit. Unbedingt und immer. Bitte auch keine Notlügen. Es sei denn, du fügst mit der Wahrheit einem anderen körperlich, psychisch oder emotional Schaden zu. Fühl dich also erst mal wieder in den oder die anderen hinein, bevor du anfängst, mit der Wahrheit herauszurücken. Frag dich, was wird deine Wahrheit bewirken? Wie könntest du sie formulieren, dass sie erträglich und nachvollziehbar wird?

Die Yogis sagen, wenn wir bei der Wahrheit bleiben, die auf Sanskrit Satya heißt, dann geben wir keine Versprechen, die wir nicht halten können, verbreiten keine Gerüchte, deren Wurzeln und Wahrheitsgehalt wir nicht kennen. Wir versuchen, unser Leben so zu führen und einzurichten, dass wir aufrichtig bleiben können und gar nicht erst in Versuchung kommen, lügen zu müssen. Wenn wir aufrichtig leben, leben wir auch nicht über unsere Verhältnisse, bleiben ehrlich bei dem, was wir uns körperlich und psychisch zumuten können, steigen aus, unterbrechen oder verändern, wenn wir merken, wir haben uns zu viel zugetraut und zugemutet. Und wir stehen zu unseren Gedanken, Gefühlen und Handlungen und drehen uns nicht wie das Fähnchen im Wind, um nicht anzuecken.

Asteya. Das gehört nicht mir

Alle Kostbarkeiten werden dem zuteil, der in Asteya (im Nichtstehlen) verwurzelt ist.[48]

Richtig laut wird es bei uns im Haus, wenn die Kinder sich gegenseitig Spielsachen, Stofftiere oder Fußballtrikots wegnehmen. »Das ist meins, gib das sofort wieder her«, kreischen sie dann. Und wenn das Diebesgut nicht umgehend zurückgegeben wird, noch lauter: »Mama, mein Bruder/meine Schwester hat mir meine Sachen geklaut. Sag ihm/ihr, dass er mir das sofort wiedergeben soll.« Ich würde ihnen dann gern ihre Kreischstimmen wegnehmen. Aber in der Bibel steht: »Du sollst nicht stehlen.« Im Yoga-Sutra heißt das schlicht: Asteya. Und bedeutet: Nicht stehlen. Also Finger weg von fremden Stimmen und fremdem Eigentum, zu dem auch das geistige zählt, weshalb wir keine Ideen von anderen als die eigenen verkaufen oder uns mit sonstigen fremden Federn schmücken sollten. Die Yogis sagen, wir sollten auch niemandem die Zeit stehlen, was aber passiert, wenn wir notorisch unpünktlich sind, uns permanent verzetteln, weil wir zu unorganisiert sind oder uns zu viel zugemutet haben, und wenn wir anderen in epischer Breite von unseren Problemen erzählen, nicht nur einmal, sondern täglich und das monatelang. Wir sollten außerdem versuchen, niemandem die Lebensfreude, das Selbstvertrauen, die Hoffnung oder den Partner zu nehmen. Die Yogis sagen, wer nicht stiehlt, ist zufrieden mit dem, was ihm gehört und was er aufgrund seiner nicht kriminellen Fähigkeiten und Möglichkeiten erreichen und bekommen kann.

Ich selbst war übrigens lange ein ganz meisterhafter Dieb: Als mein Leben noch Arbeit, Arbeit, Yoga, Arbeit, Schlafen war, habe ich meinen Kindern oft die erwünschte gemeinsame Freizeit entzogen, meiner Beziehung und meinem Mann die Aufmerksamkeit. Was er allerdings teilweise gar nicht so schlimm fand, denn unsere Dauerstreitereien hatten ihm die Nerven geraubt. Mir natürlich auch. Auch, weil ich mir selbst so viel an Leichtigkeit im Leben nahm, beschloss ich, mein diebisches Talent erst mal ruhen zu lassen.

Brahmacharya. Gott in allen Dingen

Derjenige, der im Bewusstsein des Brahma (der Allseele) handelt, gewinnt große Energie.[49]

Gott ist überall. Sagen die Yogis. In jedem Baum, in jeder Blume, in jedem Salatkopf, in jedem Tier, in der Luft, im Wasser. Und auch in unserem Kind, in unserem Partner und in uns selbst. Das Göttliche in allem zu erkennen und entsprechend zu leben und zu handeln, sagen die Yogis, ist

Brahmacharya. Sie sagen, wenn wir dieses Göttliche in allem erkennen, würden wir respektvoller miteinander und auch mit unserer Umwelt umgehen. Weil wir dann verstehen würden, dass, wenn wir andere respektlos behandeln, wir uns letztendlich immer auch selbst mit Füßen treten. Hat man Brahmacharya verinnerlicht, führt es zu gewaltfreiem Handeln.

Brahmacharya wird oft auch mit sexueller Enthaltsamkeit übersetzt. Diese Enthaltsamkeit war, mit Ausnahme für Mönche und Nonnen, nur für eine begrenzte Zeit gedacht, die dafür genutzt werden sollte, sich dem Studium des Höchsten Selbst zu widmen.

Wenn die Kinder noch klein sind, die Nächte kurz, die Beziehung angespannt und der Stresspegel hoch ist, entsteht die sexuelle Enthaltsamkeit manchmal fast von allein. Die Brahmacharya-Idee kann helfen, zu akzeptieren, dass das in Ordnung ist, dass diese Phasen die Beziehung nicht zerstören müssen. Sex ist zwar viel, aber auch nicht alles. Die Yogis sagen, wir sollten respektieren, dass der andere gerade nicht will, und für uns selbst begreifen, dass man nicht muss, nur weil die Medien sagen, wir haben ein Problem, wenn wir nicht eine bestimmte Frequenz erfüllen. Dass dann der Mann über alle Berge sein wird und die Frau ein verkrampftes Huhn ist. Wenn der fehlende Sex zum Problem wird, sollten wir eine Lösung finden, mit der beide zufrieden sind. Aber niemanden zum Sex zwingen, der keinen haben möchte.

Brahmacharya, die Enthaltsamkeit, bedeutet auch, dass wir niemanden belästigen, weder durch Blicke, Gesten, Worte, Bilder oder Taten, weil wir in jedem Wesen das Göttliche sehen und niemanden verletzen oder gegen seinen Willen zu Handlungen zwingen möchten, die ihm widerstreben. Brahmacharya fordert uns zu einem verantwortungsvollen Umgang mit der Sexualität auf.

Aparigraha. Was ich habe, ist genug

Was und wie viel davon brauchen wir wirklich zum Leben? Ich dachte lange: einen Schrank voll mit den neuesten Klamotten. Jährlich viele Paar neue Schuhe. Handtaschen in allen Formen und Größen. Sehr viel Geld, auch, um mir das alles leisten zu können. Mein Kleider- und Schuhschrank war knallvoll, das Konto auch. Dann war irgendwann das Konto leer und ich hatte ein Problem. Denn ich konnte nicht mehr konsumieren wie bisher. Wenigstens wuchsen die Klamotten-, Schuh- und Handtaschenberge nicht mehr. Ich hätte irgendwann sowieso ein Platzproblem bekommen. Schließlich haben auch meine Kinder und der Ehemann Kleider, Hosen, Jacken, Schuhe. Und Taschen.

Die Yogis sagen: Je weniger wir haben, desto weniger müssen wir uns kümmern und desto weniger Kummer haben wir. Das bedeutet allerdings nicht, dass wir unser ganzes Hab und Gut verschenken und unter allerbescheidensten Verhältnissen leben müssen. Tatsächlich macht das ja nicht jeden unbedingt froh und gelassen. Die Yogis sagen, wir dürfen besitzen, soviel wir möchten – solange wir anderen dadurch nicht schaden. Solange es auch kein Problem wird, wenn wir plötzlich nicht mehr so viel besitzen. Oder sogar verlieren, was wir auf dem Konto oder an Immobilien hatten. Oder wir so viel Zeit in das Erhalten und Bewahren unseres Besitzes reinstecken müssen, dass wir dadurch andere vernachlässigen, zum Beispiel unsere Familie. Wenn der Besitz zur Belastung und nicht zur Entlastung wird.

Aparigraha, die Disziplin des Nichtanhäufens, der Fähigkeit, sich zu beschränken auf das, was man wirklich braucht, ist tatsächlich eine prima Haushaltshilfe. Zumindest für mich. Denn nichts ist anstrengender als stetig wachsende Wäscheberge, unaufgeräumte Keller, Spielsachen-Bodenbeläge, unbezahlte Rechnungsstapel, unerledigte To-do-Listen oder sich rapide vermehrende herumliegende Kleidungsstücke. Je weniger herumliegt, je weniger noch erledigt werden muss, weil wir immer gleich aufgeräumt haben und nichts, was zu erledigen oder zu bezahlen war, aufgeschoben haben, desto weniger haben wir zu tun und desto entspannter können wir sein. Und je genügsamer wir sind mit dem, was wir sowieso schon haben, desto weniger Verlangen nach mehr kann uns das Leben unruhig machen.

Nyama. Der achtsame Umgang mit sich selbst

Zum achtsamen Umgang mit uns selbst gehören Sauca (Sauberkeit), Santoshas (Zufriedenheit), Tapas (Feuer und die Disziplin), Svadhyaya (Selbstreflexion) und Ishvara Pranidhana (Gottvertrauen). Wie die Yama helfen sie uns, innerlich ruhiger, friedlicher und gelassener zu werden.

Sauca. Die Reinheit

Am Leib, in den Gedanken und in der Sprache nie unrein werden lehrt großen Abstand.[50]

Ärzte sagen: Achtet auf eure Hygiene. Eltern sagen ihren Kindern: Wasch die Hände. Putz die Zähne. Geh duschen. Und machen das im Idealfall ihren Kindern auch vor. Die Yogis sagen etwas Ähnliches. Sie sagen: Bleib sauber. Das Sanskrit-Wort dafür ist Sauca, bedeutet aber nicht nur die Sauberkeit auf körperlicher oder häuslicher Ebene. Sie sagen, versuche mit dir auch mental und emotional im Reinen zu sein. Die Meditation, dieses, wie meine Lehrerin sagt, »mentale Zähneputzen«, hilft, sich von diesen »Unreinheiten« zu befreien. Die Yogis sagen: Beobachte, was du denkst. Alles, was in uns ein Gefühl der Enge, des Unwohl- oder Getriebenseins auslöst, ist eine Unreinheit, eine Blockade, die wir auflösen oder bereinigen sollten. Dazu zählen auch die Streitereien oder unausgesprochenen Vorwürfe und Anschuldigungen innerhalb der Familie.

Wenn wir rein bleiben wollen, sollten wir auch aufhören, Aufgaben und Lebensbereiche, die nicht zusammengehören, zu vermischen. Die Arbeit wird dann zum Beispiel nicht mit nach Hause genommen und das Privatleben nicht mit in den Beruf. Die SMS wird erst an der nächsten roten Ampel gelesen, die Whatsapp-Nachricht im nächsten Stau geschrieben. Das gemeinsame Abendessen oder das Frühstück könnte ein Raum werden, in dem alle Smartphones, Tablets, Zeitungen beiseitegelegt werden, auch alle Streitigkeiten. Eine neutrale Zone für die Dauer der gemeinsamen Mahlzeit.

Ich bin telefonisch nur noch auf dem Festnetz zu erreichen, denn wenn ich unterwegs bin, dann gehört meine Aufmerksamkeit den Menschen, mit denen ich dann zusammen bin, oder der Beschäftigung, der ich gerade nachgehe. Single- statt Multitasking. Die Buddhisten sagen: Wenn ich esse, esse ich, wenn ich trinke, trinke ich, wenn ich gehe, gehe ich. Die Yogis widersprechen dem nicht.

Speisen, Getränke und andere Substanzen können uns vergiften, auch Beziehungen können toxisch sein, Texte und Filme eine ungute Wirkung auf uns haben. Darum, sagen die Yogis, sollten wir immer wieder überprüfen, von wem und was wir unser System lieber reinhalten sollten. Damit wir auf allen Ebenen gesund bleiben. Denn Krankheit ist, wie wir gesehen haben, ein großes Hindernis auf unserem Weg zu mehr Leichtigkeit oder Gelassenheit.

Santosha. Ich bin zufrieden

Mir fehlte lange Santosha. Was das Sanskritwort für Zufriedenheit ist. Kein Wunder. Ich war so damit beschäftigt, meiner Vergangenheit hinterherzuweinen und gleichzeitig Angst vor einer Zukunft zu haben, die ich mir in düsteren Farben ausmalte, dass ich darüber vergaß, all die schönen und guten Dinge zu sehen, die in meinem Leben jetzt passierten. Meine zwei gesunden Kinder, das Haus mit Garten, meine Beziehung, die zwar nicht immer auf der Harmoniewelle daherkam, aber von zwei Menschen gelebt wurde, die einander bei allen Streitigkeiten nie ganz aus dem Herzen verloren hatten. In der Woche sechs Stunden zu unterrichten und zusammen mit regelmäßigen Seminaren ganz gut über die Runden zu kommen. Was für ein Glück.

Tiefe Zufriedenheit lässt uns grenzenloses Glück erfahren.[51]

Eine Bekannte hatte auf Facebook einmal etwas gepostet, das ungefähr folgendermaßen lautete:

Lärm im Haus bedeutet, Kinder zu haben.

Ein Berg Wäsche bedeutet, genügend Geld für Kleidung zu haben.

Schmutzige Teller bedeutet, etwas zu essen zu haben.

Staubsaugen bedeutet, ein Dach über dem Kopf zu haben.

Ärger mit den Kollegen bedeutet, eine Arbeit zu haben.

Streit mit den Kindern und dem Partner bedeutet, eine Familie zu haben.

***

Die Yogis sagen, das Gefühl der Zufriedenheit können wir in uns wachsen lassen. Wir müssen uns nur immer wieder bewusst machen, was in unserem Leben alles auch gut läuft, wie viele schöne und fröhliche Momente wir jeden Tag erleben. In meiner Ausbildung erzählte uns eine unserer Lehrerinnen folgende Geschichte:

Ihre Tochter habe eines Abends angerufen und die Mutter um Hilfe gebeten. Die kleine Enkelin der Lehrerin sei nur am Schimpfen und Meckern, alles sei schlecht und ungerecht. Das Kind litt also an einem bedenklichen Santosha-Mangel. Ob sie denn mal mit dem Kind sprechen könne? Sie konnte. Und fragte das Kind: »Wie geht es dir denn?« »Schlecht«, antwortete das Kind. »Das kann ich mir gar nicht vorstellen«, sagte die Großmutter. »Ich wette, wir finden fünf Dinge, die heute gut waren. Lass uns mal suchen.« Sie fragte, was ihr denn heute am besten geschmeckt hatte. Und das Kind antwortete: »Das Eis, das ich im Schwimmbad bekommen habe.« »Na siehst du, da haben wir schon eine gute Sache«, sagte die Großmutter. Sie erzählte, dass sie in kürzester Zeit noch vier weitere gute Dinge gefunden hatten. Und am Ende habe die Enkelin gesagt: »Der Tag war eigentlich doch ganz schön.«

Tapas. Leidenschaft und Disziplin

Die Wachheit des Körpers und der Sinne gehen aus einem disziplinierten Lebensstil hervor.[52]

Unser Sohn sollte schwimmen lernen. Also meldeten wir ihn für einen Schwimmkurs an. Nach seinem ersten Kurstag erklärte er uns, dass das auch sein letzter gewesen sei. Warum? »Weil es langweilig ist, ich kann jetzt schon schwimmen.« Was leider nur stimmte, wenn er Schwimmflügel anhatte. Am Ende des achtwöchigen Kurses ging es schon fast von allein. Der Lehrer sagte: »Er muss regelmäßig üben, damit er nicht vergisst, was er gelernt hat.« Leider fehlten uns die Zeit und die Begeisterung, regelmäßig mit ihm ins Schwimmbad zu gehen. Was unseren Sohn nicht sonderlich störte. Leider müssen wir, was seine Schwimmkarriere betrifft, jetzt wieder fast von null anfangen. Was unseren Sohn deutlich mehr stört. Denn er ist ja seit dem ersten Kurstag davon überzeugt, bereits schwimmen zu können.

Was meinem Sohn und uns beim Schwimmen fehlte und ich beim Yoga übergroß hatte, ist das, was die Yogis Tapas nennen. Tapas bedeutet die Leidenschaft, das innere Feuer, die Begeisterung, die es braucht, um bei einer Sache zu bleiben, den Weg weiterzugehen und nicht gleich beim ersten (oder 100.) Widerstand die Lust, den Mut oder den Antrieb zu verlieren.

Es ist der begeisterte Wille, der uns vorantreibt und anspornt, bei den Sachen und Vorhaben, die wir uns vornehmen und die uns am Herzen liegen, dranzubleiben, nicht aufzugeben – ohne dabei aber über das Ziel hinauszuschießen, ohne dass unsere Leidenschaft zur Obsession wird, an der wir verbrennen.

Svadhyaya. Ich gehe mal in mich

Damit es nicht passiert, dass wir uns über das gesunde Maß hinaus verausgaben, gibt es eine Art yogische Feuerwehr – leider konnte ich sie in meinem Anfangshoch für den Yoga noch nicht einsetzen. Dieser Feuerlöscher nennt sich Svadhyaya und bedeutet Selbststudium und Selbstreflexion. Svadhyaya fordert uns zum einen auf, genau hinzuspüren und hinzufühlen, ob das, was wir gerade tun, auch wirklich gut ist für uns. Ob wir auf unserem Weg Fortschritte machen, vom Weg abkommen oder sogar verglühen. Ob uns unser Ehrgeiz und unser Ego dazu verleitet, über unsere Grenzen zu gehen, oder ob wir wirklich auf allen Ebenen bereit sind, unsere Komfortzone zu verlassen.

Wer sich fortwährend bemüht, das Leben zu verstehen, wird auch die eigene Aufgabe im Leben verstehen.[53]

Wer handelt hier? Was und wer treibt uns an? Wie geht es mir gerade? Was fühle ich, was denke ich, wie hängt das alles miteinander zusammen?, sind die Fragen, die wir uns stellen können. Darüber lernen wir uns immer besser kennen, können feststellen, ob es die Kleshas, die Samskaras oder die Gunas sind, die uns leiten, ob unser Herz oder unser Kopf spricht, welche Handlungen zu welchen Reaktionen geführt haben und ob vielleicht doch das Wetter an allem schuld ist.

Auf der spirituellen Ebene geht es bei Svadhyaya darum, seinem wahren Selbst, dem Atman oder Purusha, näher zu kommen, ihn in uns als Wesenskern zu erkennen und aus diesem Bewusstsein heraus die Welt und unser Leben anders zu betrachten.

Ishvara Pranidhana: Gottvertrauen

Hingabe an das Göttliche führt zu Samadhi, der vollkommenen Erkenntnis.[54]

Nicht alles liegt in unserer Hand. Wirklich nicht. Wir sollten das akzeptieren. Dann wird vieles einfacher. Die Yogis nennen diese Kunst Ishvara Pranidhana, was man sehr salopp mit Gottvertrauen übersetzen könnte. Denn mit dem Ausdruck ist die Hingabe (Pranidhana) an Ishvara gemeint, an einen nicht personifizierten Gott, an eine höhere Macht oder Autorität, die vielleicht einen ausgeklügelten Masterplan für den Verlauf eines jeden einzelnen Lebens auf dem Schirm hat und es gut mit jedem von uns meint. Auch wenn das auf den ersten Blick für uns nicht immer so offensichtlich ist. Auf der weniger spirituellen Ebene ist es die profane Erkenntnis, dass wir nicht alles kontrollieren oder zu 100 Prozent zuverlässig vorausplanen können. Und weil das so ist, können wir aufhören, uns gegen den Lauf der Dinge und das Leben mit seinen unvorhergesehenen Wendungen zu wehren. In einem meiner unglücklichsten Momente, als ich dachte, da kommst du nie wieder raus aus dieser Familien- und Finanzkrise, als ich ungeduldig mit den Kindern war und mit den Nerven am Ende, bin ich Joggen gegangen und habe zum Himmel gerufen: »Mach doch, was du willst! Ich bin mit allem einverstanden. Solange meine Familie darunter nicht leidet.« (Wer weiß, was ihm sonst eingefallen wäre.) Auf alle Fälle ging es mir danach besser. Drei Tage später kam eine Anfrage, ob ich ein zweitägiges Yoga-Seminar leiten möchte. Seitdem vertraue ich, dass alles so kommen wird, wie es kommen soll. Gottvertrauen, wenn man will. Oder loslassen, und das Leben wird entspannter.

Jetzt und hier. Sofortmaßnahmen

☀ Es ist wieder so weit. Höchste Alarmstufe. Das eine Kind tut nicht, was es soll, der Mann liest lieber Zeitung oder ist noch unterwegs, das andere Kind ist immer noch bei der Freundin, obwohl es seit einer halben Stunde zurück sein sollte, das Telefon klingelt, die Waschmaschine auch und der Blick fällt auf eine Rechnung, die seit drei Wochen hätte überwiesen sein sollen. Der Puls wird schneller, die Nerven gereizter, der Affe im Kopf dreht durch, der Magen schnürt sich zu, aber die Fee, die den Spuk beenden könnte, hat schon Feierabend. Was also tun, damit nicht gleich alles eskaliert?

1. Bewusst sein! Machen Sie sich bewusst, dass Sie gerade Duhkha haben. Nehmen Sie sowohl die Emotionen als auch die Gedanken und die körperlichen Reaktionen wahr.

2. Tief ausatmen! Legen Sie die Hände auf den Bauch und atmen Sie in Ihre Hände. Ausatmen. Einatmen. So lange, bis Sie merken, dass Sie ruhiger werden. Mit etwas regelmäßiger Übung geht das bald relativ schnell.

3. Ab auf die Insel! Nehmen Sie sich aus der Situation heraus. Entweder, indem Sie tatsächlich für ein paar Minuten den Raum verlassen. Oder indem Sie sich auf Ihre innere Purusha-Insel zurückziehen. Auf der Insel findet man die nötige Distanz, um kurz Kraft zu schöpfen und sich danach wieder der Situation stellen zu können.

4. Pausen machen! Das Yoga-Sutra empfiehlt Pausen. Zum Beispiel und ganz besonders die zwischen der Ein- und Ausatmung. Wir sollen sie bewusst wahrnehmen. Als Momente, in denen Yoga stattfindet, weil alles ganz ruhig wird. Und in der Ruhe liegt bekanntlich die Kraft. Auch den Raum für ein paar tiefe, beruhigende Atemzüge zu verlassen kann Luft in eine angespannte Situation bringen.

5. Andenken! Denken Sie an etwas, das Ihnen Freude macht, an etwas, das in Ihnen das Gefühl der Weite, von Sukha, auslöst, das Gegenteil von Duhkha, dem Gefühl, in dem Sie gerade stecken, wenn Sie das Weite suchen sollten. Das kann ein Mensch, ein Tier, ein Erlebnis, eine Erinnerung sein. Suchen Sie sich Ihr Andenken in guten Zeiten, damit Sie in schlechten, kritischen sofort darauf zurückgreifen können.

6. Unerwartetes Verhalten! Nichts bringt uns mehr aus dem Konzept als eine Reaktion, die wir nicht erwartet haben. Das kann eine Umarmung statt der sonst üblichen verbalen Tirade sein. Ein Lächeln statt eines Stirnrunzelns. Ein ehrliches Kompliment statt der erwarteten wütenden Antwort. Oder ein kompletter Themenwechsel (funktioniert bei meinem tobenden Sohn immer gut). Eine Bekannte erzählte von einer Freundin, die sich im Supermarkt neben ihr »Ichwillichwillichwill«-kreischendes Kind auf den Boden geschmissen hat und auch »Ichwillichwillichwill« kreischte. So lange, bis das Kind peinlich berührt gesagt habe: »Mama, hör bitte auf.« Was sie dann tat.

7. Alles ist OM! Nichts ist von Dauer. Alles vergeht. Auch die stressigsten Situationen und unangenehmsten Momente. Machen Sie sich das immer wieder bewusst, vor allem dann, wenn Sie denken, Sie halten gerade alles nicht mehr aus. Alles kommt. Alles ist da. Alles geht. Und danach ist erst mal Ruhe. Wie es dann weitergeht, liegt auch an Ihnen. Und dann ist auch wieder alles: OM.

Yoga. Von den Wurzeln in den Alltag

✳ Wie weit die Wurzeln des Yoga zurückreichen, ist nicht genau überliefert, seine Ursprünge sind aber sicherlich über 2500 Jahre alt. Ein Mythos besagt, dass der Hindu-Gott Shiva Yoga zu den Menschen gebracht hat, und zwar über den Fischer und späteren König der Fische Matsyendra.

> ✳ *Shiva soll demnach nach einer Tausende von Jahren andauernden Meditation auf dem Mount Kailash zurück zu seiner Frau Parvati gekommen sein, die am Meeresstrand der Insel Candravipa auf ihn wartete. Er wollte seiner Göttin berichten, was ihm während seiner Meditation offenbart worden war. Nämlich der Weg zur Erlösung. Und dieser Weg sei Yoga. Shiva begann also zu erzählen, vom Weg, dem Ziel und der Methode, die der Yoga bietet und vom göttlichen Kern, der jedem Wesen innewohnt. Doch was Shiva nicht wusste, war, dass er noch einen weiteren Zuhörer hatte. Am Meeresgrund lag ein riesiger Fisch und in seinem Bauch saß der Fischer Matsyendra, der von dem Fisch verschluckt worden war. Matsyendra lauschte Shivas Worten aufmerksam – im Gegensatz zu Parvati, die im Laufe von Shivas Ausführungen kurz einschlief. Als Shiva seine Gemahlin fragte: »Bist du wach?«, antwortete statt ihrer der Fischer Matsyendra, der weiter den Lehren zuhören wollte: »Ja, bin ich.« Daraufhin entdeckte ihn Shiva und setzte sich ebenfalls in den Bauch des*

Fisches, um mit seinen Belehrungen fortzufahren. Nach zwölf Jahren spuckte der Fisch Matsyendra wieder aus, der daraufhin als erster Schüler von Shiva die Lehren des Yoga verbreitete.[55]

Die Geschichte von Shiva, Matsyendra und dem Fisch erzählt aber nicht nur von den mythologischen Ursprüngen des Yoga, sie zeigt uns auch, dass es sich lohnt, selbst an den unglaublichsten Orten und in den unmöglichsten Situationen das Beste aus den Dingen zu machen und genau hinzuhören, zu lauschen, was offenbart wird. Es könnte schließlich immer auch ein Wegweiser zur Befreiung dabei sein.

Seit Shiva der Legende nach vor vielen Jahrtausenden Yoga zu den Menschen brachte, haben sich viele verschiedene Richtungen und Stile des Yoga herausgebildet. Was all diese Yoga-Wege verbindet, ist der Wunsch, aus einem Zustand, den man als unangenehm oder schwierig oder untragbar empfindet, in einen Zustand zu kommen, in dem man sich wohl und frei fühlt. Ein Wunsch, den viele von uns aus ihrem Familienalltag kennen. Zu den ursprünglichsten, vor über 2500 Jahren entwickelten und immer noch alltagstauglichen, zählen folgende fünf Wege.

Jnana-Yoga. Zuhören, reflektieren, begreifen, handeln

Zuhören, reflektieren, begreifen, handeln. Leider scheitert es im Alltag meistens schon am Zuhören. Weil wir, wie es der buddhistische Mönch Thich Nhat Hanh sagt, oft nur zuhören, um eine Antwort zu geben, statt zuzuhören, um zu verstehen, was unser Gegenüber wirklich meint. Zuhören, reflektieren, begreifen, handeln ist, wenn man so will, in vier Worten das, was die Yogis Jnana-Yoga nennen.

Jnana ist das Sanskrit-Wort für Wissen, meint aber nicht das theoretische Einzelwissen, sondern die tiefe Erkenntnis, aus der erst Weisheit und eine Veränderung im Handeln entstehen können. Das Wissen, das Jnana-Yoga meint, handelt von der Erkenntnis des wahren Selbst, des Atman, von Purusha, der Weite in uns. Also unseres göttlichen Kerns oder des reinen fließenden Bewusstseins, des sogenannten Sat Cit Ananada.

Der Weg des Jnana-Yoga setzt einen klaren, von Täuschungen aller Art befreiten Geist voraus, weil nur der objektiv erkennen kann, was richtig und was falsch ist, und dann entsprechend handelt. Dieses Wissen oder diese Erkenntnis erlangt man in Schritten. Erst hört man einem Lehrer zu, dann reflektiert man, alleine, mit dem Lehrer oder anderen Schülern über das, was gehört und verstanden wurde. Schließlich meditiert der Schüler und eröffnet sich dadurch den Weg zum intuitiven Begreifen des Gelehrten. Aus diesem Begreifen verändert sich die Sicht auf die Welt und lässt eine freie, ungebundene und gelassene Handlungsweise zu.

Zuhören, reflektieren, begreifen, handeln. Diese Formel macht Jnana-Yoga auch jenseits aller spiritueller Ambitionen extrem alltagstauglich. Denn in ihr liegt das Potenzial zur Konfliktlösung und Deeskalation.

Mein Mann und meine Tochter waren kürzlich aneinandergeraten. Die Dachrinne an unserem Haus war verstopft, aber weil ein Baum ungünstig im Weg steht, konnte mein Mann sie nicht reinigen. Er sagte, auf der Leiter stehend: »Der Baum muss weg.« Meine Tochter, die im Garten spielte, schrie: »Nein, das darfst du nicht machen.« Dann fing sie zu weinen an. Unser Sohn rüttelte derweil von unten an der Leiter und krähte: »Papa, ich will spielen.« Mein Mann brüllte: »Nimm die Finger weg.« Und zu unserer Tochter: »Und du, hör auf zu heulen.« Er war genervt, weil er die Regenrinne nicht reinigen konnte, und erschrocken, weil ihn sein Sohn fast von der Leiter gekippt hatte. Die Stimmungslage war bei allen dreien nicht gut. Mein Mann beruhigte sich als Erster und erklärte unserer Tochter, warum der Baum wegmuss und weshalb er zu ihr so laut geworden war. Sie hörte zu und dachte darüber nach. Dann verstand sie und erklärte, warum sie es trotzdem traurig finde. Sie mag Bäume und dieser ist ihr Kletterbaum, auf dem sie stundenlang sitzen und beobachten kann. Außerdem mag sie nicht angeschrien werden. Mein Mann hörte ihr zu, dachte über das, was sie sagte, nach und verstand ihre Traurigkeit und auch, dass sie nicht angeschrien werden möchte. Er entschuldigte sich bei ihr und ihrem Bruder für den Tonfall. Alle vertrugen sich wieder, und für die Dachrinne und den Baum suchten wir nach einer alternativen Lösung.

Karma-Yoga. Erwartungsfreies Handeln

In der Bhagavad Gita heißt es, dass dem Aufgeben von Erwartungen sofort Frieden folgt. Die Yogis nennen diese hohe Kunst, zu handeln, ohne für dieses Handeln etwas zu erwarten, Karma-Yoga.

Karma-Yoga bedeutet, Mitgefühl für andere und ein Bewusstsein dafür zu entwickeln, was gerade getan werden muss. Zum Beispiel, das weinende Baby zu füttern und ihm die Windeln zu wechseln, nicht damit dann das anstrengende Weinen endlich aufhört, sondern weil es die natürliche Aufgabe einer Mutter, eines Vaters (oder wer auch immer die Verantwortung für das Kind hat) ist, dafür zu sorgen, dass es dem Kind gut geht. Karma-Yoga bedeutet, den eigenen Nachwuchs zu fördern – allerdings nicht, um damit persönliche Wunschträume zu erfüllen, sondern um dem Kind zu ermöglichen, sein ganz eigenes Potenzial zu entfalten. Karma-Yoga ist das Gegenteil von Manipulation, Berechnung und Hintergedanken. Karma-Yoga ist ein Handeln für die Sache, für den Augenblick, aber nicht für das eigene Ego. Die Idee des Karma-Yoga kann helfen, den oft hektischen, stressigen Alltag gelassener zu überstehen. Wir machen etwas, weil es getan werden muss, und nicht, weil wir dafür mit Lob, Dank oder Anerkennung bedacht werden möchten. Was uns das bringt? Es macht uns unabhängig von den Reaktionen anderer. Man erledigt auch ungeliebte Arbeit, einfach, weil sie gemacht werden muss. Kocht dem Nachwuchs Essen, obwohl man weiß, dass es hastig runtergeschlungen wird. Übernimmt Fahrdienste, ohne sich zu beschweren, wie viel Zeit das schon wieder kostet. Pflegt die Katzen, Meerschweinchen und Kaninchen, weil die Tochter oder der Sohn das Interesse an den einst erwünschten Haustieren nach zwei Wochen verloren hat. Erlaubt dem pubertierenden Kind, die Füße unter dem berühmten Tisch zu lassen, selbst wenn es momentan wenig charmant, höflich, zugänglich oder liebenswert auf Vater, Mutter, Geschwister und Familientraditionen reagiert. Glauben Sie nicht? Probieren Sie es einfach mal aus.

Bhakti-Yoga. Aus Liebe zu Gott

Bhakti meint die religiöse Hingabe oder Liebe zu Gott, wen oder was auch immer wir damit verbinden. Als Bhakti-Yogi oder Bhakta erkennen wir das Göttliche in allem, was ist, in allem Wunderbaren und, wie mein Lehrer sagt, »in allem, was uns zum Staunen bringt«. Und zwar in positiver wie negativer Hinsicht. Wir sehen dieses Göttliche in unseren Kindern, unseren Partnern und allen anderen Menschen, in allen Tieren und in der Natur mit all ihren Erscheinungsformen. In dem berühmten Namasté-Gruß drücken wir dieses Erkennen aus. »Das Göttliche in mir grüßt das Göttliche in dir.« Wenn wir den Weg des Bhakti-Yoga gehen, handeln wir aus und in dem Bewusstsein, diesem Göttlichen damit dienlich zu sein. Meistens, zumindest solange der Nachwuchs klein, niedlich und folgsam ist, gelingt das recht leicht, weil man sein Kind oder seine Kinder ja sowieso »vergöttert«. Später, wenn sie größer sind, lässt diese Art der Vergötterung in der Regel nach, und wenn sie sich hält, dann leider oft in einer krankhaften Form. Aber im Bhakti-Yoga geht es nicht um das Vergöttern, weil das eben schnell in ungesunde, zwanghafte Formen ausarten kann, sondern um das Erkennen, dass in allem der göttliche Funke ist, dass die ganze Schöpfung das Werk eines Höchsten Bewusstseins ist und dass unser ganzes Handeln darauf ausgerichtet sein sollte, diesem Werk zu dienen und es nicht zu zerstören. Übertragen auf eine nicht spirituelle Ebene würde das bedeuten, dass wir uns bemühen, dem Seelenheil unserer Mitmenschen und unserer Umwelt keinen unnötigen Schaden zuzufügen.

Patanjali-Yoga. Den Geist beruhigen

Einer meiner Lehrer sagt oft: »Das Yoga-Sutra ist für alle Kopfmenschen und Intellektuellen.« Was er nicht unbedingt als Kompliment für die Kopfmenschen meint, denn diesen macht ihr ewig fragender, denkender, analysierender Geist das Leben schwer. Der Geist von Kopfmenschen ist wie ein Kind in der »Warum«-Phase, dem man irgendwann entnervt zuruft: »Jetzt halt endlich mal den Mund und hör auf, mich zu fragen.« Warum? Weil diese Dauerunruhe anstrengend ist. Uns auf einer spirituellen Ebene hindert, unser wahres Selbst zu erkennen, und auf einer praktischen Ebene dazu verleitet, falsche und voreilige Schlüsse zu ziehen sowie mental und emotional nie zur Ruhe zu kommen. Was aber nicht bedeutet, dass man seinen Verstand ausschalten sollte, das führt bekanntlich selten zu einem guten Ergebnis. Im Gegenteil. Der philosophisch-psychologische Yoga rät uns, zu lernen und zu üben, unseren Geist, unseren Verstand, unsere Gedanken und unsere Emotionen in den Griff zu bekommen, sie bewusst einzusetzen, uns nicht zu ihren Sklaven machen zu lassen, sondern ihre wohlwollenden Meister zu werden. Das Yoga-Sutra bietet dazu in seinem zweiten und dritten Kapitel einen Übungsweg, den achtgliedrigen Pfad. Dieser besteht aus einem Zusammenwirken von ethisch-moralischen Verhaltensregeln (Yama und Nyama), Asana, also einer (Körper-)Haltung, die bequem und gleichzeitig leicht sein soll, Atemlenkung (Pranayama), dem Rückzug der Sinne (Pratyahara), Konzentrationsübungen (Dhyana) und Meditation (Dharana), die zu Erkenntnis (Samadhi) führen, zur Fähigkeit des beruhigten Geistes, vollkommen klar zu sehen. Und dieses klare Sehen kann zu einer inneren Befreiung von allem führen, was unser Leben schwer macht.

Hatha-Yoga. Der Energieausgleich

Zur Zeit unseres Mittelalters entstand der Hatha-Yoga als Übungsweg des Tantrismus. Das Neue am Hatha-Yoga war, dass er den ganzen Körper in den Mittelpunkt stellte, ihn zum Ort der spirituellen Erfahrung machte. Mit Asanas,

Pranayama, Meditation, Mudras, der passenden Ernährung und speziellen Reinigungsübungen sollten die Blockaden beseitigt werden, die sich auf körperlicher, energetischer, psychisch-emotionaler und geistiger Ebene gebildet haben. Denn erst wenn diese Hindernisse aufgelöst sind, kann Prana, die alles durchdringende und alles bewegende universelle Lebenskraft, harmonisch im Körper fließen. Und dann kommen die Teile in Einklang, die im Hatha-Yoga für die männliche, aktive, Sonnenkraft (ha) und die weibliche, beruhigende Mondkraft (tha) steht. Das kann zu einer spirituellen Einheitserfahrung führen, die beglückendes und transformierendes Potenzial hat. Hatha-Yoga ist Yoga der Energie, beziehungsweise das Bemühen, ein Zuviel davon abzubauen beziehungsweise gleichmäßig zu verteilen, ein zu wenig an Energie anzuheben, zwei sich gegenüberstehende Prinzipien zu versöhnen, zu harmonisieren oder zu vereinen, denn: »Gemeinsam geht alles besser.« Übertragen auf die familiäre oder jede andere Beziehungsebene ist somit jeder Versuch, jedes Bemühen, Streitereien zu begraben, Meinungsverschiedenheiten friedlich aufzulösen, sich zu versöhnen und aufeinander zuzugehen, im allerweitesten Sinne Hatha-Yoga.

Das höchste Ziel ist aber auch hier die Ruhe des Geistes.

Nach der Geburt ist vor der Wiedergeburt. Und dann?

☀ Alles, was wir tun, hat eine Wirkung, und nach der Geburt ist vor der Wiedergeburt – zumindest, solange wir diesen Kreislauf nicht durchbrechen. Das sagt der Buddhismus, das sagt der Hinduismus, das sagt die Samkhya-Philosophie, die wie Yoga eines der sechs klassischen indischen Philosophiesysteme und eng mit dem Yoga verwandt ist. Und im Yoga geht man ebenfalls davon aus, dass wir schon etliche Male gelebt haben und dass wir, wenn wir uns weiterhin dumm anstellen, auch noch etliche Male wiedergeboren werden. In diesem Denken ist die Wiedergeburt das Resultat von Karma und fällt unter die Kategorie »leidvolle Erfahrung« und, wenn man so will, auch »Teufelskreis«. Das Sanskrit-Wort für diesen Kreislauf der Leben lautet »Samsara« und bedeutet »beständiges Wandern«. Allerdings können wir aus diesem Hamsterrad aussteigen, wenn wir uns von allen Bindungen, Wünschen und Begierden befreien, die ständig zu neuem Karma führen. Dafür müssen wir erkennen, was uns denken und handeln lässt und dann beherzt zur Tat schreiten. Mit etwas Geduld und Glück erfahren wir nach etlichen Leben irgendwann Erlösung und gehen auf im Nirvana oder in in der Leere.

Erleuchtete Wesen und Götter haben die Möglichkeit, freiwillig zurückzukommen, um mit ihrem Wissen den im Hamsterrad feststeckenden Menschen zu helfen. Darum gibt es inzwischen 14 Reinkarnationen des Dalai Lama. Auch die

Menschenumarmerin Amma sagt, dass sie sich an alle ihre Tausende früheren Leben erinnern kann. Und Vishnu, einer der drei Hauptgötter des indischen Götterkosmos, inkarniert ebenfalls immer dann, wenn Not am Gott ist. Er offenbarte als Krishna seinem Schüler Arjuna die Weisheiten der Bhagavad Gita und darin das Wissen von Jnana-, Karma- und Bhakti-Yoga, er war in manchen Interpretationen Jesus (was der Vatikan sicherlich anders sieht), und momentan wird auf eine neue Inkarnation gewartet. Denn die Welt hat es nötig und mancher Familienalltag auch.

In viele Wiedergeburtsvorstellungen mischen sich esoterischer Aberglaube, heimliche Wunschvorstellungen wie die, früher als König, Königin oder furchtloser Krieger gelebt zu haben. Die Wiedergeburtsidee kann helfen, Leid zu ertragen, kann aber auch zur Mitleidlosigkeit führen, zu einem »Selber schuld, hätte er im früheren Leben mal weniger Mist gebaut!«

※※※

Ich selbst habe mich lange gegen die Idee der Wiedergeburt gewehrt. Wahrscheinlich, weil ich in einem christlichen Umfeld aufgewachsen bin, auf eine katholische Mädchenschule ging und sich im offiziellen Christentum seit der Abschaffung des Fegefeuers die Möglichkeiten nach dem Tod auf zwei Optionen beziehen: Himmel oder Hölle. Eine andere Sichtweise ließ ich erst zu, als ich mir überlegte, was ich glauben würde, wäre ich in Indien in einer hinduistischen Familie geboren. Dann würde ich die Reinkarnation vermutlich als vorgegebene einzige Wahrheit anerkennen. Aber bis heute glaube ich nicht, dass man irgendetwas abarbeiten oder abbüßen muss, sollte man tatsächlich wiedergeboren werden. Und ich glaube, dass oftmals das Ego, welches nicht wahrhaben will, dass seine Lebensspanne so erschreckend kurz ist, der Vater oder die Mutter des Glaubens an die erneute Wiederkunft ist. Ich persönlich bin übrigens davon überzeugt, dass ich noch nie als Mutter gelebt habe, und wenn doch, keinerlei Erinnerung ins neue Leben retten konnte. Ich weiß aber auch: Sollte ich tatsächlich wiedergeboren werden, dann unbedingt als Mutter meiner Kinder und in genau diese Familie. Gerne auch ohne Erinnerungslücken.

Die Idee der Reinkarnation kann uns aber tatsächlich helfen, gelassener in unserem Familienalltag zu werden. Jeder kennt wahrscheinlich die Momente, in denen man das Gefühl hat, all das Chaos, die Diskussionen, die Streitereien schon x-mal erlebt und durchgekaut zu haben, und nichts hat sich zum Besseren verändert. Diese »Und täglich grüßt das Murmeltier«-Situation. Mit einem Leben, dessen einzelne Tage austauschbar sind. Weil sie sich nicht vom Vortag und dem Tag davor unterscheiden. Aufstehen, frühstücken, die Meute aus dem Haus bringen, das Chaos beseitigen, einkaufen, eventuell arbeiten, kochen, zu Mittag essen, Hausaufgaben betreuen, Kinder von A nach Z chauffieren, zu Abend essen, Kinder ins Bett bringen, aufräumen, eventuell noch arbeiten, ins Bett fallen, zu wenig schlafen. Aufstehen.

Vor Jahren habe ich in einer Zeitschrift die Gedanken eines buddhistischen Lamas zur Wiedergeburt gelesen. Er sagte sinngemäß, dass wir mit jedem Atemzug neu geboren werden. Und das bedeute, dass wir mit jedem Atemzug unserem Leben einen Neuanfang geben können. Indem wir aus alten Mustern ausbrechen, dem Alltag neue Komponenten hinzufügen und ausgediente entsorgen. Andere Wege fahren, wenn wir die Kinder in die Schule, zum Sport oder uns selbst in die Arbeit bringen. Bewusste Pausen einlegen. Neue Gerichte kochen. Und so jedem Tag etwas Besonderes hinzufügen und unser Leben bereichern mit neuen Erfahrungen.

So skeptisch ich vielen Wiedergeburtstheorien immer

noch gegenüberstehe, es war ein Seminar über die Reinkarnationsidee der Samkhya-Philosophie, die meine Idee vom Sinn des Lebens völlig veränderte. In deren Verständnis, zumindest habe ich das so verstanden, bleibt nach dem Tod Bewusstsein bestehen. Also die Gedanken, Erinnerungen, Eindrücke, die ein Mensch sein Leben lang gesammelt hat und die seine emotionale und psychomentale Natur ausgemacht haben. Dieses Bewusstsein braucht aber einen Träger, und das ist der Mensch, der sich nach der Zeugung im Mutterleib entwickelt. Je friedlicher das Bewusstsein ist, das sich in ihm entwickelt, desto positiver wirkt es sich auf die psychomentale und emotionale Grundkonstitution aus, mit der ein Mensch geboren wird.

Oder um ein Bild aus der Computerwelt zu verwenden: Wenn die Hardware den Geist aufgibt oder durch ein neueres Modell ersetzt wird, versuchen wir, die Fotos, Texte, Dokumente, die auf der Festplatte waren, zunächst auf einen USB-Stick oder in eine Cloud zu retten. Die Cloud ist, wenn man so will, der Ort, an dem nach unserem körperlichen Tod Teile unseres Bewusstseins landen. Steht dann das neue Gerät bereit, werden die Daten überspielt. Je sauberer der Datensatz ist, desto weniger Fehler wird das neue Betriebssystem melden. Je mehr Viren enthalten sind, desto komplizierter könnte es werden.

Von dem indischen Philosophen Jiddu Krishnamurti gibt es folgende schöne Aussage, die meiner Meinung nach sehr deutlich erklärt, warum es zu allen Zeiten sinnvoll ist, für inneren Frieden zu sorgen und Leid zu vermeiden. Krishnamurtis Worte lauten: »Unser Bewusstsein ist nicht individuell. Es ist das Bewusstsein der Menschen, das sich im Laufe von unzähligen Jahrhunderten entwickelt hat, gewachsen ist, sich gesammelt hat. Unsere Verantwortung wird sehr groß, wenn wir das begreifen.«[56]

Wenn wir begreifen, dass es im Leben nicht um unser riesiges Ego, sondern darum geht, in dieser Welt ein friedliches Bewusstsein zu kultivieren, um das Leben jetzt und für künftige Generationen friedlicher zu machen – wenn wir das also begreifen, verstehen wir vielleicht auch, wie wertvoll und sinnvoll jedes einzelne und damit auch unser eigenes Leben ist.

Das Karma, meine Familie und ich. Happy End?

Was wir tun, hat eine Wirkung. Aber lächeln wir jetzt auch mehr? Ich würde sagen: Ja. Ab dem Moment, an dem ich anfing, mich auf das Allgäu wirklich einzulassen, den Journalismus loszulassen und zu akzeptieren, dass das alte Leben vorbei war, das jetzige aber auch viel Potenzial hatte, ein richtig gutes zu werden, wurde alles einfacher. Was nicht bedeutet, dass bei uns jetzt immer Friede, Freude, Sonnenschein (geht bei unserem Wetter auch nur schwer) herrscht. Aber ich habe gelernt, anders zu reagieren, als ich es früher getan hätte. Weil ich mir viel bewusster bin, was und wer mich gerade zu Antworten und Handlungen reizt, welche Emotionen zu welchen Gedanken und welchen Handlungen führen und was für ein Teufelskreis daraus werden kann. Dann halte ich den Mund, atme aus, denke mir, das kann, das wird in einer Stunde schon ganz anders sein, er, sie, wir alle sind einfach nur müde, haben Hunger oder hatten einen langen, aufregenden, vollen oder auch schlechten Tag. Es ist nicht nett, jetzt weiter in Wunden zu bohren oder Verhalten anzutriggern, nur weil ich weiß, welche Knöpfe ich drücken müsste. Ich akzeptiere, wenn jemand sagt, er möchte jetzt nicht darüber reden, weil ich auch nicht reden möchte, wenn ich weiß, dass ich so geladen bin, dass Schweigen darum erst mal Gold ist – und die Silberoption deshalb auf ruhigere Zeiten verschoben werden kann. Manchmal muss dann nicht mehr geredet werden. Und wenn doch, dann kriegen wir das meistens gut und einigermaßen friedlich hin. Je entspannter und ruhiger ich wurde, je mehr ich mich zurücknehmen konnte, desto weniger »Angriffsfläche« gab ich meiner Familie und desto friedlicher wurden wir alle. Natürlich klappt es nicht immer, aber immer öfter. Und immer öfter so gut, dass ich merke, dies ist mein Weg, es lohnt sich, ihm zu vertrauen, dranzubleiben und weiterhin das Weite zu suchen. Weil es das bessere Gefühl ist. Weil es Halt und Leichtigkeit gibt. Weil es schöner ist, in einer lächelnden Familie zu sitzen als in einer, die mit mürrischem Gesicht den endgültigen Ausbruch aus dem empfundenen Familiengefängnis plant.

Der erste richtige Härtetest für meine neue, gelassenere Haltung war die Schlussphase dieses Buches. Als ich mich schreibenderweise für fast vier Wochen aus der Familie abgemeldet hatte, als alle, der beste Ehemann der Welt, die Eltern, die Schwiegermutter, die erweiterte Familie, meine Nachbarin, Mütter der Freunde der Kinder einsprangen, um meine Kinder zu versorgen und bei Laune zu halten. Weil Ferien waren, weil es nicht anders machbar war, weil ich nur noch zum Schlafen zu Hause war, die letzten Tage nicht mal mehr das. Meine Tochter zählte die Tage rückwärts, mein Sohn schlief in meinem Bett, mein Mann und ich sagten uns: »Bitte kein Rückfall in alte Zeiten, in alte Muster«, als es ganz am Schluss noch richtig anstrengend für die Nerven wurde. Alles ging gut. Yoga sei Dank. Zumindest von meiner Seite.

Meinen Vater hatte ich einmal gefragt, was für ihn Demut bedeutet. Er sagte: »Zu erkennen, dass man Glück hat.« Ich habe Glück.

✳✳✳

Zwei Jahre nach dem Brief, der mir – glücklicherweise – die Augen geöffnet hatte, fragte ich meine Tochter, wie es ihr inzwischen geht in unserer Familie. Sie sagte: »Es ist wieder gut. Ich habe keine Angst mehr. Noch ein bisschen mehr Zeit für uns wäre aber schön.« Ich fragte sie, was sie braucht, um glücklich zu sein. Sie sagte: »Nicht viel. Etwas zum Essen, etwas zum Anziehen, etwas, wo ich wohnen kann. Meine Familie. Oma und Opa in der Nähe. Meine Kaninchen. Bücher. Und Landluft.« »Warum keine Stadtluft?« »Na ja. Eine Stadt wie München ist schon ganz schön. Aber nach zwei Tagen habe ich das Gefühl, keine Luft mehr zu bekommen. Weil die Luft so nach Benzin riecht.« »Wie wichtig ist es für dich, dass wir viel Geld haben?« »Nicht wichtig. Es muss reichen, dass wir etwas zu essen und zum Anziehen kaufen können.« »Mit viel Geld könnten wir aber immer die neuesten Klamotten oder tolle Spielsachen kaufen.« »Ich habe doch schon viel. Weißt du, Mama, in den Läden gibt es täglich neue Sachen. Da müsste ich ja jeden Tag einkaufen gehen. Das will ich gar nicht.« »Was ist mit Urlaub? Dafür brauchen wir auch Geld.« »Ja, Urlaub ist wichtig. Weil man dann neue Orte und Länder sieht.« Dann fragte ich sie noch, was für sie in einer Familie wichtig ist: Sie sagte: »Entspannte Eltern.« Wir würden uns ganz gut machen. Meistens.

Über die Geduld

Man muss den Dingen
die eigene, stille
ungestörte Entwicklung lassen,
die tief von innen kommt
und durch nichts gedrängt
oder beschleunigt werden kann,
alles ist austragen – und
dann gebären …
Reifen wie der Baum,
der seine Säfte nicht drängt

*und getrost in den Stürmen des Frühlings steht,
ohne Angst,
dass dahinter kein Sommer
kommen könnte.
Er kommt doch!
Aber er kommt nur zu den Geduldigen,
die da sind, als ob die Ewigkeit
vor ihnen läge,
so sorglos, still und weit...
Man muss Geduld haben.
Mit dem Ungelösten im Herzen,
und versuchen, die Fragen selber lieb zu haben,
wie verschlossene Stuben,
und wie Bücher, die in einer sehr fremden Sprache
geschrieben sind.
Es handelt sich darum, alles zu leben.
Wenn man die Fragen lebt,
lebt man vielleicht allmählich,
ohne es zu merken,
eines fremden Tages
in die Antworten hinein.*

Rainer Maria Rilke

Danke

… an meine Kinder, meinen Mann und meine Eltern. Celine, die beste große Schwester meiner Kinder. Meine Schwiegermutter, Marion und Gertrud für die Betreuung meiner Kinder. Meine liebe Nichte Emma, versprochen ist versprochen, und ihre Familie.

… an Alex für #ultraspiritualwildthingskipssavasana, Helga für das Sacred Water, Heike für die Leichtigkeit, Marika fürs Mutmachen, Sarah für Thomas Mann und Tina für viele und alte Verbindungen.

… an die 8samen für ihre Geschichten, ganz besonders Eva und Julia.

… an meine Lehrerinnen und Lehrer: Helga Simon-Wagenbach, Eberhard Bärr, R. Sriram, Karin Kapros, Michael Prochno und die Lehrerin der Hebammen-Praxis aus München, deren Namen ich leider vergessen habe.

… an Dr. Wolfgang Miethge für die Begleitung in krisenhaften Paarzeiten.

… an den Beltz Verlag. An Petra Dorn und Judith Roth, für das einfühlsame Lektorat.

Und an Christine Proske von Ariadne-Buch, die die Idee zu diesem Buch hatte.

Quellenverzeichnis

1. Alle Yoga-Sutras ohne zusätzliche Quellenangabe sind zitiert aus: R. Sriram: Patanjali. Das Yoga-Sutra. Von der Erkenntnis zur Befreiung. Bielefeld: Theseus, 2006
2. Bhagavad Gita, wie sie ist
3. Patanjali, Sriram, S. 14
4. http://mymonk.de/der-reichtum-der-armen-eine-kurze-geschichte
5. Gibran, 2003, S. 939
6. Sriram, S. 32
7. Desikachar, 2006
8. http://www.yogastudies.org/category/cys-journal/sampradaya-posts/desikachar-quotations/desikachar-quotes-sutra/
9. Diese Aussage kann sehr ignorant wirken und auch gefährlich sein, wenn das Leid, das einem von anderen oder durch höhere Gewalt zugefügt wurde, massiv und traumatisch ist. Weil es die Gefahr birgt, die Opfer als Versager darzustellen, wenn es ihnen nicht gelingt, den Blick auf ihre Situation zu verändern oder sich von alleine aus den traumatischen Nachfolgen zu befreien. Diese Aussage hat daher in diesem Zusammenhang lediglich für den ganz normalen Familienwahnsinn Gültigkeit.
10. Yoga-Sutra 2.15
11. http://www.yogastudies.org/2016/06/what-effects-klesa-have-on-us
12. Yoga-Sutra 2.11
13. Yoga-Sutra 2.5
14. Erzählt nach: Kavailya, van der Kooji: Myths of the Asanas, S. 78 f.
15. Desikachar, 2006
16. Erzählt nach: http://www.erkenntnisweg.de/weisheit/sprung.php
17. Yoga-Sutra 2.8
18. Yoga-Sutra 2.9, in: Desikachar, 2006
19. Yoga-Sutra 1.37
20. Desikachar, 2005, S. 101
21. Mündliche Überlieferung
22. http://www.ramakrishna.de/vedanta/bhagavad-gita3.php
23. Desikachar, 2006
24. Duden Etymologie
25. Manchmal ist das Bedürfnis nach Trägheit aber auch ein Zeichen, dass der Körper eine Pause braucht, das sollte man dann ernst nehmen und sich Ruhe gönnen.
26. http://www.thehindu.com/news/national/a-tribute-to-desikachars-approachthat-protected-yoga-from-fundamentalism/article8961337.ece.
27. Yoga-Sutra 2.48, in: Desikachar, 2006

28 http://www.yoga-ayurveda-mediation-coaching.info/Coaching
29 http://layoga.com/community/teacher-profiles/tribute-tkv-desikachar
30 http://www.zeitblueten.com/news/vom-moench-und-dem-brunnen
31 http://www.zeitblueten.com/news/das-koenigskind
32 http://www.kinderschutz.at/lyrik/kinder_lernen.htm
33 Erzählt nach: Kavailya, van der Kooji: Myths of the Asanas, S. 141 ff.
34 Yoga-Sutra 2.33
35 Gibran: Der Prophet
36 Yoga-Sutra 1.37
37 Yoga-Sutra 1.20, in: Desikachar, 2006
38 Yoga-Sutra 1.1, in: Desikachar, 2006
39 Yoga-Sutra 1.33
40 https://tiefeweite.wordpress.com/2015/09/20/metta-meditation
41 https://www.aphorismen.de/suche?f_thema=Mitgefühl%2C+Empathie&fautor=10336_Dalai+Lama
42 Sriram, S. 28
43 http://www.humanist.de/wissenschaft/philosophie/epikur.htm
44 Erzählt nach http://www.zeitzuleben.de/zwei-monche
45 Yoga-Sutra 2.35
46 Yoga-Sutra 2.34
47 Yoga-Sutra 2.36
48 Yoga-Sutra 2.37
49 Yoga-Sutra 2.38
50 Yoga-Sutra 2.40
51 Yoga-Sutra 2.42
52 Yoga-Sutra 2.43
53 Yoga-Sutra 2.44
54 Yoga-Sutra 2.45
55 Erzählt nach: Kavailya, van der Kooji: Myths of the Asanas, S. 141 ff.
56 aus: Casevecchie

Glossar der wichtigsten Yoga-Begriffe

Abhinivesa	Angst/Todesangst
Abhyasa	beharrliches Üben/konstantes Dranbleiben an einem Thema/Ausdauer
Ahimsa	Gewaltlosigkeit/Nichtverletzen
Alabdhabhumikatva	fehlende Zielstrebigkeit/Mangel an Mut, etwas zu Ende zu bringen
Alasya	Faulheit/Interesselosigkeit
Ananda	Glückseligkeit/Abwesenheit von Unglück/endloses Glück
Anavasthitatva	Unbeständigkeit/Mangel an Beharrlichkeit
Antaraya	Hindernis
Aparigraha	Anspruchslosigkeit/Nichtnehmen/Nichtansammeln
Asana	Haltung/Körperhaltung
Asmita	Egoismus/Selbstbezogenheit
Asteya	Nichtstehlen
Atha	Jetzt
Atman	Lebenshauch/Atem/das höchste Selbst/die unsterbliche Seele in uns
Avidya	Unwissenheit/Täuschung
Avirati	Zerstreutheit/Abgelenktheit/Unruhe
Bhavana	innere Einstellung
Brahmacharya	im Bewusstsein des Absoluten, des Brahman, des Göttlichen handeln/sexuelle Enthaltsamkeit
Bhrantidarsana	Uneinsichtigkeit/Neigung zur Fehldeutung
Citta	das meinende Selbst
Darshana	Sicht auf die Welt
Dharana	anhaltende Ausrichtung/Konzentration auf eine Sache
Dharma	Gesetz/Aufgabe/Pflicht/ethisch und religiöse Verpflichtung

Dhyana	Meditation/stilles Reflektieren über ein Thema
Drsta	das sehende Selbst/der Betrachter
Duhkha	der enge innere Raum/Leid/Schmerz
Dvesa	blinde Abneigung/Ablehnung/Vorurteil
Gunas	die drei Grundeigenschaften jeder Materie
Ishvara	das Göttliche/unpersönlicher Gott/das Mächtige/die Hingabe an ein höheres Prinzip
Jnana	Erkenntnis/Wissen/Weisheit
Kaivalya	Freiheit/innere Befreiung/Losgelöstheit
Karma	Handlung/Ergebnis der Handlung
Karuna	Mitgefühl/Mitempfinden/Empathie
Kleshas	störende Kräfte, den Geist trübende Leidenschaften
Maitri	Herzensgüte/Freundlichkeit/bedingungslose Liebe
Mudita	Mitfreude/Begeisterungsfähigkeit
Nidra	Tiefschlaf
Nyama	Regeln des Alltagsverhaltens/disziplinierte Lebensweise/Lebensregeln für das eigene Leben
Parinama	Veränderung/Verwandlung/Wandlung/Entwicklung
Prakriti	Materie
Pramada	Hast/Ungeduld/Geringschätzung
Pramana	richtige Wahrnehmung/Erkennen
Prana	universelle Lebenskraft
Pranayama	Regulierung des Atems/Ausdehnen von Prana mittels der Atemtechnik/Atemübungen des Yoga
Pranidhana	Hingabe/Ehrfurcht
Pratyahara	Rückzug der Sinne/Sinnesanbindung an das innere Geschehen
Purusha	das unsterbliche Selbst/der Seher/das sehende Selbst
Raga	Gier/blindes Verlangen/Zuneigung
Rajas	Aktivität, Bewegung, Dynamik, Aggression
Samadhi	die vollkommene Erkenntnis
Samkhya	Zahl, das, was etwas in allen Einzelheiten beschreibt/außerdem eine der ältesten (über 2000

	Jahre) klassischen Denkschulen Indiens/eng mit Yoga verbunden
Samsara	Kreislauf des Lebens/ständiges Wandern
Samsaya	Unentschiedenheit
Samskaras	Prägungen, die unser Handeln bestimmen/erworbene Neigungen
Santosha	Zufriedenheit/Dankbarkeit/Fröhlichkeit/die Fähigkeit, sich zu freuen
Sattva	Klarheit/Güte/Harmonie/Reinheit/Licht/Gleichgewicht
Satya	die Wahrheit sagen/wahrhaftig sein
Sauca	Reinheit/Sauberkeit/Entschlackung
Shraddha	Vertrauen/Glaube/innere Überzeugung
Smrti	Erinnerung
Sthira	Stabilität
Styana	Trägheit/Schwere
Sukha	der weite Raum/Glück/das Wohlgefühl fördernd/leicht/angenem
Sutra	Faden/Schnur/kurz gefasster Lehrsatz/Aphorismus/Leitfaden
Svadharma	eigene Lebensaufgabe/Pflicht/Verantwortung
Svadhyaya	Selbststudium/Selbstreflexion/Lernen für die spirituelle Entwicklung
Tamas	Dunkelheit/Schwere/Trägheit
Tapas	Leidenschaft/inneres Feuer
Upeksa	verständnisvolles Abstandhalten/Gleichmut
Vairagya	Gelassenheit/Gleichmut/Loslassen von Erwartungen
Vedanta	klassische indische Denkschule/Lehre von der Einheit: Alles ist eins.
Vidya	richtiges Wissen
Vikalpa	Vorstellung/Imagination
Viparaya	falsche Wahrnehmung/Verblendung
Viveka	Unterscheidungskraft/Unterscheidungsfähigkeit
Vyadhi	Krankheit/Gefühl, nicht gesund zu sein
Yama	Beherrschung/Disziplin im Verhalten mit der äußeren Welt

Literatur und Links

Bücher:
Bhagavad Gita, wie sie ist. His Divine Grace A.C. Bhaktivedanta Swami Prabhupada, ISKCON Deutschland-Österreich e. V., Burg Hohenstein
Casevecchie, Janine: *Ein spiritueller Gedanke für jeden Tag.* München: Knesebeck, 2011
Desikachar, T.K.V.: *Über Freiheit und Meditation. Das Yoga-Sutra des Patanjali. Eine Einführung.* Petersberg: Via Nova, 2006
Desikachar, T.K.V.: *Yoga – Tradition und Erfahrung. Die Praxis des Yoga nach dem Yoga-Sutra des Patanjali.* Petersberg: Via Nova, 2005
Duden Etymologie – Herkunftswörterbuch der deutschen Sprache, 2. Auflage. Mannheim: Dudenverlag, 1989
Gibran, Khalil: *Der Prophet.* Düsseldorf: Patmos, 2005
Gibran, Khalil: Sand und Schaum – Aphorismen, in: *Sämtliche Werke.* Düsseldorf: Patmos, 2003, S. 939
Hawley, Jack: *Bhagavadgita: Der Gesang Gottes. Eine zeitgemäße Version für westliche Leser.* München: Goldmann, 2002
Iding, Doris: *Alles ist Yoga – Weisheitsgeschichten aus dem Yoga.* Darmstadt: Schirner, 2011
Kavailya, Alanna, und van der Kooji, Arjuna: *Myths of the Asanas. The Ancient Origins of Yoga.* San Rafael, CA: Mandala Publishing, 2010
Loy-Birzer, Christina, und Schönberger, Stephanie: *Die sanfte Kraft des Yoga. Heilsames Üben für Körper, Geist und Seele.* München: BLV, 2014
Govinda, Kalashatra: *Shiva Shiva! Das Geheimnis der indischen Götter – Mythen, Meditationen, Rituale.* München: Kailash, 2014
Sriram, R.: *Patanjali. Das Yoga-Sutra. Von der Erkenntnis zur Befreiung.* Bielefeld: Theseus, 2006
Simon-Wagenbach, Helga: *Klarer Geist – weites Herz. Die Wirkung des integrativen Übens im Yoga.* Petersburg: Via Nova, 2013
Sukumar und Eberhard Bärr: *Upasana. Das gute Gefühl.* Allschwil: Edition Heuwinkel, 2007
Thich Naht Hanh: *Jeden Augenblick genießen. Übungen zur Achtsamkeit.* Freiburg: Herder, 2011
Trökes, Anna: *Die kleine Yoga-Philosophie. Grundlagen und Übungspraxis verstehen.* München: O.W. Barth, 2013

Links:
Centre for Yoga Studies. The Art of Personal Sadhana, www.yogastudies.org

Weisheitsgeschichten:
www.zeitblueten.com
www.engelbrecht-media.de

Wer seine Gefühle kennt, lebt besser.

Heute ist kaum Raum und Zeit für Gefühle – und doch bestimmen sie alle Facetten unseres Handelns. Deutschlands bekannteste Gefühlsexperten machen Lust und Mut, das persönliche Innenleben zu erkunden. Schöne Gefühle, gefährliche Gefühle, verdrängte Gefühle – wer sie annimmt, erhält wichtige Auskünfte über die eigene Persönlichkeit, Geschichte und Entwicklung.

Die beiden erfahrenen Therapeuten stellen alle wichtigen Gefühle vor, ihren Sinn und Nutzen, ihre Abgründe, und wie wir bewusst mit ihnen leben können. Rat und individuelle Anregungen wechseln sich ab mit Inspirationen aus Literatur und Philosophie und machen das »Große Buch der Gefühle« zum Kursbuch für unsere Emotionen.

Aus dem Inhalt: Sehnsucht • Schuld • Angst • Geborgenheit • Ärger und Wut • Einsamkeit • Würde • Eigensinn • Trauer • Heimat und Entfremdung • Mitgefühl • Treue und Verrat • Freude und Glück • Neugier • Interesse und Leidenschaft • Wie geht Lieben?.

Udo Baer • Gabriele Frick-Baer
Das große Buch der Gefühle
gebunden, 360 Seiten
ISBN 978-3-407-85846-7

BELTZ

Die Quellen kindlicher Entwicklung

**Herbert Renz-Polster
Gerald Hüther
WIE KINDER
HEUTE WACHSEN**
Natur als Entwicklungsraum
Ein neuer Blick auf das kindliche
Lernen, Fühlen und Denken
BELTZ

Herbert Renz-Polster und Gerald Hüther führen uns zu den Quellen, von denen eine gelungene Entwicklung unserer Kinder abhängt. Zu finden sind diese Quellen – in der Natur!

Natur ist dort, wo Kinder Freiheit erleben, Widerstände überwinden, einander auf Augenhöhe begegnen und dabei zu sich selbst finden. Aber ist Natur nur das »große Draußen«: Wiesen, Wälder und Parks, Spielstraßen und Hinterhöfe? Oder lässt sie sich auch drinnen finden – zum Beispiel in der großen weiten Welt hinter den Bildschirmen? Anschaulich und eindrucksvoll entwickeln die beiden Bestsellerautoren eine neue Balance zwischen Drinnen und Draußen, zwischen realer und virtueller Welt.

»Wer über kindliche Entwicklung redet, muss auch über Natur reden: Wie die Kleinen groß werden. Wie sie widerstandsfähig werden. Wie sie ihre Kompetenzen für ein erfolgreiches Leben ausbilden.«
Herbert Renz-Polster &
Gerald Hüther

Herbert Renz-Polster • Gerald Hüther
Wie Kinder heute wachsen
Natur als Entwicklungsraum. Ein neuer Blick auf
das kindliche Lernen, Denken und Fühlen
gebunden, 264 Seiten
ISBN 978-3-407-85953-2

BELTZ